中国中部地区农产品加工业发展战略研究

Research on the Development of
Agriculture Product Processing Industry
in the Central Region of China

杨刚强◎著

社 会 科 学 文 献 出 版 社
SOCIAL SCIENCES ACADEMIC PRESS (CHINA)

前　言

　　农产品加工业是衡量一个国家农业现代化程度的重要标志，是加快农业产业化的核心、提升农业整体素质和效益的关键环节。实践证明，发展农产品加工业有利于优化农业和农村经济结构，引领农业向着标准化、规模化、产业化发展，有利于农产品深度开发，开拓农产品市场，扩大内需；有利于拓展农产品产业链，扩大农民就业，增加农民收入，提高农村购买力；有利于增强农业综合素质，增强农业适应市场变化的能力，提高农产品的竞争力；有利于发挥农业资源优势，培育主导产业，构筑新农村建设的产业基础。

　　农产品加工业的发展水平与一个国家的经济和工业发展水平密切相关。近年来，随着我国现代农业建设进程的加速和工业化水平的不断提高，中部地区农产品加工业得到了快速发展，成为国民经济中总量大、发展快、对解决"三农"问题作用大的支柱产业之一，是国民经济中最具发展潜力的增长点。但目前中部地区农产品加工业的发展仍处于起步阶段，存在农产品制成品附加值低、农产品加工业经济效益水平不高、产业集中度不高、农产品加工企业市场竞争力不强和布局不合理等问题。因此，积极促进中部地区农产品加工业发展是我国今后一段时期经济工作的重要任务，也是促进中部地区崛起、解决中部地区"三农"问题、拓展中部地区消费市场、提升中部地区农业整体效益和竞争力等必须解决的一个重大课题。

　　本书融合区位理论、竞争力理论、产业集聚理论和产业布局等理论，以促进中部地区农产品加工业发展为核心目标，概述了中部地区农产品加工业发展的现状、问题，着重对中部地区农产品加工业的经济效益、区域竞争力、集聚与升级进行了分析，并在借鉴经济发达国家农产品加工业发展经验的基础上，明确提出了中部地区农产品加工业的战略定位和发展方向。其战略定位是：带动中部地区农村经济发展的支柱产业，加快经济发展方式转变的先导产业，承接国际和东部地区产业转移的基础产业，促进区域协调发展的重点产业。其发展方向是：以科技创新为支撑，以提高经济效益为重点，以体制机制创新为保障，逐步实现从总量带动向结构调整、从产业分散向产业集聚、从成本优势向创新优势、从国有为主向多种所有制共同发展转变，逐步实现由初级加工向精深加工的转变、由数量增长向质量和效益提高的转变。最后，从企业、政府和行业协会三个层面提出了促进中部地区农产品加工业发展的政策建议。

本书在写作过程中，参阅了大量的中外文献，吸收了大量的理论研究成果，以尽可能地把握农产品加工业研究的前沿和丰富中部地区农产品加工业研究的实践，但由于时间和能力有限，书中错漏在所难免，恳请读者谅解，真诚地希望读者提出宝贵的建议。

杨刚强

2012 年 8 月于武汉大学

Preface

As the key measurement of a nation's agricultural modernization degree, agricultural product industry is also the key point of speeding up agriculture industrialization and promoting agricultural overall quality, improving agriculture efficiency. It has been found that the development of agriculture industry is helpful to optimize the agricultural and rural economic structure, which can also lead agriculture towards to standardization, systematic expansion and industrialization, make for the depth development of agricultural products, open up agricultural products market; what is more, agriculture product industry can expand agriculture produce industry chain, expand farmers' employment, increase farmers' income, improve the countryside purchasing powder. Agriculture product. industry developing is good to strengthen agricultural comprehensive quality, enhance the ability of agricultural adaptation to market changes, improve the competitiveness of agricultural products, play agriculture resource advantages and cultivate a dominant industry. We also can give the conclusion that agricultural product industry frames the foundation of new rural development.

The development scale of agriculture product industry has close relationship with the nation's economic development scale and industry development scale. In recent years, as the accelerating of the process of agriculture modernization and industry modernization, agriculture product industry in central regain of China has gain obvious development. It becomes the biggest part of GDP, also it is a pillar industry of the nation's economic. But we can see that the agriculture product industry in central part of China is still in a

3

beginning level: lower agriculture product technique, outdated machinery, unformed agricultural products industrial system, uneven regional development, and so on. So it is one of the most important subject to the country to develop their agriculture produce industry. The thesis wants to give some useful research of this topic.

By using of Location Theory, Competition Theory, Industrial Clustering Theory and Industrial Layout Theory, the author wants to give a summary of the developing situation of agriculture product industry in central part of China. And also the author gives detail analysis of economic efficiency, competitiveness, concentration and upgrade industrial structure and regional distribution of agriculture product industry in central part of China. Agriculture product industry developing strategic positioning can be summary as pillar industry of agriculture economic develop, leading industry of economic development mode changing, basic industry of undertaking international industrial transfer and eastern coastal industrial transfer, key industry of regional harmonious development; its developing orientation is relaying on science and technology innovation, paying more attention to economic efficiency increasing, taking the system mechanism innovation as the guarantee. In the author's opinion, agriculture product industry reformation should gradually turn from total amount increasing to structural adjustment, from industry disperse to industry cluster, from the state's single ownership to multiple ownerships, from primary processing to deep processing, from quantity growth to quality and efficiency of improving. At last, considered of enterprise level, government level and industry association level, the author gives policy suggestion on agriculture product industry development in central part of China.

In preparing for this book, the author makes reference to a large number of documents both of China and abroad and gives study to theory research achievements. The author hopes to possess the forefront research outcomes of agriculture product industry and enhance research ability, to make good study of agriculture product industry in central region of China. However, as a result of time and ability limitation, there must be some unavoidable mistakes, the author sincerely needs your understanding and valuable suggestion.

4

目 录

CONTENTS

第一章
导　论

发展农产品加工业是农业产业化的核心，是推进发展现代农业的重要形式，是构建农民增收长效机制的关键环节，是夯实新农村建设的重要支撑点。加快中部地区农产品加工业的发展，对于解决我国中部地区农业经济面临的突出问题，全面提升农业质量和效益，增强我国农业的国际竞争力具有重要的现实意义。

第一节　选题背景与意义

一　选题背景

农产品加工业是我国国民经济的重要产业，是推动农业和工业发展的基础性产业。近年来，随着我国现代农业建设进程的加速和工业化水平的不断提高，我国农产品加工业得到了快速发展，成为国民经济中最具发展潜力的增长点。但总体而言，我国农产品加工业发展水平较低，尤其是农产品加工水平和质量较低，专门用于加工的农产品不足，产、加、销各环节联结不紧密，农产品质量安全标准不健全，农产品加工企业效益不高，加工业布局和产业结构不合理等问题依然存在。特别是与发达国家相比，我国农产品加工业在农产品加工率、深加工度、加工技术、加工标准和加工业产值等方面依然有较大差距。

随着我国市场经济向纵深发展以及国际化进程的加速，我国农业产业环境发生了显著变化，传统的农业发展方式已不能适应新时期经济社会发展的需要。发展农产品加工业是农业产业化的核心，是推进发展现代农业的重要形式，是构建农民增收长效机制的关键环节，是夯实新农村建设的重要支撑点。因此，在新的历史时期，加快农产品加工业的发展，是农业发展、城乡统筹、农民增收、满足人民多样化需求的重要环节。

我国历来高度重视农产品加工业的发展，特别是进入新世纪以来。2000年，在党的十五届五中全会通过的《中共中央关于制定国民经济和社会发展第十个五年计划的建议》中明确指出，"'十五'期间，一定要坚持贯彻执行党在农村的基本政策，采取有力措施，千方百计增加农民收入。要通过积极调整农业和农村经济结构，发展农业生产和农产品深加工，增加农业的后续效益，努力拓宽农民增收领域，加大对农业的支持和保护力度"①。2002年《国务院办公厅印发关于促进农产品加工业发展意见的通知》，农业部先后发布了《全国主要农产品加工业发展规划》《农产品加工业发展行动计划》，强调了发展农产品加工业在新阶段对农业结构战略性调整的导向作用。2005年《中共中央国务院关于进一步加强农村工作提高农业综合生产能力若干政策的意见》中指出："以发展农产品加工业为突破口，走新型工业化道路，促进农业增效、农民增收和地区经济发展。"② 2006年的《中共中央国务院关于推进社会主义新农村建设的若干意见》中指出："要着力培育一批竞争力、带动力强的龙头企业和企业集群示范基地。"③ 2007年《中共中央国务院关于积极发展现代农业扎实推进社会主义新农村建设的若干意见》更是从贴息补助、投资参股和税收优惠三个方面明确给予支持。党的十七大报告指出："坚持把发展现代农业、繁荣农村经济作为首要任务。支持农业产业化经营和龙头企业发展。"④ 农

---

① 《中共中央关于制定国民经济和社会发展第十个五年计划的建议》，人民网，http：//cpc. people. com. cn/GB/64162/71380/71382/71386/4837946. html，2000 年 10 月 18 日。
② 《中共中央国务院关于切实加强农业基础建设进一步促进农业发展农民增收的若干意见》，中华人民共和国人民政府网，http：//www. gov. cn/gongbao/content/2005/content＿ 63347. htm，2005 年。
③ 《中共中央国务院关于推进社会主义新农村建设的若干意见》，2005 年 12 月 31 日《经济日报》。
④ 胡锦涛：《高举中国特色社会主义伟大旗帜　为夺取全面建设小康社会新胜利而奋斗》，2007年 10 月 15 日《人民日报》。

业部发布的《农产品加工业"十一五"发展规划》指出，要在结构调整和产业不断升级、质量和效益明显提高、显著降低加工能耗的前提下，农产品质量水平和技术与装备水平有较大的提升，龙头企业集群要有较大发展，基地建设布局要更加优化，产业化经营带动能力有较大提升，力争到 2010 年农产品加工业产值突破 7 万亿元，力争到"十一五"末农产品加工业产值与农业的产值之比超过 1.5：1[①]，再次明确了"十一五"期间我国农产品加工业发展的目标和任务。2008 年《中共中央国务院关于切实加强农业基础建设进一步促进农业发展农民增收的若干意见》中指出："继续实施农业产业化提升行动，培育壮大一批成长性好、带动力强的龙头企业，支持龙头企业跨区域经营，促进优势产业集群发展。"[②] 特别是 2004 年以来，中共中央制定出台的关于"三农"问题的 6 个一号文件，都将发展农产品加工业作为发展农业产业化经营、推进农业结构调整、提高农业综合生产能力、促进农民增产增收的重要途径。

此外，中部地区各省也出台了促进农产品加工业发展的具体规划及指导意见。如山西省 2008 年出台了《关于贯彻中发〔2008〕1 号文件精神切实加强农业基础建设进一步促进农业发展农民增收的实施意见》（晋发〔2008〕11号），明确提出要按照"一村一品"的要求，支持发展特色种养业和农产品加工业。安徽省 2008 年出台了《安徽省农产品加工业发展实施方案》，指出要加快实施"443 方案"，即发展四大重点：大力发展以粮油、肉禽水产品和乳制品为主的食品工业，积极发展以果蔬、茶叶、中药材、林特产品为主的特色产品加工业，改造提升以纺织、酿酒、烟草、造纸为主的传统轻纺工业，加快培育以生物质能源、生物质化工为主的生物质产业；建设四大密集区：皖北、省会经济圈、沿江、皖南农产品加工密集区；到 2012 年末销售收入突破 3000亿元。江西省 2003 年出台了《江西省优质农产品生产加工基地建设规划》，明确提出要加快建设以赣南脐橙为主的果业生产加工基地，以草食动物为主的畜禽生产加工基地，以环鄱阳湖地区蟹、虾为主的水产品养殖加工基地，以绿

---

① 农业部：《农产品加工业"十一五"发展规划》，农业部网站，http：//www.csh.gov.cn/Article_38290.html，2007 年 1 月 20 日。

② 《中共中央国务院关于切实加强农业基础建设进一步促进农业发展农民增收的若干意见》，北京，人民出版社，2008。

色大米为主的优质稻生产加工基地,以双低油菜、油茶为主的优质油料生产加工基地,以无公害特色蔬菜为主的蔬菜生产加工基地,以有机茶为主的茶叶生产加工基地,以香樟为主的苗木、花卉生产基地,以杜仲为主的中药材生产加工基地,以毛竹为主的速生丰产林生产加工基地等十大类优质农产品生产加工基地的目标任务。湖北省2009年出台《关于实施农产品加工业"四个一批"工程的意见》(鄂发〔2009〕27号),要求大力发展农产品加工业,推进农业产业化经营,着力实施"四个一批"工程(通过5年左右的努力,在全省形成一批在全国同行业有竞争力的农产品加工龙头企业、一批在全国有影响的知名品牌、一批销售收入超过50亿元的农产品加工园区、一批农产品加工销售收入超过100亿元的县市)。这是充分发挥资源优势,实现从农业大省向农业强省和经济强省跨越的重大举措,是加快实施"一主三化"战略、推进社会主义新农村建设的重要内容,是促进农业和农村经济结构战略性调整、增加农民收入的重要途径。湖南省2004年出台了《湖南省农产品加工业"十一五"发展规划》和《湖南省农业产业化发展规划》,积极引导产业集群发展,围绕"一个优势产品一个产业集群"的发展目标,突出抓优质大米、柑橘、生猪、茶叶、油料、淡水产品等主导产业的集群发展;引导龙头企业向加工园区聚集,要求新建的规模以上农产品加工企业原则上都要进入工业园区。

中部地区是我国重要粮食生产基地、能源原材料基地、装备制造业基地和综合交通运输枢纽,发展农产品加工业有独特的优势条件。改革开放以来,特别是实施促进中部地区崛起战略以来,中部地区农产品加工业得到迅速发展,农产品加工业总量快速增长。统计显示,2010年,中部地区农产品加工企业实现总产值8120.3亿元,比2007年增长29.31%,占全国比重为10.74%;实现增加值2318.87亿元,比2007年增长33.79%,占全国比重为12.83%;实现利润总额494.31亿元,比2007年增长47.5%,占全国比重为11.47%(见表1-1)。

尽管近年来中部地区农产品加工业得到了快速发展,但目前中部地区的农产品加工业仍处于起步阶段,存在农产品制成品附加值低、农产品加工业经济效益水平不高、产业集中度不高、农产品加工企业市场竞争力不强和布局不合理等问题。中部地区农产品加工业发展的状况,将直接影响到中部地区农业结构战略性调整步伐、农村经济发展进程和农民增收的程度等。因此，深入研究如何促进中部地区农产品加工业的发展极为必要。

表 1－1　2010 年中部地区农产品加工企业总体情况

	企业数（万家）	从业人员年平均数（万人）	增加值（亿元）	现价总产值（亿元）	现价销售产值（亿元）	营业收入（亿元）	利润总额（亿元）	上缴税金（亿元）	劳动者报酬（亿元）
中部	1.30	214.30	2318.87	8120.31	7776.60	7796.21	494.31	155.83	250.46
全国	10.90	1749.97	18069.37	75578.74	72912.15	73215.82	4309.53	1897.32	3119.91

资料来源：根据《中国乡镇企业及农产品加工业年鉴 2011》计算所得。

二　选题意义

中国目前正处在农产品加工业发展的重要战略机遇期，中部地区也正进入乘势而上、大力发展农产品加工业的关键时期，研究如何积极推进中部地区农产品加工业的发展，具有十分重要的意义。

（一）发展农产品加工业有利于加快中部地区崛起

中部地区农产品资源优势明显，大力发展农产品加工业可将农业、农村的资源优势转化为产业发展优势，转化为中部地区农村经济发展优势，有利于加快促进中部地区的崛起。

首先，农产品加工业是拉动农业和农村经济发展的主导产业。与其他产业相比，农产品加工业具有与市场结合紧密和生产过程中劳动生产率递增、产业关联效益显著等特点，具有强大的产业带动作用。农产品加工业作为农业与工业的结合体，作为连接农业与市场的重要纽带，可以有效地延长农业产业链和效益链。一方面在农业内部，可以把农产品产前、产中、产后各个环节联结成一个有机的整体；另一方面在农业外部，可以把农村第一、第二、第三产业融为一体，实现城乡市场的融合，形成农工贸紧密衔接、产销一体、多元化的产业形态和多功能的产业体系。通过在产业链上的分工与合作，可以提高农业劳动生产率，实现农业产业结构调整与市场经济发展需求的对接，有效引领农产品加工业的生产品种、区域、规模和布局的战略性调整，推进产业结构优化升级。加快中部地区农产品加工业的发展，将有效实现农业和农村经济结构的战略性调整，促进农村工业化进程，提高农村工业化的质量，实现产业优化升级，促进农业生产的专业化、规模化，促进农业经营的产业化、一体化，从而有效提高农业的综合效益。

其次，农产品加工业是农业产业化经营的重要组成部分之一。农业产业化经营直接涉及国民经济的三次产业，并在市场开拓、加工增值、资本积累、技术进步等方面，与国民经济其他部门紧密联系。加快中部地区农产品加工业发展，不仅能带动农业的发展，还能推动工业和服务业的发展，有利于加快中部地区各省经济社会发展的步伐，促进中部地区崛起。

（二）发展农产品加工业有利于促进中部地区经济协调发展

我国农产品分布具有很大的区域不平衡性，农产品加工业的发展也存在地区的不平衡性。全国 282 个重点农产品加工龙头企业中，西部地区企业很少，如西藏 3 个、青海 6 个、宁夏 8 个；沿海地区企业较多，如山东 44 个、浙江 30 个。全国约 70% 的农产品加工企业集中在东部沿海地区，与农产品产地相分离。而既有原料又有市场潜力的中西部地区农产品加工企业则发展缓慢，严重失衡的区域布局使农产品加工业的总体优势难以有效发挥[①]。加快中部地区农产品加工业的发展，将有利于优化农产品区域布局和优势农产品生产基地的建设，极大地促进农产品主要生产基地的经济发展，缓解农产品生产基地经济发展迟缓、利益分配不均衡的矛盾，有效促进地区间农产品加工业的协调发展，进而带动区域经济的协调发展。

（三）发展农产品加工业有利于加快中部地区"三农"问题解决

1. 有利于加快中部地区农业现代化进程

现代农业产业体系主要由现代种养业、现代农产品加工业和现代农产品及加工制品市场三个方面组成，农产品加工业在现代农业建设中起着承上启下的重要作用，是建设现代农业的重要环节。发展农产品加工业是农业产业化的核心，是推进发展现代农业的重要形式，是促进农业和农村经济结构战略性调整、实现工业反哺农业的重要途径。首先，有利于转变农业发展方式。农业是

---

① 盘明英：《我国农产品加工业的发展与探索》，载《江汉论坛》2006 年第 11 期，第 25 页。

弱势产业，对生产要素的吸纳有着天然的不足，通过发展农产品加工业，农业生产要素可以得到有效整合[①]。通过发展农产品加工业，可以把工业经济在长期发展中形成的适应社会化生产、符合市场经济规律、能够有效整合和提高资源利用效率的经营思想、管理方法、组织形式、生产方式、营销手段等移植和导入农业，使农业在更大范围、更广空间实现劳动力、资金、技术等生产要素的优化配置。用现代工业装备农业、用现代科学技术改造农业、用现代管理方法管理农业，可以有效推动农业发展方式由粗放向高效转变[②]。其次，有利于推进农业产业化。农产品加工业在农业产业化过程中起着承前启后、联动引导的作用。通过发展中部地区农产品加工业，以农业产业化经营为基本途径，吸纳农村富余劳动力就业，提高技术装备能力和水平，全面提升农业质量和效益，有利于推进农业现代化。再次，有利于推动农业产业结构优化升级。农产品加工业作为农业与工业的结合体，作为连接农业与市场的重要纽带，可以有效地将农产品的生产、加工、销售等各个环节连接起来，使农业摆脱仅仅提供原料和初级加工品的地位，与加工业形成紧密的联系，形成"从田头到餐桌"的完整产业，从而有效地提高农业的整体效益和形成完整的农业产业链条。通过产业链上的分工与合作，可以提高农业劳动生产率，实现农业产业结构调整与市场经济的发展需求对接，有效引领农产品的生产品种、区域、规模和布局的战略性调整，推进产业结构的优化升级。这既是现代化农业发展自身的要求，也是增强我国农业竞争力的客观需要。

2. 有利于加快中部地区农村工业化进程

农产品加工业是农村工业的核心，是实现传统农业向现代农业转变的必由之路。农产品加工业的发展，加快了农村工业基础设施建设的步伐，为农村其他工业的发展提供了劳动力、资金、技术和人才等方面的支持；促进了农村工业结构的优化升级，提升了农村工业的规模和效益，为其他农村工业的产品扩散和产业转移提供了必要条件；增强了农产品的市场竞争力，加快了农业资源优势向工业优势的转化，还能带动和促进包装、印刷及机械设备等相关工业的

① 陈君文：《以农产品加工业促农业增效农民增收》，载《领导决策信息》2006年第41期。
② 张秀生、王军民、陈志福：《农业发展与中部地区崛起》，武汉，中国地质大学出版社，2009。

发展，从而加快农村工业化的步伐。改革开放以来，中部地区的食品、饮料、纺织、皮革、生物医药等工业发展迅速，农村工业体系逐步完善。

同时，中部地区农产品加工业的发展，有利于推进小城镇建设的步伐。各国农村工业和城镇发展的经验证明，农村工业化与城镇化是两个具有内在联系的、互动的发展过程，工业化的发展促进了城镇的成长，而城镇化又加速了工业的集聚[1]。目前，随着农产品加工业的逐步壮大，中部地区小城镇内汇集了一大批农业产业化的龙头企业，同时也带动了城镇内交通运输、邮电通信、供水供电、商业、医疗卫生等行业的发展，极大地促进了农村小城镇建设的步伐。

3. 有利于增加中部地区农民收入

首先，农产品加工业为劳动密集型产业，不仅能吸纳大量农村剩余劳动力，还能提供大量的制造业和服务业的就业岗位，提高农民的工资性收入。据统计，我国农产品加工业产值与农业产值的比值，每增加 0.1%，就可以带动 230 万人就业，带动农民人均增收 193 元[2]。其次，发展农产品加工业可以缓解农民农产品卖难问题。近年来，以农产品加工为主业的龙头企业的发展，通过"公司 + 基地 + 农户"等模式，有效地实现了企业、基地和农户间利益的良性循环，形成了"风险共担、利益共享"的机制，有效解决了农民农产品卖难问题，为农民增收提供了重要保障。最后，农产品加工业可大幅增加农产品的附加值。农产品加工业的发展，有利于提高农产品加工转化率，拓宽农产品销售渠道，实现农产品多重增值。发达国家的经验表明，农业增值的最大环节在加工转化。一般来说，由初级农产品加工向深度加工和精度加工发展，可以使农产品成倍地多层次增值[3]。同时，加快农产品加工业发展，可以促进优化农产品区域布局和优势农产品生产基地的建设，延长农业产业链条，把生产、加工、包装、储运、销售等都纳入农业，使农业摆脱仅提供原料和初级加工品的地位，形成"从田头到餐桌"的完整产业，从而提高农产品的综合利用、转化

---

① 马涛、韩立宏等：《发展农产品加工业，推进中国农村工业化》，载《中国食物与营养》2006 年第 5 期，第 8 页。

② 张润清、杨建锋、赵邦宏：《河北省农产品加工业发展研究》，北京，中国农业科学技术出版社，2008，第 4 页。

③ 高承江：《农产品加工业是增加农民收入的重要途径》，载《山东省农业管理干部学院学报》2004 年第 4 期，第 56 ～ 57 页。

增值水平，提高农业综合效益和增加农民收入。

（四）发展农产品加工业有利于加快中部地区消费市场拓展

农产品加工业作为农业的后续产业，直接关系到农产品中间需求的扩张。国内外农产品加工业发展的经验表明，尽管随着消费结构中恩格尔系数的下降，从最终需求来看，对农产品的需求趋于下降，但对农产品的中间需求，即对加工制成食品的需求则不断扩大①。农产品加工业作为连接初级农产品与最终消费的中间环节，它的发展不仅关系到扩张农业的中间需求，而且直接关系到满足最终消费需求。根据国际经验和规律，当一个国家和地区人均国内生产总值（GDP）超过 1000 美元、恩格尔系数降到 40% 左右时，市场对农产品的需求开始由直接消费向间接加工食品消费转变；当人均 GDP 超过 2000 美元时，消费进入快速增长期。目前，中部地区人均 GDP 已经超过 2000 美元，对饮食的需求日益呈现出多样化、方便化、营养化、安全化、个性化的新特点。加快中部地区农产品加工业的发展，将会有效地拓展中部地区广大的市场需求，极大地满足城乡居民消费需求，并起到引导和刺激消费的作用。这是与我国当前调结构、扩内需的宏观经济政策相一致的。

（五）发展农产品加工业有利于农业整体效益和竞争力的提升

在生产、加工、流通这一农业产业链条中，农产品加工环节是增值空间最大的环节，也是改变农业弱质、低效现象，逐步使农业产业达到甚至超过社会平均利润率的潜力所在。农产品加工业是对传统农业的一种有机改造和提升，通过加工转化提高农产品的附加值，通过科技创新提高农产品的科技含量，可以从根本上提升农业的综合效益和市场竞争力②。一方面，农产品经过加工，改变理化性状，实现分级包装，延长了贮藏期，提高了运输便利性，比一般农产品具有更自由的市场供应时机和更为广阔的市场半径。同时，随着现代生物科技和现代加工技术的运用以及现代健康营销理念的推广，农产品的附加值不断提升，农产品的现代市场经济元素更加适应时尚消费的需求。因此，大力发展农产品加工业，有利于提高农业的经济效益、社会效益和生态效益，有利于

---

① 李姝睿等：《加快农业产业结构调整大力发展农产品加工业》，载《农产品加工》2005 年第 3 期，第 63～64 页。

② 张秀生、王军民、陈志福：《农业发展与中部地区崛起》，武汉，中国地质大学出版社，2009。

提高农业的市场竞争力。另一方面，农产品加工企业是我国对外经贸的重要组成部分，农产品加工企业外贸出口总额的比重不断上升，成为外贸出口的重要生力军。通过扩大中部地区农产品深加工，提高产品档次和质量，促进农产品出口，有利于提高我国农业的国际竞争力。

第二节　国内外研究综述

一　国外研究进展

20 世纪 70 年代，随着自动控制和质量管理技术的发展，国外农产品加工业的发展进入了一个新阶段。20 世纪 80 年代，发达国家实现了从农业生产资料的制造、供应到农产品生产、收购、储藏、加工、包装再到最终产品销售的有机统一，农产品加工业实现了规模化、集约化和自动化生产。在农产品产、加、销一体化经营的基础上，实现了原料生产基地化、加工企业规模化、加工技术先进化、加工品种专用化、生产管理科学化、质量体系标准化、市场信息网络化，农产品加工业已经成为农业现代化的主导产业。到 20 世纪 80 年代末，一些发达国家如美国、法国、意大利、日本等国的食品制造业产值占其国内生产总值的比重都在 10% 以上[①]。目前，发达国家的农产品加工业已进入了现代化高速发展的时期，农产品加工业的产值比重不断提高，在国民经济发展中占据重要地位。

国外对农产品加工业发展的研究，也经历了从起步到逐渐深入的历程，研究的视角也相应地发生了变化。归纳起来国外对农产品加工业的研究主要集中在如下几个方面。

（一）农产品加工业发展的影响因素研究

James Austin（1981）从市场、农产品加工过程和农产品加工业自身三个方面分析了农产品加工业发展的影响因素，并提出了农产品加工业发展的总体

---

① 姜洁：《农产品加工业发展与我国农业现代化建设》，载《农业现代化研究》1996 年第 5 期，第 263 页。

规划。他的研究表明，影响农产品加工业发展的市场因素主要有原材料供应、消费者倾向、竞争环境和市场的规划等；农产品加工过程中的影响因素主要有农产品加工数量、质量、时间性和加工成本等；农产品加工业自身的影响因素主要有企业的技术选择、厂址的选择、库存管理、副产品生产、企业的规划和控制等[①]。James G. Brown（1994）分析了发展中国家农产品加工业原料供应、投资使用、企业管理和社会评价等问题[②]。他认为原料供应、加工和市场是影响农产品加工业发展的三个子系统，农产品加工业的发展在很大程度上取决于各子系统中相关经济主体的发展状况。

（二）农产品加工业发展地位和意义研究

Lauschner R.（1980）提出农产品加工业是对农业的加强和延伸后新的、最有朝气的产业部门的理论，为农产品加工业的发展奠定了理论基础[③]。Araujo P. F. C.（1983）、Windhorst Hans-Wilhelm（1989）等对农产品加工业与区域经济发展、农业产业化等领域进行了研究。他们研究认为农产品加工业是区域经济发展的重要力量，是农业工业化的发展基础[④][⑤]。Vasant Gandi（2001）研究认为，农产品加工业对农村经济和农场的发展有重要的带动作用，并根据农产品加工业的特征和局限性，分析了农产品加工业对经济社会发展的潜在贡献和面临的挑战，提出了促进农产品加工业发展的组织管理模式[⑥]。James Austin（1981）研究表明加快发展中国家农产品加工业的发展，能有效带动农业经济的发展，增加发展中国家人民的收入，促进城市化进程，以满足迅速增长的人们对加工农产品的需求。Thomas R. & Christopher B. B.

---

① James E. Austin. 1981, *Agroindustrial Preet Analysis*. The Johns Hopkins University Press, London.

② James G. Brown. 1994, *Agroindustrial Investment and Opertions*. The World Bank, Washington D. C.

③ Lauschner, R. 1980. "Agroindustry as a Factor Strengthening the Agricultural Sector". *Revista de Economic Rural*, Vol. 18：217 – 233.

④ Araujo, P. F. C. 1983, "Agroindustry and Regional Development". *Centro Luiz Queiroz*, Vol. 75 (1), 5 – 15.

⑤ Winhorst, Hans-Wilhelm. 1989, "Industrialized and Agroindustry". *Vechtaer Druckerei and Verlag*, 150.

⑥ Vacant Gandhi. 2001, "Agroindustry for Rural and Small Farmer Development：Issues and Lessons from India". *International Food Agribusiness Management Review*, (2)：331 – 344.

(2000）在全球化和世界经济发展的背景下，深入分析了在发展中国家发展农产品加工业的重要意义，研究表明，加快发展农产品加工业有利于解决就业、贫困以及环境保护等方面的问题。Lazarus（2002）运用投入产出模型对美国明尼苏达州的食品加工业与其他产业的前向和后向关联进行了分析，研究表明食品加工业发展对增加当地就业岗位和人均收入均有推动作用。

（三）对农产品加工业发展组织模式的研究

Crhandy（1971）应用产业组织理论建立寡占模型，分别对食品加工者和食品加工品的销售者市场竞争行为进行比较研究，并分析了由此带来的对食品加工业发展的影响。Dennis R. Henderson（1999）描述了工业化国家农产品加工业组织和行为的主要趋势，他认为在现代农产品加工业中，商品流通渠道开拓者扮演着重要的角色，但谁是巨头更多地取决于其技术和专长而不是取决于它处在该体系内部的什么地方[①]。Ingrid Hunt（2005）对农产品加工业的供应链进行了分析，他认为，过去 10 年食品加工业的焦点集中在发展和综合利用食品供应链方面，现在应该利用现代网络技术，将精力集中到构造产业链和企业链条[②]。Dermot Hayes（1999）以 OECD 国家为例，分析了政府与食品加工业之间的关系。他分析了为什么政府既干预食品加工市场，有时又允许非竞争性行为。他认为政府采取干预的一个重要动机就是为了避免让一家公司垄断市场。之所以这样，是因为垄断公司通常限制供应，以获取超额利润。政府试图削弱垄断势力的一种方式是，对可能导致一家公司取得垄断地位的所有兼并和合并实行监控。政府也对掠夺性定价和价格歧视之类的行为进行监控。政府允许甚至鼓励非竞争性行为的一个重要原因就是让那些开发新的基因品种或新的化学程序的公司获得垄断权。这些公司可以申请专利保护，而且政府会保护这些专利持有者不受竞争威胁。这种保护，目的是为了刺激公司投资从事研究和生产开发[③]。Gerhard Schiefer（2002）分析了肉食品加工企业的个案，他认为

---

① Dennis R. Henderson：《工业化国家农产品加工业的发展状况及趋势》，见万宝瑞《农产品加工业的发展与政策》，北京，中国农业出版社，1999，第 6 页。

② Ingrid Hunt. 2005，"Applying the Concepts of Extended Products and Extende Enterprises to Support the Activities of Dynamic Supply Networks in the Agri-food Industry", *Journal of Food Engineering*, 70，393 – 402.

③ 万宝瑞：《农产品加工业的发展与政策》，北京，中国农业出版社，1999，第 127 页。

全面的管理必须同时考虑经济、环境等方面的情况，在有序组织、控制和改进企业管理决策中，特别是对肉食品加工类企业链的管理，应更多地分析环境因素的影响[1]。

（四）对农产品加工企业扶持方式研究

世界粮农组织（1998）介绍了各国农产品加工业发展方向，分析了各种政策对农产品加工业的影响，重点研究了各个国家对农产品加工业的政策支持，并以泰国农产品加工业政策的变迁为例，探讨了政策对发展中国家农产品加工业发展的重要作用。庇古认为，采取鼓励与限制最显著的形式是津贴与税收，农业补贴可以刺激农业科研成果的有效供给。Gardner（1990）研究认为，用农业直接补贴替代农产品价格支持是一个帕累托改进。A. Bstoeckl（1989）研究表明农业补贴政策严重扭曲了世界农产品市场价格，抑制了工业产出和收入的潜在增长，造成了巨大的福利损失。Keith Marsden（1998）系统介绍了各国农产品加工业的发展趋势，以农产品加工业部门特征分析为基础，深入研究了各国对发展农产品加工业的政策支持，重点从宏观经济政策出发，分析了货币政策、财政政策和汇率政策对农产品加工业发展的影响。他研究认为，农产品价格政策、市场政策、劳动力政策、贸易政策、农业服务政策、投资与技术政策、环境及消费者保护政策和法律等对农产品加工业的发展都具有重要的影响[2]。

二　国内研究现状

国内对农产品加工业发展的研究不断丰富，有的从促进现代农业发展的角度展开研究，有的从企业提升自身发展空间的途径展开研究。归纳起来主要包括以下几个方面。

（一）我国农产品加工业发展研究

20世纪80年代以来，对我国农产品加工业发展的研究日渐深入，研究的

---

[1] Gerhard Schiefer. 2002, "Envionmental Control for Process Improvement and Process Eficiency in Supply Chain Management-the Case of the Meat Chain". *Int. J. Production Economics*, 78, 197 - 206.

[2] Keith Marsden. 1998. *Agro-industrial Policy Reviews*. Food and Agriculture Organization of the United Nations, Rome.

的指标可以分为两类：一类是说明竞争力大小的显示性指标，如总产值增长率、增加值增长率和产品市场占有率等；另一类是解释竞争力形成原因的分析性指标，如利润增长率、新产品产值率和人力资源状况等（刘李峰等，2006）①。陈晓声（2002）根据科学与协调、动态与发展、规范与可比、简便可操作、硬指标与软指标相结合的原则，构建了由 3 个层次、6 个模块组成的产业竞争力评价指标体系，具体包括外显竞争力、内在竞争力和制度竞争力。黄祖辉、张昱（2002）从 3 个层面对产业竞争力测评方法进行了系统综述。其中，静态产业竞争力测评方法包括：显示比较优势指数、国内资源成本指数（DRC）、社会净收益指数（NSP）、利益成本分析、净出口指数与产业内贸易指数等，它们分别从贸易实绩、资源转化、规模经济等方面反映产业竞争力的现有状态。衡量产业潜在竞争力或竞争力变动趋势的指标有：有效保护率、比较价格指数、比较优势变差指数等，而现有的因素贡献研究大致集中在成本要素贡献和生产率变动贡献这两个领域。国内学者还从其他角度对产业竞争力的评价体系进行了研究。

近年来，随着我国农产品加工业的迅速发展，农产品加工业的竞争力研究不断增多。陈卫平、赵彦云（2005）提出了我国农业竞争力综合评价的七大要素和 38 项指标，并对中国 31 个省、自治区、直辖市 2003 年农业竞争力进行了定量评价。他们的研究表明，中国 31 个省、自治区、直辖市农业竞争力综合水平呈现发展不均衡性和显著的区域性特征。一般的，东部沿海地区省份的农业竞争力综合水平普遍要高于中部地区省份，而中部地区省份又普遍要好于西部地区省份，这与中国国民经济发展的梯度差异极为一致②。刘静、刘丹、杜晓力（2005）从农产品加工业国际竞争力决定因素，即农产品加工业国际竞争力形成的微观基础和外部条件出发，对构成农产品加工业国际竞争力的微观基础进行了分析，分别探讨了产品质量、产品价格、品牌效应、产品结构、销售策略和能力等在形成农产品国际竞争力中的作用、含义和评价方法，

---

① 刘李峰、武拉平、任卫娜、杨欣：《北京市农产品加工业的产业竞争力分析》，载《农产品加工·学刊》2006 年第 2 期，第 57~62 页。

② 陈卫平、赵彦云：《中国区域农业竞争力评价与分析》，载《管理世界》2005 年第 3 期，第 85~93 页。

并最终从理论上建立了农产品加工业国际竞争力内部直接决定因素评价指标体系[1]。王志明（2000）采用纺织业产品出口额占该产品国际贸易值比重、贸易条件及净出口等指标，对我国纺织业国际竞争力进行了分析。其研究表明我国纺织品、服装出口规模大，棉纱、毛纱线、棉布3种商品均具有一定的国际竞争力，我国纺织品贸易条件总体上是稳中有所改善，但是优势欠明显，也欠牢固[2]。杨兴龙（2009）运用国际市场占有率、显示性比较优势指数、贸易竞争指数等指标，通过与美国、阿根廷、巴西、南非等国家进行对比，对我国玉米加工业的国际竞争力状况和趋势进行了对比分析，并以吉林、辽宁、山东和河北4个玉米主产省为例，运用区位商和市场占有率指标，对4省玉米加工业的动态比较优势和市场竞争力进行了实证分析[3]。苏李和臧日宏（2010）利用显示性比较优势指数和国内竞争力指数，从国家和民族两个层面对2003～2008年我国农产品加工业的国际竞争力进行了分析。其研究表明我国农产品加工业整体表现为国际竞争优势，但这种竞争优势正在减弱；民族农产品加工业国际竞争力与我国农产品加工业状况一致，表现为竞争优势；民族农产品加工业在国内市场具有竞争优势，不同细分行业的国际和国内竞争力变化的协同性与差异性并存[4]。赵海和张照新（2012）在分析油脂加工业和乳业发展的特征等的基础上，提出了增强我国农产品加工业竞争力的政策建议，即加大对产业领军企业的支持力度，增强行业的国际竞争力；支持企业加强产业链建设；加强对外资的监管和引导；优化企业发展环境等[5]。

　　刘彩云、马殿平、张润清（2007）对河北省农产品加工业的整体竞争力和分行业竞争力进行了分析，研究表明在河北省农产品加工各行业中，皮革、毛皮、羽绒及其制品业最具竞争力，在全国同行业中竞争力较强的有食品制造

① 刘静、刘丹、杜晓力：《农产品加工业国际竞争力内部直接决定因素指标评价》，载《技术经济》2005年第3期，第22～25页。
② 王志明：《我国纺织业国际竞争力分析与提升》，载《财贸经济》2000年第10期，第63～68页。
③ 杨兴龙：《玉米加工业的效率与竞争力研究》，北京，中国农业出版社，2009，第87页。
④ 苏李、臧日宏：《中国农产品加工业竞争力实证分析——基于国家和民族视角》，载《国际经贸探索》2010年第8期，第16～20页。
⑤ 赵海、张照新：《关于增强我国农产品加工业竞争力的思考——基于油脂加工业和乳业发展演变的比较分析》，载《宏观经济研究》2012年第2期，第3～8页。

业，木材加工及木、竹、藤、棕、草制品业和农副食品加工业，而河北省的传统产业，纺织业和纺织服装、鞋、帽制造业竞争力很低①。此外，刘李峰等（2006）、马成武等（2005）和赵艳滨（2007）等分别对北京市、吉林省和黑龙江省的农产品加工业的竞争力进行了分析②③。

3. 农产品加工业集聚研究

产业集群凭借自身在成本节约、资源优化、风险分散以及创新激发等方面的独到功效，被奉为区域经济发展的核心动力，成为各地区竞相采用的产业组织模式④。许多学者也对农产品加工产业集群进行了深入研究，从理论与实践两个层面证明了产业集群是新时期农产品加工业发展的基本组织模式（战炤磊，2012）。国内产业集群的研究大多数围绕产业集群形成机理、竞争优势培养、技术创新扩散过程和模式方面进行探讨。随着农业与农产品加工业及其他产业的关联度的不断提高，农业生产涵盖了产前、产中、产后三个环节。一些农业产业集聚概念从农业比较优势出发，向农业产业链下游延伸，初步涉及了农产品加工业集聚。

目前，国内学者对农产品加工业集聚的研究，主要集中于对产业集聚的形成机理、影响因素、集群模式、绩效评价等方面的分析。农产品加工产业集群是指农产品加工业发展到一定程度后，与农产品加工产业相同、相近、相关企业按照一定的经济联系聚集在一个特定的地域范围，并吸引一些相关服务机构进驻该地，从而形成一个有内在关联的有效经济群体，它是市场经济条件下工业化发展到一定阶段的必然产物⑤。农产品加工业集聚，具有明显的资源、成本、市场、扩张、创新和网络等方面的优势。农产品加工产业集群能够在激烈的市场竞争中表现出良好的竞争态势。产业集群作为一种大量企业及相关支撑

---

① 刘彩云、马殿平、张润清：《农产品加工业竞争力分析》，载《中国统计》2007 年第 9 期，第 48 ~ 50 页。

② 赵艳滨：《黑龙江省农产品加工业国际竞争力研究》，哈尔滨，哈尔滨工业大学硕士学位论文，2007，第 1 ~ 56 页。

③ 马成武、姜会明：《吉林省农产品加工业竞争力分析》，载《农业科技通讯》2005 年第 5 期，第 43 ~ 44 页。

④ 战炤磊：《基于集群视角的农产品加工业发展路径研究——以江苏为例》，载《现代管理科学》2012 年第 3 期，第 93 ~ 95 页。

⑤ 王国扣、戴相朝：《我国农产品加工产业集群的优势分析》，载《农产品加工·创新版》2011 年第 10 期，第 13 ~ 15 页。

机构在地理空间的集聚，能够形成其他区域所没有的强劲而持续的竞争优势（王国扣、戴相朝，2011）。分析农产品加工集群影响要素并由此解析农产品加工集群发展过程中的关键要素，有助于了解农产品加工集群阶段性发展的根源，有助于产业集群政策的针对性和有效性，从而促进产业集群健康发展（乔朋华、王维，2011）。目前，根据企业间竞合程度、集群对知识的依存度，农产品加工产业集群模式可分为资源型、链条型和循环型（见表1－2）。不同类型的农产品加工产业集群，在集群驱动力、企业规模、企业间关系、价值链、资源利用方式、技术创新、知识依存度和竞争战略等方面有很大的差异[①]，且农产品加工产业集群因自身成长性会由资源型向链条型再向循环型进行演化（胡坤、项喜章，2011）。

表1－2　不同类型农产品加工产业集群的特点

要素	农产品加工产业集群模式		
	资源型	链条型	循环型
集群驱动力	丰富的农业原材料、传统工艺、优惠政策、文化特色、专业市场等	专业化协作所带来的生产效率的提高和交易成本的下降	循环经济模式下经济、社会和生态效益的共同实现
企业规模	中小企业	中小企业、少数龙头企业	中小企业和大企业
企业间关系	趋于竞争	竞争与合作并存	趋于合作
价值链	一次性	一次性、线性	循环利用、非线性
技术创新	创新能力有限、主要是模仿创新	创新能力较强，主要是引进消化吸收再创新	创新能力强，多种创新模式的融合
知识依存度	低	中	高
竞争战略	低成本	低成本＋品牌	低成本＋品牌＋技术

资料来源：胡坤、项喜章：《农产品加工产业集群模式分析》，《农产品加工·学刊》2011年第1期，第100～103页。

此外，国内一些学者对农产品加工业集聚的影响因素、集聚绩效进行了深入研究。卢凤君、张敏、李世峰（2008）以系统分析和决策分析方法论为基

---

① 胡坤、项喜章：《农产品加工产业集群模式分析》，载《农产品加工·学刊》2011年第1期，第100～103页。

础，融合产业集聚、比较优势等原理和理论，对区域农产品加工业集聚升级的关键要素、驱动模式、战略行为等进行了分析。对于如何形成区域农产品加工业比较优势，提高企业集群的价值创新能力，增强区域农产品加工业的竞争力进行了有益探索①。路江涌、陶志刚（2007）从外部性、地方保护主义、运输成本、规模经济和自然资源禀赋等几个方面，讨论了包括农产品加工业在内的制造业区域集聚的微观基础。其研究表明地方保护主义在很大程度上限制了中国制造业的区域集聚，同时，溢出效应、运输成本和自然禀赋也是影响行业集聚的重要因素②。苏李、臧日宏、田国英（2011）应用空间集聚指数、产业集聚结构效益指数、集聚影响指数和产业集聚专门化率对 2003～2008 年我国农产品加工业 12 个行业的集聚程度及集聚绩效进行测度与评价。其研究表明，我国农产品加工业整体集聚度较高且呈明显上升趋势，但各行业的集聚状况差异明显。劳动密集型和原材料及技术密集型农产品加工业集聚度相对较高且明显上升，而原材料密集型和原材料及资本密集型农产品加工业集聚度相对较低且下降，农产品加工业集聚绩效呈两极分化特征，中西部地区明显优于东部地区③。何秀丽、马延吉、刘文新（2010）利用产值区位商和就业区位商指数对吉林省农产品加工业各行业集聚趋势进行了测度，并对吉林省农业资源优势区与主要优势行业、农产品加工企业空间布局的关联等进行了评价。

4. 农产品加工业增长的可持续性研究

农产品加工业已经成为我国国民经济中总量最大、发展最快的支柱产业之一。农产品加工业能否持续快速发展，逐步引起了国内专家学者的高度关注。目前，对增长可持续性的判断主要是基于对全要素生产率（TFP）的研究。赵燃、骆乐等（2008）运用 1999～2005 年的面板数据对我国农产品加工业的全要素生产率进行了实证研究，并将其分解为技术效率和技术进步。他们的研究表明，我国农产品加工业全要素生产率增长率较高，且全要素生产率的增长主要源于技术

---

① 卢凤君、张敏、李世峰：《区域农产品加工业发展的成功之路：集聚与升级》，北京，中国农业出版社，2008。

② 路江涌、陶志刚：《我国制造业区域集聚程度决定因素的研究》，载《经济学（季刊）》2007年第 4 期，第 801～816 页。

③ 苏李、臧日宏、田国英：《中国农产品加工业集聚与绩效评价》，载《软科学》2011 年第 3 期，第 84～87 页。

进步，而非效率变化①。李崇光、陈诗波（2009）分析了湖北省农产品加工业的产业基础和背景，并利用 DEA 技术和 Malmquist 指数的方法，采用 1996～2005 年的相关数据，对湖北省农产品加工业的全要素生产率（TFP）增长、技术变动和技术效率进行了实证分析。他们的研究认为农产品加工业的长期增长主要取决于其长期生产能力的增长。生产能力的增长来自两种途径：一方面来自农产品加工业要素投入量的增长；另一方面来自农产品加工业要素生产率的提高。经济资源的稀缺性决定了农产品加工业的长期可持续性的增长不可能长期依赖要素投入的无限扩张，而主要依赖于要素生产率的不断提高②。杨兴龙、王凯（2008）采用基于 DEA 的 Malmquist 生产率指数分析方法，运用玉米加工业的省际面板数据，对我国玉米加工业增长过程中全要素生产率（TFP）的变动状况进行了分析。他们的研究表明，1998～2005 年，我国玉米加工业中淀粉及其制品制造业、饲料加工业、酒精制造业和白酒制造业的 TFP 年均增长率分别为22%、13.3%、23.7% 和 7.7%，这充分说明，近年来我国玉米加工业发展迅速；玉米加工业各子行业的技术进步和技术效率的年均增长率均为正值，但技术效率增长缓慢，技术进步构成推进 TFP 增长的主要因素③。王艳华、王军、张越杰（2010）运用 2000～2007 年吉林省农产品加工业内部 12 个子行业的面板数据，采用 Malmquist 生产率指数方法，分析了吉林省农产品加工业发展过程中全要素生产率（TFP）的变动情况，并将其进一步分解为技术效率变化、规模效率变化和技术进步。其研究结果表明，2000～2007 年吉林省农产品加工业 TFP 增长主要源于技术进步，吉林省农产品加工业内部 12 个子行业 TFP 增长的速度、技术进步的程度和技术效率的变化差异很大。从静态角度看，一些行业技术非效率主要源于生产中要素投入冗余、产出不足以及投入产出比不合理等因素④。此外，蔡海龙和王秀

① 赵燃、骆乐、韩鹏：《中国农产品加工业技术效率、技术进步与生产率增长》，载《中国农村经济》2008 年第 4 期，第 24～31 页。
② 李崇光、陈诗波：《湖北省农产品加工业生产效率及其影响因素分析》，载《科技进步与对策》2009 年第 10 期，第 51～55 页。
③ 杨兴龙、王凯：《中国玉米加工业生产率增长、技术进步与效率变化——以 4 个玉米主产省为例》，《中国农村观察》2008 年第 4 期，第 53～61 页。
④ 王艳华、王军、张越杰：《吉林省农产品加工业全要素生产率变动及其分解分析——基于 Malmquist 生产率指数的实证研究》，《农业技术经济》2010 年第 10 期，第 108～114 页。

清（2008），张莉侠和孟令杰（2006），赵贵玉、王军和张越杰（2009）分别对我国的烟草加工业、食品加工业和玉米加工业的技术效率进行了分析，并得出了基本相近的结论。

5. 外商直接投资对农产品加工业影响的研究

外商直接投资总体上促进了我国农产品加工业的增长，但同时也对我国农产品加工业国内投资和就业产生了一定程度上的挤出效应。理论上来讲，大量外商投资于农产品加工业，可能对我国农产品加工业产生积极的影响，比如增加资本存量、增加就业、增加出口、增加税收、获取国外先进技术和技术外溢效应等，从而促进我国农产品加工业整体的增长；但也可能产生某些不利影响，比如对国内投资的过度挤出替代，资本对劳动力的替代而引起失业等（吕立才、黄祖辉，2006）[1]。何艳（2008）运用行业面板数据，分析了 FDI 对我国农产品加工业的出口溢出效应。其研究表明，外商直接投资存在直接出口溢出效应和间接出口溢出效应，它不仅促进了农产品加工业出口总额的增长，还带动了国内企业的出口[2]。沈国明等（2008）以我国纺织业为例，研究外商直接投资对国内资本形成的影响。其研究表明，外商直接投资对我国纺织业的国内资本形成总体上不存在挤入或挤出效应。但根据外商直接投资的不同来源地，港澳台资本对国内资本形成不存在挤入、挤出效应，而港澳台之外的外商直接投资对国内资本存在挤出效应[3]。吕立才等（2006）、张兴（2009）等对我国农产品加工业的 FDI 情况进行了研究，他们认为 FDI 总体上促进了我国农产品加工业的增长，但同时也对我国农产品加工业国内投资和就业产生了一定程度上的挤出效应[4]。吕立才、熊启泉（2008）通过建立计量模型，分析了近年外商直接投资对浙江农产品加工业发展的影响。他们的研究结果显示，外商直接投资对浙江农产

① 吕立才、黄祖辉：《外商直接投资中国农产品加工业影响的实证研究——增长、国内投资和就业》，载《中国农村经济》2006 年第 5 期，第 18～24 页。
② 何艳：《FDI 对我国农产品加工业的出口溢出效应分析——基于面板数据的实证研究》，载《农业经济问题》2008 年第 2 期，第 86～91 页。
③ 沈国明、孙江永：《外商直接投资对中国纺织业国内资本形成影响的经验分析》，载《世界经济研究》2008 年第 10 期，第 42～47 页。
④ 吕立才、黄祖辉：《外商直接投资中国农产品加工业影响的实证研究——增长、国内投资和就业》，载《中国农村经济》2006 年第 5 期，第 18～24 页。

品加工业国内投资和就业没有明显的挤出效应，技术转移的效果显著，但较大的技术差距不利于国有及国有控股农产品加工企业获取跨国公司技术转移外溢效应①。

6. 农产品加工业产业组织研究

产业组织是指同一产业内部企业之间的关系。在市场经济中，企业之间的关系是通过市场形成和体现的利益关系，即市场交换关系、竞争和垄断关系、市场占有关系、资源占有关系等。目前，国内对农产品加工业产业组织的研究主要是应用西方的产业组织理论来分析农产品加工业内部企业之间的关系，解释企业间关系变化的规律及其对企业经营绩效影响。陈会英等（2004）运用产业组织理论与研究方法，对我国农产品加工业产业组织特征、发展绩效及存在问题与成因进行了系统的分析，研究表明为加快我国农产品加工业产业组织的创新，需首先根据国内外有关农产品加工基本标准，完善农产品加工业标准体系，构建符合世界贸易规则的农产品加工业政策保障体系；增加专用性资产投资，强化农产品加工企业与农民契约双方之间的相互依赖性；完善合同管理，促进合约制度的形成，提高合同履约率；克服农产品加工品市场交易中出现的逆向选择②。程广斌（2008）以垄断竞争理论为基础，以 SCP 理论范式为基本分析框架，对新疆农副食品加工业等 5 个主要农产品加工行业的市场结构、市场行为和市场绩效进行了深入的实证分析③。马玲玲、陈彤（2008）对新疆农产品加工企业产业集中度的影响因素进行了分析，指出自有资金投入不足、市场容量小、技术能力低等是导致新疆农产品加工业企业产业集中度低的主要原因。刘彩云、王玉荣（2008）对河北省最大的 4 家农产品加工企业的市场集中度进行了分析，分析表明，河北省农产品加工业 4 厂商集中度为 13.58%，其中食品加工业的 4 厂商集中度为 32.16%，纺织业的 4 厂商集中度为 19.30%。可见，河北省农产品加工企业规模较小，市场集中度偏低④。

---

① 吕立才、熊启泉：《外商直接投资对浙江农产品加工业影响研究》，载《亚太经济》2008 年第 4 期，第 46～49 页。

② 陈会英、周衍平、刘肖梅：《中国农产品加工产业组织创新与政策选择》，载《经济地理》2004 年第 3 期，第 272～284 页。

③ 程广斌：《新疆农产品加工业产业组织研究》，石河子，石河子大学博士学位论文，2008。

④ 刘彩云、王玉荣：《河北省农产品加工业市场结构分析》，载《经济论坛》2008 年第 13 期，第 12～13 页。

此外，国内学者还对烟草行业的集中度和绩效（郝东梅，2001；王秀清，2003）、乳制品行业集中度与结构（陈利昌，2004）以及食品制造业的集中度（王俊豪，2000）进行了分析。

7. 农产品加工业的区域布局研究

产业布局是一种具有全面性、长远性和战略性的经济布局。在社会化大生产的条件下，合理的产业布局不仅有利于发挥各地区的优势，合理地利用社会资源，而且有利于取得良好的经济、社会和生态效益。国内对区域布局的研究主要是运用比较优势理论进行分析。就我国农产品加工业区域布局的研究而言，主要有针对农产品加工业产业带建设的研究和影响农产品加工业产业布局影响因素的研究等。我国农产品加工业的布局，主要是根据资源分布、政府助推、政策引导等条件形成的，一定规模的加工企业在一定地理范围内的存在状态，布局的对象一般以加工原料为主[①]。例如，玉米加工优势布局、蔬菜加工优势布局、大豆加工优势布局等。通过优势布局，开展园区建设或示范基地建设，最终实现产业集群，这是我国农产品加工业健康发展的成功之路（王国扣、张宏宇，2011）。但由于我国农产品加工业受自然环境和自然资源、地区经济发展水平、技术水平和区位条件等差异的影响，区域农产品加工业发展很不平衡。江苏省统计局（2004）根据沿海经济带的资源优势、区位优势和加工业基础，强调了建立沿海农产品加工业产业带的必要性和可能性，并明确了要以科技进步、体制机制创新为动力，以面向超市、发展绿色、树立品牌为目标，全面推进农产品区域布局优化，实现深加工、精加工，把江苏省沿海地区建成产业化、外向化、品牌化程度较高的农产品加工产业带[②]。唐仁健（1999）对我国各省、自治区、直辖市农产品加工业产值与农业产值之比进行了深入的分析，研究表明，我国农产品加工业区域发展存在的主要问题是东、中、西部地区农产品加工业产值与农业产值之比差距较大，分布极其不均衡。为此，他提出了我国农产品加工业发展的区域布局定位及农产品加工业发展的区域政策。许一芳、王振惠（2005）对福建省农产品加工业的布局进行了分

---

① 王国扣、张宏宇：《我国农产品加工业优势布局的基本特征》，载《农产品加工·创新版》2011年第3期，第11~13页。

② 姜会明：《吉林省农产品加工业发展研究》，长春，吉林农业大学博士学位论文，2005，第5页。

析，研究表明，福建省主要特色农产品加工业还存在小规模分散经营、区域布局不尽合理等问题，难以形成竞争优势。他们就此提出了福建省优化主要特色农产品加工业区域布局的基本思路，明确了优势农产品加工业的区域布局设想，如蔬笋加工、水产品加工、畜禽产品加工、茶叶加工、食用菌加工和粮油加工等①。马惠兰（2004）认为在市场经济条件下，区域农产品的价格和质量是确定其比较优势的决定性因素，而自然资源条件与要素禀赋状况、营销、政府行为、生态环境、经营体制、历史发展基础与区域文化、特色产品等是影响区域农产品价格和质量的主要因素②。

（二）中部地区农产品加工业发展研究

对中部地区农产品加工业发展的研究，主要集中在农产品加工业发展的现状、农产品加工业的竞争力、农产品加工业发展与农民收入增长、农产品加工业发展与农村工业化等方面。

1. 中部地区农产品加工业发展现状及对策研究

张秀生、杨刚强（2008）对中部地区农产品加工业发展现状进行了分析。研究表明，中部地区农产品加工业发展存在加工程度低、产品附加值小，技术创新能力低、科技储备不足，农产品加工企业资金缺、融资难，加工标准和质量控制体系不健全，社会化服务体系建设滞后等问题。因此，促进中部地区农产品加工业的发展，应调整和优化农业结构，不断提高农产品质量；壮大农业产业化龙头企业，推动农产品加工业发展；提高农产品加工度，增加农产品的附加值；加快科技进步，努力提高农产品加工业的科技含量等③。此外，一些学者还对中部地区其他省市的农产品加工业发展现状进行了研究。如金红梅（2009）等对山西晋中地区农产品加工业发展状况的分析；杨普（2004），张海荣（2005），李学灵、张艳（2007），邓小华（2008）等对安徽省农产品加工业发展的分析；盛孝邦、程不吾（2005），周中林（2005），刘潇、贺鑫、

---

① 许一芳、王振惠：《优化福建主要特色农产品加工业区域布局的设想》，载《台湾农业探索》2005 年第 4 期，第 33～35 页。

② 马惠兰：《区域农产品比较优势理论分析》，载《农业现代化研究》2004 年第 4 期，第 246～250 页。

③ 张秀生、杨刚强：《积极发展农产品加工业 促进中部地区农业发展》，载《宏观经济管理》2008 年第 11 期，第 49～51 页。

李平（2007），禹华芳（2009）等对湖南农产品加工业发展战略的研究；陈方源、朱再清、沈东晓（2005），陈方源（2005），严奉宪（2005），陈运中（2008）等对湖北省农产品加工业发展存在的问题分析；刘导波（2006），宗锦涛、陶文新、严重君（2007），何国辉、李赛群（2008），禹华芳（2009）等对湖南省农产品加工业发展存在的问题分析；薛选登（2006）等对河南省农产品加工业的现状及发展对策分析。

2. 中部地区农产品加工业竞争力研究

聂亚珍（2007）运用全员劳动生产率、贸易特化系数、研发（R&D）强度指标和专利数量指标等对湖北省农产品加工业的竞争力进行了评价。研究表明，由于湖北省农产品加工科技含量低、农产品质量差、成本高、价格高、信誉低，农产品在市场竞争中明显处于不利地位[①]。段慧兰（2007）运用交易成本理论、激励机制设置与合约理论、制度变迁与技术创新理论、政府职能理论、产业集聚理论对湖南省农产品加工业的竞争力进行了分析，并形成了一套关于提升农产品加工业竞争力比较系统的理论[②]。任红燕、李晋陵（2007）对山西食品工业区域集群竞争力进行了分析，研究表明，山西省 11 个地市食品加工业、食品制造业、饮料制造业和烟草加工业市场占有率较高，市场潜力巨大，但产业集中度和产业集群规模均不太理想。他们认为，长期而言，山西省应积极扶持具有较强竞争力的食品工业的发展，扶持大型企业和品牌作为行业整体竞争力提升的带动点与增长点[③]。此外，周昌贡（2006）、朱世娟和姜琳（2009）、李双燕（2008）等分别对湖南烟草工业、安徽烟草商业以及河南省纺织业的核心竞争力进行了分析[④]。

---

① 聂亚珍：《湖北省农产品加工业的竞争力分析》，载《农业经济》2007 年第 2 期，第 71～72 页。

② 段慧兰：《提升湖南农产品加工业竞争力研究》，长沙，湖南农业大学硕士学位论文，2007，第 1～60 页。

③ 任红燕、李晋陵：《山西食品工业区域集群竞争力分析》，载《农业系统科学与综合研究》2007 年第 2 期，第 223 页。

④ 周昌贡：《打造湖南烟草工业的核心竞争力》，载《学习时报》2006 年 1 月。朱世娟、姜琳：《安徽烟草商业核心竞争力评价指标体系构建及分析》，载《经济论坛》2009 年第 4 期，第 73～74 页。李双燕：《河南省纺织业竞争力问题分析研究》，载《中原工学院学报》2008 年第 6 期，第 34～36 页。

3. 中部地区农产品加工业战略地位研究

李学灵、张艳（2007）根据安徽省 1986～2005 年的数据，利用协整检验、Granger 因果关系检验方法以及误差修正模型，对安徽农产品加工业增加值与农民收入之间的关系进行了实证分析。其研究表明，安徽省农产品加工业增加值与农民收入之间存在协整关系，且农产品加工业增加值是提高农民收入水平的 Granger 原因。因此，应进一步加快安徽省农产品加工业的发展，增强其对农民收入的拉动作用①。万仁荣（1998）研究认为农产品加工业是启动江西经济腾飞的枢纽②，蔡玉峰（2002）研究认为江西省农业新一轮发展的动力主要在农产品加工业的拉动③。周上游（2002）研究认为农产品加工业是促进湖南农村工业化进程的主导产业，有着良好的发展前景④。刘军、周年发、黄祖明（2003）等认为加速以农产品加工业为核心的农业产业化和农村工业化进程是湖南实现城乡一体化的重要措施，也是湖南 21世纪上半叶实现"三化"目标，发展社会经济和全面建设小康社会的重大战略选择⑤。此外，还有其他学者对中部地区农产品加工业的其他方面进行了研究。

从国内外研究的相关文献来看，我国农产品加工业发展的研究还不成熟，对现代农产品加工业发展的主导产业选择、产业集聚、体制机制创新、发展模式等的研究还不多见。我国工业化、城市化进程的不断加快，以及消费模式、国际竞争格局的不断变化，对现代农产品加工业的发展提出了诸多挑战。在区域经济发展格局加剧变革、产业发展环境深刻变化的新形势下，研究农产品加工业发展新途径和新方向显得尤为重要。

---

① 李学灵、张艳：《安徽农产品加工业与农民收入关系的实证分析》，载《农村经济》2007 年第 5 期，第 31 页。
② 万仁荣：《农产品加工业：启动江西经济腾飞的枢纽》，载《南昌大学学报（哲社版）》1998 年第 4 期，第 68 页。
③ 蔡玉峰：《江西农业新一轮发展的动力主要在农产品加工业的拉动》，载《企业经济》2002 年第 6 期，第 158 页。
④ 周上游：《农产品加工业在湖南工业化进程中的地位及其发展对策》，载《科技进步与对策》2002 年第 10 期，第 93 页。
⑤ 刘军、周年发、黄祖明：《农产品加工业驱动下的湖南农村工业化问题探讨》，载《湖南农业科学》2003 年第 5 期，第 8 页。

第三节　研究的思路和方法

一　研究思路

本书以区域经济理论和产业经济学理论为基础，首先对中部地区农产品加工业发展现状进行了分析；然后对中部地区农产品加工业的经济效益、区域竞争力和集聚与升级进行了分析，包括中部地区各省的比较分析和中部地区与东部、西部、东北地区的比较分析，准确地定位了中部地区农产品加工业在全国发展的水平，也明确了中部地区农产品加工业的发展方向；最后对中部地区农产品加工业的功能定位和发展方向进行了分析。研究表明中部地区农产品加工业应着力实现如下战略定位，即中部地区农村经济发展的支柱产业，加快经济发展方式转变的先导产业，承接国际和东部沿海地区产业转移的基础产业，促进区域协调发展的重点产业；发展的方向应从总量带动转向结构调整，从产业分散转向产业集聚，从成本优势转向创新优势，从国有为主转向多种所有制共同发展。本书还从政府、企业和行业协会的层面提出了促进中部地区农产品加工业发展的政策建议。

二　研究方法

从方法论上看，本书采用了多种研究方法。从学科角度上讲，本书涉及农业经济学、农村经济学、区域经济学、产业经济学和发展经济学等，其中，产业分析为主要分析法。此外，本书还运用了调查研究的方法、比较分析方法、定量分析与定性分析相结合的方法以及系统分析方法等。

（一）调查研究的方法

笔者认真地对中部地区包括山西省、安徽省、江西省、河南省、湖北省和湖南省的农产品加工业发展现状、发展思路等进行了实地调研，获取了第一手资料，从整体上把握了中部地区农产品加工业发展的现状。重点对中部地区的食品产业、水产业、茶产业进行了深入细致的调研，适时把握了重点农产品加工产业的发展状况，并对部分龙头企业进行了调研，准确地把握了促进这些企业发展的影响因素和发展战略。

（二） 比较分析方法

本书对中部地区农产品加工业的发展进行了历史与现实的分析，明确了农产品加工业发展的阶段性特征。重点是对中部地区各省以及中部地区与东部、西部和东北地区的主导产业、经济效益、竞争力进行了比较分析。

（三） 定量分析与定性分析相结合的方法

中部地区农产品加工业的发展既有量的表现，也有质的规定。本书始终把定量分析与定性分析结合起来，两者相互补充、相辅相成。通过定量与定性的分析，本书充分地论证了中部地区农产品加工业发展的优势和不足，为未来促进中部地区农产品加工业的发展明确了方向。

（四） 系统分析方法

农产品加工业本身就是一个比较复杂的大系统，运用系统分析方法能够比较全面地把握中部地区农产品加工业发展的基本规律。本书以促进中部地区崛起、实现区域经济协调发展为背景，分析了农产品加工业在国民经济体系中的重要地位和作用，及其对促进农村经济社会发展、推动相关产业发展的重要作用；同时，对中部地区农产品加工业内部各相关产业的关系进行了系统的分析。

第二章
农产品加工业的内涵及其
发展理论基础

农产品加工业有狭义和广义之分，国际上通常将农产品加工业划分为食品、饮料和烟草加工，纺织、服装和皮革工业，木材和木材产品，纸张和纸产品加工、印刷和出版，橡胶产品加工等五大类。我国在统计上与农产品加工业有关的是食品加工业、食品制造业、饮料制造业、烟草加工业、纺织业、服装及纤维制品制造业、皮革毛羽及其制品业、木材加工及竹藤棕草制品业、家具制造业、造纸及纸品业、印刷和记录媒介的复制、橡胶制品业等12 个行业。

本章详细阐述了农产品加工业发展的理论基础，包括区位理论、竞争力理论、产业集聚理论和产业布局理论。

第一节　农产品加工业的内涵与分类

一　农产品的内涵及属性

农产品是指来源于农业的初级产品，即在农业活动中获得的植物、动物、微生物及其产品，包括农、林、牧、渔等4 种类型。主要包括粮食（稻谷、小麦、玉米、大豆等）、肉类（猪肉、牛肉、羊肉、家禽等）、蛋奶（牛奶、禽蛋等）、水产品、油料、食糖、烟叶、烤烟、果蔬（苹果、橘子、蔬菜等）、天然纤维（棉花、羊毛等）和天然橡胶等。农产品受生物、季节、气候等自然环境的影响较大。与工业品相比，农产品具有一些特殊特征①。

（一） 农产品自然属性

1. 易腐性

农产品一般都是生鲜易腐产品，商品寿命短，保鲜困难。为保持农产品的鲜度、品质及功效，在储存期间与运输途中农产品需要有良好的低温与储藏设备，有的还需急速冷却或加工处理。

2. 品质差异大

由于对自然条件的可控力不强，农业生产受自然条件影响大，即使按统一标准生产的农产品质量也会存在一定的差异。

（二） 农产品需求特点

1. 农产品需求影响因素多

人口规模、消费者收入、消费者偏好、农产品价格、相关产品供给、消费者对收入和价格的预期等都对农产品需求有重要的影响。

2. 农产品的需求弹性小

由于农产品是生活必需品，消费者对农产品的需求强度大而稳定，且农产品的替代品少、替代程度低。此外，农产品在居民消费预算中所占比例较小。因此，相对于非农产品而言，绝大部分农产品的需求弹性表现为不敏感，即需求弹性系数明显小于1。

（三） 农产品供给特点

1. 农产品供给决定因素多

自然条件、生产成本、农产品价格、相关产品的价格、资本约束（如耕地、资金、劳动力等）、生产者对收入和价格的预期等都对农产品供给有不同程度的影响。

2. 农产品的供给弹性小

绝大部分农产品的供给弹性明显小于1。当价格上升时，受季节因素等的影响，短期内有效供给难以迅速增加，即使是长期调整，也因土地制约等往往

---

① 柴斌锋：《中国玉米成本及经济研究》，北京，中国农业出版社，2009，第39～41页。

难以实现；当价格下跌时，因农业固定资产或劳动力不易转移，以及"时滞效应"等，农产品的供给也不会做出迅速、强烈的反应。

（四）农产品市场特点

农产品受土地资源的不可替代和农产品本身特点影响，农产品生产的垄断形成过程十分缓慢，农产品市场接近于完全竞争，基本满足完全竞争市场所要求的条件。

（1）农产品市场上有许多生产者和消费者，市场上一个人的销售量或购买量占市场的份额较小，任何一个人都无法通过自己的单个买卖行为来影响市场价格。

（2）同类农产品基本不存在差别。个别生产者的农产品基本是同质的，个别生产者很难通过自己的产品差别来影响市场价格。由于这种完全竞争的存在，农产品市场的行业利润率低于社会平均利润率。

二 农产品加工业的内涵及分类

农产品加工业是以农业生产的动植物产品及其物料为原料进行加工的行业。广义的农产品加工业，是指以人工生产的农业物料和野生动植物资源及其加工品为原料所进行的工业生产活动。狭义的农产品加工业，是指以农、林、牧、渔产品及其加工品为原料所进行的工业生产活动。农产品加工业是农业生产的继续和延伸，是农业经济发展中与农业生产关联效应最大的产业。

联合国国际标准工业分类体系（ISIC）将农产品加工业分为五大类，即①食品、饮料和烟草加工；②纺织、服装和皮革工业；③木材和木材产品（包括家具制造）；④纸张和纸产品加工、印刷和出版；⑤橡胶产品加工①。根据我国《国民经济行业分类》（GB/T 4754—2002），农产品加工业分为五大类12个行业（如表2-1所示），具体行业包括内容见附录—②。

按照不同的标准，农产品加工业有不同的分类。如按原料的改变程度来分类，可以把农产品加工业分为4级：第一级加工活动是洗净、分级；第二级加

---

① 张汉林：《农产品贸易争端案例》，北京，经济日报出版社，2002，第150页。
② 资料来源：朱明《农产品加工业集成技术与标准》，北京，中国农业科学技术出版社，2007，第53~60页。

表 2 - 1 农产品加工业行业分类

行业分类	产业部门
食品工业	食品加工业、食品制造业、饮料制造业、烟草制品业
纺织工业	纺织业,纺织服装、鞋、帽制造业,皮革、毛皮、羽毛(绒)及其制品业
木材工业	木材加工及木、竹、藤、棕、草制品业,家具制造业
纸品工业	造纸及纸制品业、印刷业和记录媒介的复制
橡胶工业	橡胶制品业

资料来源:卢凤君、张敏、李世峰等:《区域农产品加工业发展的成功之路》,北京,中国农业出版社,2008,第 6 页。

工活动是压榨、研磨、切割和调配;第三级加工活动是烹煮、消毒、制罐、脱水、冷冻、纺织、提炼、调配;第四级加工活动是化学处理、添加营养成分,如速成食品、高营养植物制品、轮胎等。按加工对象分,则是有多少种农产品就有多少种加工业,如大米加工、面粉加工、花生加工、黄豆加工、芝麻加工、棉花加工等。按加工产品最终用途分,可以分为食品加工、饮料加工、皮革加工、服装加工、药材加工、能源加工、家具加工、工艺美术加工、包装材料加工等。按农业部门分类,可以分为农产品加工、林产品加工、畜牧业产品加工、水产品加工等,见表 2 - 2。

表 2 - 2 农产品加工业的其他分类

分类标准	类 型	各类个数
加工对象	大米加工、面粉加工、花生加工、黄豆加工、棉花加工、玉米加工、大豆加工、土豆加工、甜菜加工等	若干
加工产品最终用途	食品加工、饮料加工、皮革加工、服装加工、药材加工、能源加工、家具加工、工艺美术加工、包装材料加工等	若干
农业部门	农产品加工、林产品加工、畜牧业产品加工、水产品加工等	若干

资料来源:武拉平、杜保德等:《北京市农产品加工业发展战略研究》,北京,中国农业出版社,2007,第 3 页。

按国民经济两大部类生产分,农产品加工也可以分为生产资料的加工和消费资料的加工等。按三次产业分类法,农产品加工业属于工业,归入第二产业,是制造业和加工产品工业的集合。以上分类方法各有其特有的研究方向和优点，本书农产品加工业的分类将按照我国《国民经济行业分类》（GB/T 4754—2002）的标准，将农产品加工业分为五大类 12 个行业。

按照我国机械科学研究院对我国制造业的分类，我国制造业共分为三大类，即轻纺制造业、资源加工工业和机械电子制造业[1]。其中，农产品加工业的 12 个行业分别属于轻纺制造业和资源加工工业，即食品加工业，食品制造业，饮料制造业，烟草制品业，纺织业，纺织服装、鞋、帽制造业、皮革、毛皮、羽毛（绒）及其制品业，木材加工及木、竹、藤、棕、草制品业，家具制造业，造纸及纸品业，印刷和记录媒介的复制等 11 个行业属于轻纺制造业，橡胶制品业属于资源加工类。

按照要素密集产业分类，即按对投入要素的依赖程度，通常按 3 种投入要素即劳动力、资本和技术，可将产业划分为劳动密集型、资本密集型、技术密集型等产业类型。用要素密集度划分产业的方法不同于传统三次产业划分等分类方法，可以揭示产业的资源优势和生产力状况，并且能够反映由于技术进步导致生产投入要素比例的变化，体现生产力的动态变化。根据联合国工业发展组织对制造业的分类，农产品加工业的 12 个行业分别属于资源性产业、低技术产业和中技术产业，见表 2－3。臧新（2011）按照聚类分析，将农产品加工业划分为劳动密集型和资本高度密集型，见表 2－4。按照郭克莎（2005）对高技术密集型产业与中低技术密集型产业的划分方法，农产品加工业可划分为中低技术密集型和低技术密集型。前者包括橡胶和塑料制造业，后者包括造纸、印刷、木材加工和家居、纺织、服装和皮革、食品、饮料和烟草[2]。

表 2－3　联合国工业发展组织的制造业分类——农产品加工业所属

资源性产业	食品加工业,食品制造业,饮料制造业,烟草制品业,木材加工及木、竹、藤、棕、草制造业,造纸及纸制品业,橡胶制品业
低技术产业	纺织业,纺织服装、鞋、帽制造业,皮革、毛皮、羽(绒)及其制品业,家具制造业
中技术产业	印刷业和记录媒介的复制

资料来源：马凯：《"十一五"规划战略研究（下）》，北京，北京科学技术出版社，2006，第 720 页。

[1]　孙林岩：《全球视角下的中国制造业发展》，北京，清华大学出版社，2008，第 121 页。
[2]　郭克莎：《我国技术密集型产业发展的趋势、作用和战略》，载《产业经济研究》2005 年第 5 期。

表2-4 劳动密集型和资本密集型——农产品加工业所属

劳动密集型产业	农副食品加工业,食品制造业,饮料制造业,纺织业,纺织服装、鞋、帽制造业,木材加工及木、竹、藤、棕、草制造业,造纸及纸制品业,橡胶制品业,皮革、毛皮、羽(绒)及其制品业,家具制造业
资本高度密集型产业	烟草制品业

资料来源:臧新:《产业集聚的行业特性研究——基于中国行业的实证分析》,北京,经济科学出版社,2011。

根据本书研究的需要,在具体分析产业的集聚布局等时,将分别采用联合国工业发展组织对制造业的分类、臧新(2011)、郭克莎(2005)的分类标准,以便对农产品加工业进行全面的分析。

三 农产品加工业的发展趋势

随着我国宏观经济发展环境的不断改善,各项惠农政策及工业企业发展政策的完善,区域合作广度和深度的不断扩展以及对外开放水平的提高,我国农产品加工业发展的质量和效益将会进一步提高,农产品加工业会继续保持较快的发展速度。今后,我国农产品加工业发展将会继续以科学发展观为指导,以技术创新为基础,积极发展农产品精深加工;以产业化经营为纽带,有效推进农产品功能纵深开发,加快农产品产业集群的发展;以标准化生产为基础,提高质量安全水平;以强化服务功能为支撑,构建信息服务、市场开拓服务、技术培训服务、创业发展服务平台,实现农业产业横向拓展和农产品加工业纵向延伸的有机统一。

(一)农产品加工业发展的投入要素更加先进

现代农产品加工业产业体系注重各种现代化生产要素的集约投入和深度开发,不断提升现代生产要素的素质、丰富现代生产要素的内涵、实现对传统生产要素的部分更新替代并形成新的组合。它以完善的农业基础设施为基础,以现代科技和装备为保障,以增加资本投入为支撑,以提高生产经营者的科技素质为动力,推进各要素生产率的稳步增长和农产品加工业产业综合素质的增强。这主要体现在以下几个方面:一是高新技术的广泛应用和现有技术的集成；二是农产品加工设备的智能化、自动化；三是加工原料专用化；四是资本比例科学化；五是劳动力素质大幅提高，科技人员普及化。

（二）农产品加工业产业结构不断优化

现代农产品加工业产业体系注重产业结构的调整和优化，逐步实现各产业的协调发展。一是产业内部各种要素合理聚合，产业内分工更加合理，生产、加工、销售联结紧密，主导产业不断发展壮大；二是产业之间的主次和轻重关系适宜，各产业相互衔接、相互支持、相互促进、相互融合，逐步从低水准向高水准、高端化发展；三是加工企业规模化，企业技术创新、先进设备装备进程加快，产业向高端营销发展，大型龙头企业带动作用明显增强；四是优势产业集群化，各地根据资源禀赋和区位优势，形成一批特色鲜明的农产品加工产业带，产业集聚和辐射效益明显增强。

（三）农产品加工业空间布局日益趋向合理

随着国际化、市场化和城市化的发展以及各种资源条件的变化，现代农产品加工业产业体系注重坚持以各地资源禀赋为基础、以市场需求为导向、以发挥各地比较优势为核心，合理调整资源利用方向，因地制宜地确定农产品加工业布局，农产品生产、加工、销售、研发实现跨区域布局。优势农产品生产、加工的规模化、专业化和产业化程度不断提高，逐步建立起标准化的生产基地和农产品加工功能区，建立起各具特色的优势产业带（区），打造区域化的农产品加工业"块状经济"，形成专业化的农产品加工业产业布局。农产品加工业的跨区域协调，既刺激了农产品加工业的发展，又提高了企业生产效率，增加了经济效益。

（四）农产品加工业产业体系更加完备

现代农产品加工业产业体系注重以一体化的经营方式进行资源配置和利益分配；产前、产中、产后紧密衔接，产加销、农工贸环环相扣，把农业生产的专业化、农产品的商品化、农村服务的社会化全部纳入经营一体化的轨道之中；实现生产基地化、加工品种专用化、质量体系标准化、生产管理科学化、加工技术先进化、企业规模化；各产业、各环节利益联结机制日趋完善，各经营主体协同合作的自觉性、主动性明显增强，带动农业产业化经营水平和农民组织化程度较快提高。

(五) 农产品加工企业经济效益显著提高

现代农产品加工业产业体系注重转变发展方式，推进集约化经营，提高产业综合效益。粮食等主要农产品加工的综合生产能力明显提高，农产品加工制品质量安全水平稳步增强，资源节约型生产模式、标准化生产方式、清洁生产经营理念广泛推广，与农业和服务业深度融合，土地产出率、资源利用率和劳动生产率显著提高。预计到 2015 年，我国农产品加工业总产值与农业总产值之比将突破 3∶1，食品工业总产值与农业总产值的比值将达到 1.5∶1。我国的农产品加工业经济效益大幅提高，农产品加工业达到经济发达国家的中下等水平[①]。

(六) 农产品加工精深化和产品结构多样化

一批成熟的高新科技成果的广泛应用，如生物工程技术、超高温灭菌、冷冻保鲜、分子蒸馏等，使农产品加工精深程度大幅提高，产品结构呈现多样化趋势。一是营养、保健型功能食品比重不断提高。随着市场的变化和农业多功能性的发挥，以及人们物质生活水平的提高，对食品的要求也越来越高。功能性食品除具有食品最基本的营养功能外，还具有增进人体健康、调整机体生理活动的作用，被誉为 21 世纪食品，具有巨大的发展潜力和空间[②]。二是加工产品方便化和功能化。消费者对产品的高品质偏好、巨大的市场拉动以及市场机制的完善，使得农产品加工企业不断适应市场和产业发展需要。农产品加工企业根据对食品消费层次、消费时段和消费空间等方面的区分，有针对性的开发生产适应不同需求层次的产品，引领市场消费需求。

第二节 农产品加工业发展的理论基础

一 区位理论

区位理论是研究经济行为的空间选择及空间经济活动组织的理论，简单地

---

① 魏益民、万桂林、丁凡：《农产品加工业发展现状与趋势分析》，载《农产品加工》2009 年第 3 期，第 51 页。

② 王守经、王文亮、邓鹏、张奇志：《山东省农产品加工业的发展趋势分析》，载《农产品加工·学刊》2008 年第 6 期，第 77 页。

说就是研究经济活动最优空间的理论，即经济行为与空间关系问题的理论。19
世纪初，杜能创立了农业区位论，到 20 世纪初出现了以研究成本和运输费用
为内涵的工业区位论，其先驱是劳恩哈特，集大成者是韦伯，创立了工业区位
理论。20 世纪 30 年代初，德国地理学者克里斯塔勒提出了中心地理论，随
后，德国经济学家廖什在克里斯塔勒研究的基础上，发展出产业的市场区位
论，此后瑞典经济学家俄林把地域分工、国际贸易区位加以综合分析，形成贸
易区位论。20 世纪 60 年代以来，以艾萨德的《区位与空间经济》和贝克曼编
辑出版的《区位理论》为主要研究标志，区域理论得到有效的发展，开始在
更加广阔的领域内应用，并不断对原有的理论进行修正和改进，使区位理论更
加接近客观经济现实，为推动相关领域的发展奠定了坚实的基础①。根据其产
生与发展的先后及内容上的差异，区位理论可以分为传统区位理论和现代区位
理论。

　　传统区位理论主要是运用新古典经济学的抽象方法，分析影响微观区位或
厂址选择的各种因素，其研究对象一般是以追求成本最小化或利润最大化为目
标的、处于完全竞争市场机制下的、抽象的、理想化的单个厂商及其聚集
地——城市。它经历了古典区位理论和近代区位理论两个阶段。古典区位理论
主要包括杜能创立的农业区位论和韦伯的工业区位论。杜能的农业区位论将农
业生产者的成本作为最重要的因素考虑，认为距离城市远近导致的地租差异，
即区位地租或经济地租，是决定农业土地利用方式以及生产专业化方向的关键
因素；而韦伯的工业区位论认为运输成本、劳动力成本以及聚集倾向是决定工
业区位的关键因素，它是当今研究工业布局的理论基础。近代区位理论影响较
大的则是克里斯塔勒的中心地理论和廖什的市场区位理论。克里斯塔勒的中心
地理论以古典区位理论的静态局部均衡理论为基础，进而探讨静态一般均衡理
论，首创了以城市聚集为中心进行市场面与网络分析的理论，为以后动态一般
均衡理论奠定了基础。同时它还使区位论研究由农业、工业等生产领域扩展到
商业、服务业等消费领域，由局部小区域的或个别企业和微观分析，扩展到大
区域范围内的、多个企业或区域的宏观综合分析，成为一种宏观的、静态的、

---

① 郝寿义：《区域经济学原理》，上海，上海人民出版社，2007，第 67 页。

以市场为中心的商业和服务业区位理论；而廖什的市场区位理论是在垄断竞争情况下，着眼于确定均衡价格和销售量，由此来确定市场地域均衡时的面积和形状，即在给定的经济空间内生产区位数量的极大化，以及由这一条件出发来规定市场范围和形状。

现代区位理论改变了传统的观察问题和分析问题的角度和方式，吸取凯恩斯经济理论、地理学和经济地理学及其"计量革命"所产生的新思想，对国家或区域范围的经济条件和自然条件，经济规划和经济政策，区域的自然资源、人口、教育、技术水平、消费水平、资本形成的条件、失业和货币金融的差异等进行了宏观、动态和综合的分析研究，形成了诸多学派的区位理论。

虽然说区位理论对现代区域发展理论研究具有重大贡献，但由于其研究的对象毕竟只是工业企业经营方式、农业经营方式、城市、市场区等单一的社会经济客体，所概括的只是这些单项事物的空间运动和空间定位规律，这就使得区位理论在具有进步性和科学性的同时，又具有某些方面的局限性，因而限制了理论向纵深发展①。进入20世纪60年代以来，区位理论进入高速发展的时期，一些学者采用多种分析工具和方法，不断对原有区位理论进行修正和完善，使区位理论更加接近客观经济现实。

农产品加工业属于传统产业，对自然资源的依赖性较高，自然条件是农产品加工业布局形成的物质基础和先决条件。区位理论对于优化农产品加工业的布局具有重要的指导作用。

二　竞争力理论

竞争力是指竞争主体（国家、地区或企业等）在市场竞争中争夺资源或市场的能力，它集中体现为该竞争主体的产品（或劳务）所占市场份额的大小及持续扩张的能力②。这种能力是竞争主体在竞争过程中逐步形成并表现出来的，是竞争主体多方面因素和实力的综合体现。现代竞争力理论主要是从对企业竞争力的探讨和对国家竞争力的研究发展起来的。归纳起来，竞争力的理

---

① 张秀生：《区域经济学》，武汉，武汉大学出版社，2001，第75~76页。
② 马银戍：《中国地区工业竞争力统计分析》，载《数量经济技术经济研究》2002年第8期，第86页。

论来源主要有比较优势理论、技术创新理论、竞争优势理论和制度创新理论等。在此基础上，许多学者将竞争力的基本理论方法应用到产业或区域等层面，逐步发展起产业竞争力理论和区域竞争力理论，并由此产生了许多新的竞争力理论假说和研究方法。

（一）比较优势理论

在亚当·斯密提出绝对优势理论之后，大卫·李嘉图提出了相对比较优势理论。按照他的论述，比较优势就是不同国家生产同一种产品的机会成本差异，该差异的来源是各国生产产品时劳动生产率差异[①]。即使一国在所有商品生产上的劳动生产率比别国低，处于绝对劣势，只要这种劣势程度存在相对差异，就可以进行分工，使各国获得国际贸易的比较利益[②]。之后，詹姆斯·穆勒、马歇尔和埃奇沃思等人都对这一理论进行了完善，但他们的研究主要集中于贸易条件问题和一些比较静态分析上，对比较优势成因的解释依然局限于技术水平的相对差异。进入20世纪，瑞典经济学家赫克歇尔和俄林提出了要素禀赋理论，该理论构造了一个包含"两个国家、两种商品、两种要素"的模型，认为区域是分工和贸易的基本地域单元，由于生产要素分布不均，必然引起生产要素相对价格差异，进而导致商品相对价格的差异，最终使区域贸易产生[③]。20世纪50年代初，里昂惕夫以美国为例对俄林等人提出的"资源禀赋说"提出了挑战，在国际经济学界提出了"里昂惕夫之谜"。随着经济全球化和社会信息化程度的不断加深，一国要素结构与技术水平的动态化特征愈加明显。因此，20世纪60年代，经济学家突破传统静态分析的理论框架，形成了解释要素禀赋与产业结构时序变化的动态比较优势理论。根据要素禀赋变化的不同，动态比较优势理论可分为内生动态要素禀赋理论和外生动态要素禀赋理论，前者认为经济发展过程中内生的要素禀赋变化会引起贸易模式的变化和国内产业结构的调整，也就是同时影响国际分工和国内分工的格局；后者认为资

① 王世军：《比较优势理论的学术渊源和述评》，载《杭州电子科技大学学报（社会科学版）》2006年第9期，第99~106页。

② 向国成、韩绍凤：《综合比较优势理论：比较优势理论的三大转变——超边际经济学的比较优势理论》，载《财贸经济》2005年第6期，第75页。

③ 李永实：《比较优势理论与农业区域专业化发展——以福建省为例》，载《经济地理》2007年第4期，第621页。

本流入使一国以实物衡量的要素禀赋结构发生变化，从而影响到以要素价格衡量的要素禀赋和产业结构[①]。

准确理解现代比较优势理论，尊重按现代比较优势原则进行的国际贸易与分工，对于分析农产品加工业产业结构调整和升级具有重要的意义。

（二）技术创新理论

现代竞争力理论早期有代表性的学说是熊彼特的"创新说"。1912年他在《经济发展理论》一书中提出了经济创新的概念，第一个突破了近代关于竞争力的"绝对优势"、"比较优势"和"要素禀赋"等古典学说。他认为，"创新"对企业竞争力具有决定性作用，当竞争对手无法或没有迅速察觉新的竞争趋势，最先发明创新的企业可能因此改写彼此的竞争态势，也就是说，不断创新的企业会具有强大的竞争力[②]。以熊彼特理论为基础的技术创新论认为竞争力优势主要是以技术及组织的不断创新为依托的。按照熊彼特的观点，所谓"创新"，就是"建立一种新的生产函数"，也就是说，把一种从来没有过的关于生产要素和生产条件的"新组合"引入生产体系。所谓创新、新组合或经济发展，包括引进新产品、引用新技术、开辟新市场、控制原材料新的供应来源和实现企业的新组织等五个方面。这种理论本身，是来自实际资料的一种分析概括，因而可以为我们研究产业竞争力提供参考[③]。

（三）竞争优势理论

1. 竞争优势理论

20世纪80年代到90年代初，美国经济学家迈克尔·波特先后出版了《竞争战略》《竞争优势》和《国家竞争优势》三部著作，分别从微观、中观、宏观角度论述了竞争力问题。竞争优势理论以不完全竞争市场为理论前提，用动态、全面的视角分析了一国的国际竞争力。波特认为一个产业内部的竞争状态取决于五种基本竞争作用力，即潜在入侵者的威胁、替代品的威胁、买方、替代品、现有企业之间的竞争。这五种作用力综合起来决定着该产业的

---

① 李辉文：《现代比较优势理论的动态性质——兼评"比较优势陷阱"》，载《经济评论》2004年第1期，第44页。

② 熊彼特：《经济发展理论》，北京，商务印书馆，1990。

③ 杨兴龙：《玉米加工业的效率和竞争力研究》，北京，中国农业出版社，2009，第38页。

最终赢利能力。不同的产业，这些作用力的强度不同，因而导致产业的赢利能力也不同。在《国家竞争优势》一书中，迈克尔·波特站在国家立场分析了如何把比较优势转化为竞争优势的问题。他认为具有比较优势的国家未必具有竞争优势，一个国家在某一行业取得全球性成功的关键在于生产要素、国内需求、相关和支持产业、企业的战略结构和竞争等四个基本要素以及机遇和政府作用两个辅助要素，这六个因素共同决定一个国家是否具有竞争优势。生产要素状况、国内需求、相关与支持产业状况、企业战略结构和竞争因素之间的关系成菱形，因而称之为"钻石模型"，如图 2-1。

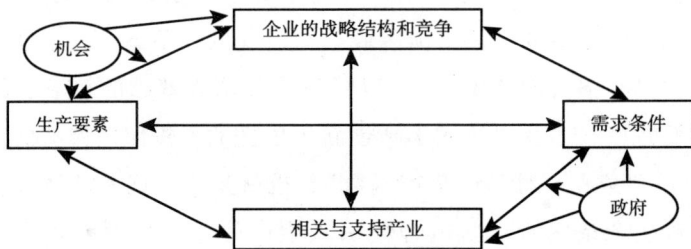

图 2-1　迈克尔·波特竞争优势决定因素的菱形模式

迈克尔·波特研究了许多国家特定产业发展和参与国际竞争的历史，提出了产业国家竞争阶段理论。他把产业国际竞争力的成长分为四个依次递进的阶段，不同发展阶段竞争优势的来源也不同。第一阶段是要素推动阶段，这一阶段产业国际竞争力得益于某些基本的生产要素。第二阶段是投资驱动阶段，竞争优势主要来源于资本要素。第三阶段是创新驱动阶段，企业通过自己的研究、生产和开发，把科技成果转化为商品，赢得持续的竞争优势。第四阶段是财富驱动阶段，此阶段是国际竞争力衰落的时期，其驱动力是获得的财富。一些有实力的企业试图通过影响或操纵国家政策来保护自己的利益；一些企业通过频繁的兼并和收购来改变市场竞争状况，从而增强自己的竞争优势。这一阶段产业国际竞争力逐步下降。以上四个阶段，前三个阶段是产业国际竞争力上升时期，第四个阶段是产业国际竞争力衰落时期。

基于波特模型的外向性，1993 年英国经济学家 J. 邓宁对波特的"钻石模型"进行了补充和修正，将"跨国公司商务活动"作为另一个外生变量引入

"钻石模型",形成了更为完善的"Porter-Dunning"理论模型;基于波特模型的适用性,鲁格曼(A. M. Rugman)、乔(Dong-sun Cho)和蒙(Hwy-chang Moon)等拓展了"钻石模型",分别构建了"双钻石模型"、"一般化的双重钻石模型"和"九要素模型"[1](见图 2 - 2)。

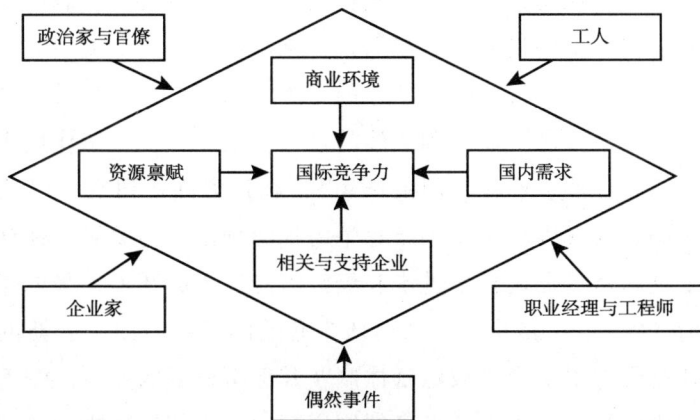

图 2 - 2 九要素模型

2. 竞争优势与比较优势的关系

竞争优势是比较优势的超越和发展,它既可以用市场份额等指标定量表示优势的程度,也可以用影响市场需求、激励竞争、增强竞争力等的诸多因素,切实地找到提高竞争优势的途径和方法。同国际竞争力一样,竞争优势也可以细分为产品、企业、产业和国家四个层次。竞争优势是比比较优势更高层次的竞争力,它不仅与决定比较优势的基本要素有关,而且更受制度、知识、品牌、管理、人力资本、企业家才能、技术创新等高级要素的直接影响[2]。

从本质上讲,比较优势和竞争优势是生产力水平的相互比较,有利的资源禀赋条件是两者发挥的共同基础。发挥比较优势意味着强调各地区的产业发展应该扬长避短,而增强竞争优势更意味着各国产业竞争中的优胜劣汰。比较优

---

① 赵云彦:《国际竞争力统计模型及应用研究》,北京,中国标准出版社,2005,第59页。

② 周亚:《产业竞争力:理论创新与上海实践》,上海,上海社会科学院出版社,2007,第18~20页。

势和竞争优势既存在区别又有密切联系。一方面，比较优势强调各国不同产业之间竞争力的比较，而竞争优势强调各国同一产业之间竞争力的比较；另一方面，比较优势是竞争优势存在的前提和基础，竞争优势是比较优势的最终体现。

（四） 制度创新优势理论

新制度经济学家认为，制度是人类社会发展的基本动力，制度变迁的过程是推动经济和社会发展的过程。一般而言，制度创新对产业竞争力的作用，一方面表现为制度可以引导行为主体朝好的行为方向发展，从而带来产业体系运行的顺畅；另一方面，制度设计和实施的过程，也是经济政策作用于产业发展的过程，它可以起到调节产业发展的作用①。在这方面的研究，以美国经济学家道格拉斯·诺思为代表的制度创新竞争力优势理论尤为著名。他认为竞争力在于通过制度创新营造促进技术进步和经济潜能发挥的环境，强调竞争力优势是制度安排的产物②。道格拉斯·诺思认为有效的组织是制度创新的关键，而制度创新往往是经济组织形式或经营体制及其运行机制的变革。制度创新之所以能推动经济增长是因为一个效率高的制度的建立，能够减少交易成本，减少个人收益与社会收益之间的差异，激励个人和组织从事生产性活动，使劳动、资本、技术等因素得以发挥其功能③。此后，以拉索特（Lucsoete）、特纳（R. Turner）、梅特卡夫（Metcalfe）、纳尔逊和温特为代表的学者，对熊彼特的理论体系进行了拓展并进而发展出了两个新的分支，即以技术变革和技术扩散为内核的技术创新经济学，以及以制度变革和制度形成为内容的制度创新经济学。两个分支相比较，前者强调技术创新尤其是应用性技术的市场化对经济发展的作用，后者则强调制度及其变革对促进经济发展的重要作用与影响力。由于所有技术的创新均要依赖于有效的制度支持，同时其也会反过来影响到包括社会文化在内的制度体系的变迁，因此，从根本上说，创新的核心概念是和制度紧密相连的④。经济发展的本质其实也就是一切制度创新与技术创新，通过

---

① 周亚：《产业竞争力：理论创新与上海实践》，上海，上海社会科学院出版社，2007，第31页。

② 谢志华：《竞争的基础：制度选择》，北京，中国发展出版社，2003，第2页。

③ 千庆兰：《中国地区制造业竞争力新论》，北京，科学出版社，2006，第18页。

④ 蒋满元：《政府在竞争中进行制度创新的优势与途径》，载《湖南行政学院学报》2007年第5期，第10~11页。

制度的创新，可营造促进技术进步和经济潜能发挥的环境，从而促进竞争优势的形成和经济的发展。

三 产业集聚理论

（一）产业集聚理论的内涵

产业集聚是指同一产业在特定地域范围内高度集中，产业资本要素在空间范围内不断会聚的一个动态过程。它关注的是一个在较大的地理空间范围内同一行业的不同产业集群之间或产业集群与大企业之间的空间竞争现象。产业集聚与其他企业组织一样，是伴随着分工和专业化诞生的。产业集群是指特定产业以及支持和关联产业在一定地域范围内的地理集中，它关注的是在一个较小的范围内一个产业地理集中的问题。形成产业集群的过程称为产业集聚，产业集群既可以看做产业集聚现象的基础，也可以看做产业集聚过程的结果。产业集群的理论与产业集聚的理论在本质上是一致的①。

产业集聚理论的发展过程主要包括马歇尔的外部经济理论、韦伯的集群经济理论、克鲁格曼的新经济地理学理论和波特的"钻石模型"及竞争优势理论。马歇尔在其著作《经济学原理》中从外部经济与规模经济角度描述了地域相近的企业和产业集中现象，首次使用了"集聚"概念。此后，产业集聚理论有了较大发展，出现了许多流派。阿尔弗雷德·韦伯在其著作《工业区位论》中从工业区位的视角解释了产业集聚的现象。他把产业集聚归结为技术设备的发展、劳动力组织的发展、市场化因素和经常性支出成本等四个因素。胡佛在1948年出版的《经济活动的区位》一书中将集聚视为生产区位的一个变量，把企业集聚产生的规模经济定义为某产业在特定地区的集聚体的规模所产生的经济。20世纪90年代以克鲁格曼为代表的新经济地理学理论研究了由企业的规模报酬递增等因素带来的产业集聚效益，该理论认为：在相关产业中的企业一般倾向于在特定的区位集中，不同产业中企业群体和相关活动则通常倾向于在不同的地区集中，空间差异在某种程度上与产业特性和专业化程度有关。通过中心—外围模型，克鲁格曼从理论上证明了规模报酬递增的工业

---

① 孙洛平：《产业集聚的交易费用理论》，北京，中国社会科学出版社，2006，第8页。

活动倾向于空间集聚的一般趋势，并阐明由于外部环境的限制，如贸易保护、地理分割等原因，产业集聚的空间格局会呈现多均衡状态，产业集聚的形成具有累积效应和"路径依赖"，产业政策有可能为地方产业集聚萌生和自我强化创造条件①。克鲁格曼将贸易理论和区位理论相结合，用严密的数学论证和模型设计较深入地揭示了产业集聚发生的机制，弥补了马歇尔和韦伯研究的不足。20世纪90年代后期，美国经济学家迈克尔·波特从创新和竞争力角度对产业集聚展开研究，强调产业在地理上的集中能强化竞争优势；从组织变革、价值链、经济效益和柔性管理等方面研究了产业集聚的形成机理和价值；从战略的角度分析了产业集群内部的竞争和合作的特殊关系对集群演变的影响和作用。联合国贸易与发展大会《2001年世界投资报告》中指出："产业集群优势已经超越低成本扩张而成为吸引外资投向的主导力量，推动'产业联系'将成为投资政策关注的焦点。进一步推动产业发展，必须走集群化的道路。"

产业集聚是产业优化配置的一种重要表现形式，是提升产业竞争力和区域竞争力的重要途径。这种竞争优势主要表现在以下两个方面：一是通过集群内企业间的合作与竞争以及群体协同效应，可以获得诸多经济效益方面的竞争优势，如生产成本优势、产品差别化优势、区域营销优势和市场竞争优势等；二是通过支撑机构和企业间的相互作用，可以形成一个区域创新系统，提升整个集群的创新能力②。农产品加工业的集聚是产业集聚这一概念在农产品加工领域的具体应用。由于农产品加工业对自然条件的依赖程度较高，而且受到农产品季节性、易腐烂性的影响较大，农产品加工业集聚具有很强的特殊性。目前，专门针对农产品加工业集聚的研究成果较少，而将农产品加工业作为制造业的一部分进行产业集聚的研究较多，并形成了一系列成果。尹成杰（2006）从农业资源优势的视角对农业产业集群进行了界定，即农业产业集群是既相互独立又相互联系的农户、农业流通企业、农业加工企业等，按照区域化布局、产业化经营、专业化生产的要求，发挥农业生产比较优势，在地域和空间上形成的高度集聚的集合。但一些不具备农业比较优势而市场和交通优势较强的区

---

① 臧新：《产业集聚的行业特性研究——基于中国行业的实证分析》，北京，经济科学出版社，2011，第7页。
② 蒋昭侠等：《产业组织问题研究》，北京，中国经济出版社，2007，第224页。

域，如大城市郊区和交通枢纽地区，对农产品加工业企业也有较大的吸引力（卢凤君，2008）。农产品加工业集聚升级就是在特定的空间范围内和社会经济条件下，依托资源禀赋、市场、交通等区位优势，农产品加工企业、农产品生产者和供应商、相关的市场和服务组织高度集聚形成一个有机整体，并通过不断提高空间开放度来强化外部网络、扩大要素规模、提高要素质量，进而促进产业和产品结构升级和竞争优势强化的产业发展过程①。

（二）产业集聚的经济效应

产业集聚首先描述了经济活动空间接近的状态，其次反映了企业间空间接近的趋势，而推动产业集聚的动力就是产业集聚过程所带来的经济效益的提高，即集聚经济（刘长全，2010）。产业集聚的形成，可以使资源和投入的要素形成积聚，如人才、销售网络、市场份额、资金投入都形成积聚，为产业发展提供有利的支撑；也可通过降低成本、刺激创新等途径来提升整个区域产业的竞争力，形成集群竞争力。其经济效应主要体现在如下几个方面。

1. 外部经济效应

马歇尔认为性质相似的企业在特定地区集聚有利于同行业工人间的相互学习和交流，促进创新和知识溢出，从而带来外部规模经济。雅格布斯认为创新也可能来自跨行业的知识溢出，知识能够在互补的而非相同的产业间溢出。互补的知识在多样化的企业和经济行为人之间的交换能够促进创新的搜寻和实践。而发展与创新资源的可获得性，集聚中的企业在人力资源、资金资源和技术资源方面，都有独特的优势，同时在集聚内有一个相对更加完善的服务体系，主要包括各种规范的咨询和中介机构、创业服务中心、职业培训机构等，为产业、企业提供一种良好的创新氛围，促进知识和技术的转移扩散，可以降低生产和交易成本，从而提高以地区为基础的产业、企业生产效率。

2. 增强竞争效应

在产业集群内，由于各种竞争对手相对集中在一起，形成了一种独特的竞

---

① 卢凤君、张敏、李世峰：《区域农产品加工业发展的成功之路：集聚与升级》，北京，中国农业出版社，2008，第22页。

争环境，使集群内农户之间、企业之间、生产者之间竞争增强，大大激励了农业企业创新和企业生产的增长。产业集聚必然加剧企业间的竞争，集群内各个市场主体以集群方式参与外部竞争，提高了竞争能力，增强了抵抗市场风险能力[①]。地理集中性和良好的外部环境，有利于现有企业的增长和规模扩张。而竞争程度的加剧，反过来又将促使企业创新。集聚内的企业可以通过联盟方式共同进行生产、销售等价值活动，如大批量购买原材料等不仅使原材料价格降低，也节约了单位运输成本；建立共同销售中心，在购销活动中获得更大的收益。同时，在产业集群内，一个有竞争力的产业出现，往往会通过多种渠道和机制，提升另一个相关产业的竞争。

3. 品牌效应

在产业集群内，大量生产企业的集聚是产品品牌形成的基础。由于产业领域比较集中，各产业集群所生产的一些主要产品，一般都在全国甚至世界市场上具有较强的竞争力，占有较高的市场份额，享有较高的知名度。随着产业集群的成功，产业集群所依托的产业和产品不断走向世界，自然形成了一种世界性的产业品牌。这种区域品牌是由企业共同的生产区位产生的，一旦形成，就可以为区位所有企业所享受。因此，区域品牌同样具有外部效应，不仅有利于企业对外交往，开拓国内市场，确定合适的销售价格，也有利于提升整个区域形象，为招商引资和未来发展创造有利条件。

4. 区域经济增长效应

产业聚集实际上是通过分工的专业化与交易的便利性，把产业发展与区域经济发展有效地结合起来，从而形成一种有效的生产组织方式和产业氛围。由于聚集的企业大多是相关产业或同类产品生产企业，因而企业间因为生产、销售、服务等关系形成一种网络，这些企业在向外部拓展过程中，企业又会同外部建立起广泛密切的联系，从而带动整个地区各个产业的发展，形成聚集区的整体正效应大于部分之和，促进区域经济发展，形成强大的区域效益。但是，产业聚集的规模过大也会产生负外部性或竞争劣势[②]。

---

① 蒋昭侠等：《产业组织问题研究》，北京，中国经济出版社，2007，第 226～227 页。
② 杨云彦：《区域经济学》，北京，中国财政经济出版社，2003，第 65～66 页。

四 产业布局理论

产业布局是指产业在一定地域空间上的分布与组合。它具体包含以下几个方面的含义。一是各产业在地域上的分布状况。在一定的自然条件下和社会发展的历史进程中形成的产业分布，是指已经形成的各产业地域空间上的分布状态，是已实现的东西，是以往不同发展阶段产业布局规划实施的结果，是今后新的产业布局调整的依据和出发点之一。而新的产业布局又会反作用于既成的产业分布状况。二是产业的地域分工与协作关系，是各产业的地域组合。产业的发展不仅在某一地域形成独立的产业部门，而且各产业部门在发展中会形成一个综合体，各产业部门不仅仅是生产各种具体的产品，也生产一定的社会关系。因此，社会生产的布局，不仅会引起产业在空间上变化，也会引起生产关系、经济关系在空间上的变化。三是产业在空间上的协调与组织。在生产社会化的条件下，一国为了使社会再生产顺畅地进行，一方面通过资产的重组，使资产存量重新优化配置；另一方面对资产增量，即对总投资在各地区进行合理分配，并对重大项目的分布和企业建设地点进行宏观调控，在地区专业化协作的基础上，大力发展地区间的经济联合。这种使产业在空间上协调与组织的动力，不管是来自市场、政府还是企业，实质上都是产业的空间布局的一种协调与组织活动。四是产业的空间转移的战略部署和规划。一国的各个地区所处的自然条件和社会发展的进程总存在着差异，各地区产业的发展总是处在"不平衡—平衡—新的不平衡—新的平衡"的运动状态中。在社会发展的进程中，人们不是消极被动地去适应这种运动，而是积极主动地揭示产业布局的内在规律，并依此进行有意识、有目的的经济活动①。产业布局合理化的主要标志是适应区域分工的要求，发挥地区资源的比较优势，充分利用各地资源，提高各地区经济效益，实现各地区经济的协调发展。

产业布局理论是研究产业在地域空间上的分布与组合规律的理论，它主要包括区域分工协作理论和产业布局的区位理论。产业布局是以区域资源差异与分工协作为基础的，对这些问题的研究产生了产业布局的区域分工协作理论。

---

① 闫应福：《产业经济学》，北京，中国财政经济出版社，2003，第 326~327 页。

产业发展是资源合理配置的结果，而资源合理配置的最简单方法就是实行不同区域间资源的相互流动和优化组合。因此，区域分工协作理论在确定产业发展方向及合理的产业结构等方面对产业布局具有直接的指导作用。产业布局区位理论的形成与发展是人类生产活动与科学技术发展到一定程度的必然产物。随着产业发展和产业布局的调整，在经历了古典区位理论、近代区位理论和现代区位理论后，产业布局的区位理论得到迅速发展和不断完善，并形成各具特色的产业布局理论。

产业布局受自然因素、经济发展水平、市场结构、产业集聚、技术水平、地理位置和社会等因素的影响和制约，对不同的产业和产业发展的不同阶段，这些影响因素所起的作用又存在明显差异。随着生产力发展、生产技术条件变化以及经济发展阶段的不同，影响产业布局的主导和次要因素会发生变化，有的从原来的主导因素降为次要因素，有的从原来的次要因素转变为主导因素，从而影响产业布局的改变。但总的来说，产业在地域空间的分布与组合存在着一定的客观规律，如生产力发展水平、劳动地域分工、资源禀赋、产业分布、地区生产专门化和产业分布地区差异等都是产业布局的重要规律[①]。产业布局应遵循经济效益优先原则、市场导向原则、分工协作原则、集中与分散相结合的原则、发挥地区比较优势原则和可持续发展原则。

---

① 简新华：《产业经济学》，武汉，武汉大学出版社，2001，第 105~133 页。

第三章
经济发达国家农产品
加工业的发展经验与借鉴

在行业的急速发展扩张期，全面深入考察经济发达国家农产品加工业的发展，借鉴其成熟的发展经验和模式，对于促进我国农产品加工业的快速发展，具有十分重要的意义。因此，本章将以经济发达国家农产品加工业的发展历史为脉络，来考察不同国家促进农产品加工业发展所实施的各种政策措施，进而来反观我国的发展现实，从而获得重要启发。

第一节　经济发达国家农产品加工业的发展经验

农产品加工业的发展水平是衡量一个国家农业现代化程度和科学技术发展程度的重要标志，也是提升农业整体效益的关键环节。世界各国特别是经济发达国家都非常重视农产品加工业的发展，采取多种措施促进农产品加工业的发展。

一　通过税收杠杆促进农产品加工业的发展

税收是国家财政收入的主要来源，是国家干预经济和市场活动、实现政策倾斜的工具之一。许多经济发达国家都制定有效的税收优惠政策，加大税收对农产品加工业的支持力度，营造有利于农产品加工业发展的税收环境，从而促进农产品加工业的不断发展壮大。世界主要发达国家都熟练地运用税收政策来扶持农产品加工企业的发展。虽然各国颁布的农产品税收优惠政策在具体实施上千差万别，但是总体看来，能够获得一些共同经验。这些政策经验都充分体现了各国政府提高农民收入、增加农民福利和促进农业发展的要求和宗旨。税收减免和税收鼓励已成为经济发达国家政府扶持和保护本国农产品加工业发展的重要手段。

（一）利用税收优惠和退税政策，降低农业和农产品税赋

在欧盟地区，任何商业产品都需缴纳增值税，农产品也不例外。但是，为了促进农业发展和提高农业附加值，欧盟主要国家采取了减税让利的政策优惠，对农产品的生产、加工、流通和出口等环节采取了一定的税收优惠政策。这些优惠政策在一定程度上降低了农产品的税负，对于巩固农业弱势地位、促进农产品加工业发展和提高农产品市场竞争力具有重要影响。例如，意大利对林渔产业实行减税，特别减税率达 2%，正常减税率达 9%，并允许从其增值税应缴税款中抵扣其销售额一定比例的进项税。法国采取农产品退税办法，对销售禽蛋、生猪可退还销售额的 5.5%，其他农产品退还销售额的 3.4%。德国税务部门对农业征收增值税时采用低于基本税率的特别优惠税率[①]。

除此之外，很多经济发达国家还直接对农业实行减税、免税、延税等税收优惠政策，减少农业生产者税负，间接地增强农产品市场竞争力，增加农民收入。例如，美国农场主可以通过延期纳税将未出售或出售后尚未获得现金支付的产品收入延至下期纳税，同时也可以从当年收入中扣除提前购买下一年所需的化肥、农药、种子及其他供应物资的费用而减少纳税，减轻税负，从而使农产品处于一种低于其他国家生产成本的水平上进入市场。欧盟国家对农民也提供了税收优惠。如德国政府向农民收取的税种和税率比向其他职业征收的要少、要低，农民只缴纳土地税和所得税，除此之外，再无其他要交税费。而法国对农机具购置给予 10% 的税收回扣，对安置青年务农的土地 5 年内减免 50% 的土地税。意大利对农业机械的进口减税 11%，新辟橄榄园在规定年限内享受免税待遇[②]。

① 杨焕玲：《发达国家发展农产品加工业的税收经验与借鉴》，载《世界农业》2009 年第 3 期，第 10 ~ 12 页。

② 秦富等：《国外农业支持政策》，北京，中国农业出版社，2003，第 14 页。

（二）采取加速折旧和亏损结转法，降低农产品加工企业负担

美国、日本和欧盟国家等经济发达国家对农产品加工企业的所得税采取了一定的优惠措施，主要包括税收减免、加速折旧和亏损结转等方法。这些措施一方面有利于提高企业的农产品加工水平，另一方面也相应地减轻了企业的所得税负担，有利于农产品加工业的健康发展。

在加速折旧方面，如美国的《国内收入法》中明确规定，企业在纳税申报时要采用加速折旧法。对用于制造食品、饮料、橡胶制品的特殊工具和手工装置等实行加速折旧 3 年，种牛和奶牛、伐木和锯木设备 15 年，产水果和坚果的树木 10 年[①]。

在亏损结转方面，如美国延长允许亏损结转的期限。规定企业某一纳税年度的净亏损允许前转 3 年。对冲转部分税务当局允许退税。如果冲抵不完，则可以向后冲抵 15 年。这一政策很大程度上保护了包括农产品加工企业在内的弱势企业的基本生存与发展。而欧盟各国也对在允许亏损结转的时间和方法上制定了一些限制性条款，如法国规定经营性亏损允许向后结转 5 年，因为折旧产生的经营性亏损可以不定期向后结转，如前 3 年内缴纳公司税的公司对可折旧固定资产净投资额达到了同期内折旧额的水平，则公司亏损可以前转，用前 3 年的未分配利润进行冲抵。如果公司用亏损冲抵以前年度的净利润，则有权从财政部门获得其结转亏损额 45% 的税收抵免。该项税收抵免可以用来支付未来 5 年的公司税，期满后若仍有余额，财政部门可以用现金补退。日本税法也规定，企业发生的亏损可以前转 1 年和后转 5 年，但不得向前结转，后转时按照亏损数额的平均数分别计入下一个纳税年度开始以后的 5 个年度内。在规定期限内没有结转完的，则不再允许结转[②]。

（三）利用关税配额政策，提高其市场竞争力

关税配额，又称关税限额，指征收关税与进口配额相结合的一种限制进口的措施。它实行时要预先规定有关商品在一定时期内的关税配额，在配额以内

---

① 杨焕玲：《发达国家发展农产品加工业的税收经验与借鉴》，载《世界农业》2009 年第 3 期，第 10 ~ 12 页。

② 杨焕玲：《发达国家发展农产品加工业的税收经验与借鉴》，载《世界农业》2009 年第 3 期，第 10 ~ 12 页。

进口的商品，给予低税或免税待遇（一般为优惠税率），对超过配额的进口商品征收较高的关税（一般为普通税率），或者征收进口附加税或罚款。这样就使配额外进口商品的价格提高，往往超过进口国的国内市场价格，起到限制进口的作用，有的甚至起到禁止进口的作用。关税配额是经济发达国家过去限制发展中国家出口的通常做法。

美国对农产品实行关税配额制，其中，关税配额涉及产品包括牛肉、奶制品、花生、棉花、糖等，美国总统可以将关税配额内的配额量分配给任何一个农产品的供应国或关税区，可以根据需要调整配额的分配，必要时可以采取行动，以保证进口农产品不扰乱美国现行的市场秩序，保护国内农产品加工业的发展。而日本政府为了保护本国农产品企业，也采取了大量的限制农产品进口的措施。具体来讲，主要通过进口配额和提高农产品进口关税率两种手段。农产品进口配额数量限制是日本农产品进口使用较广泛的一种措施，如对大米、麦类、奶油、砂糖等的进口限制。同时，日本对进口农产品适用较高的关税税率，平均关税税率为 8.6%，这些措施在一定程度上也保护了国内农产品企业的生存与发展①。

二 建立比较完善的农产品标准化生产和管理体系

农产品加工业标准化是通过农产品产前、生产、加工等各个环节标准体系的建立与实施，把先进的科学技术和成熟的经验转化为现实的生产力，从而实现最佳的经济、社会和生态效益，达到高产、优质、高效的目的。随着全球化发展的日益深入，世界各国对农产品安全要求不断提高，农产品加工技术进步加快，于是，欧美、日本等主要经济发达国家积极推进农产品生产和加工过程的标准化发展。综合来看，经济发达国家主要采取了如下一些措施。

（一）实现农产品生产和加工过程的标准化管理

发达国家 30 年来，大力推进农产品生产过程和工艺的标准化。如欧盟国家在进行农产品生产过程中，严格执行行业标准（EUREP/GAP）、国家标准

---

① 杨焕玲：《发达国家发展农产品加工业的税收经验与借鉴》，载《世界农业》2009 年第 3 期，第 10 ~ 12 页。

（BRC）、欧盟统一标准（HACCP）和国际统一标准（ISO9001）等，组织生产、加工和流通，而且其标准覆盖率达到98%以上，从农作物种子选育和育苗时候的培土到使用的肥料、农药，农产品加工过程中车间的卫生条件、加工设备的条件、包装材料、储运时间、温度以及储存的天数等都要遵守有关食品安全检查和质量保证标准。日本在农产品生产加工过程和工艺标准化上则更加具体，并且受到法律的保护①。美国有关部门从产前、产中和产后各个环节行使管理职能，制定了非常严格的质量标准体系，建立了一整套有效的监督机制，确保了食品安全和市场秩序。

（二）建立起完善的农产品质量评价标准

目前，经济发达国家在农产品质量标准的制定上，以及所采取的措施上都有非常严格的要求。经济发达国家除执行 ISO9001、《动植物卫生检疫措施协议》等有关农产品质量国际标准以外，各国政府还积极参照国际通行标准，结合本国实际情况，制定一系列农产品质量标准化的法律、法规和政策，如欧盟统一标准（HACCP）、国家标准（BRC）以及美国的水产品和禽肉生产加工操作规程等，确保农产品加工生产达到安全与质量标准。除建有一套完备的农产品质量标准体系外，还有完善的执法保障体系，对不达标农产品加工企业给予严厉惩罚。

同时，经济发达国家对发展中国家农产品的进口，制定了一系列严格的农业标准，对达不到标准的农产品不允许进口。标准主要有以下几个方面。一是提高农产品质量标准。如欧盟将禁止使用的农药从旧标准的 29 项增加到了新标准的 62 项。二是制定严格的质量认证和检测程序。目前，美国已建立了近60种认证体系，特别是在实行 HACCP 管理后，美国要求所有对其出口的农产品企业都必须获得 HACCP 的资格认证。三是制定严格的标签和包装标准。四是提高环保标准。如欧盟目前已经启动的 ISO14000 环境管理系统等②。

---

① 曾建民：《发达国家发展农业标准化的措施》，载 2003 年 11 月 28 日第 7 版《农民日报》。

② 崔星梅：《发达国家农业标准化发展对我国的启示》，载《大众标准化》2007 年第 5 期，第 60～62 页。

三 不断改进和提高深加工技术

科学技术是第一生产力。在农产品加工领域，科学技术可以提高农产品生产加工的效率，提高质量，增加产出。目前，经济发达国家在农产品加工技术方面处于领先地位。

（一）加工设备和技术高新化

近年来，瞬间高温杀菌技术、高效浓缩发酵技术、真空浓缩技术、微胶囊技术、膜分离技术、生物传感技术、自动控制技术、真空冷冻干燥技术、微波技术、纳米技术、无菌储存和包装技术、超高压技术、超临界流体萃取技术、膨化与挤压技术、超微粉碎技术、基因工程技术及相关设备等已在农产品加工领域得到普遍应用。这些先进技术的广泛应用，全面推进了农产品加工技术的升级，带动了农产品加工业向现代食品加工、生物制药、精细化工和生物质能源等新领域拓展。

（二）龙头企业技术创新能力和综合利用水平提高

经济发达国家农产品加工业的发展，龙头企业发挥了重要的带动作用。美国以技术支持作为发展龙头企业的切入点，大型加工企业一般都建有技术开发中心，引进和发展农产品加工领域的高新技术，开发拥有自主知识产权的新技术、新品种。美国农产品加工企业的经营规模不断扩大，农产品加工企业的主要技术素质和经营能力不断提高，极大地促进了科技成果的转化和市场竞争力的提升①。

（三）农产品深加工水平非常高

伴随着高新技术在农产品加工领域的推广应用，经济发达国家的农产品加工水平获得了极大的提高。农产品的加工程度决定着农产品的增值程度。越是精深加工，增值程度越大。如豆类加工，经过初级加工可得到豆油、色拉油，色拉油加工比普通豆油要精深些，所以其增值程度也高一些。大豆还可进一步精深加工出大豆磷脂，其市场价格及市场前景非常乐观。若年产 100 吨粉磷脂，可创产值 500 万元。在国际上，玉米可被精加工成为 3000 多种产品，尤

---

① 戴景瑞、胡跃高：《农业结构调整与区域布局》，北京，中国农业出版社，2008，第 356 页。

其是其深加工产品——各种氨基酸等，增值程度是原料产品价值的上百倍，有的可达上千倍①。这表明农产品精深加工是未来的发展趋势，这也表明农产品加工业的科技含量也越来越高。

（四）形成了多元化的农产品加工研发机构

经济发达国家，十分重视农产品的研发及其资金投入。比如加拿大联邦政府农业食品部直属的农业研究中心（站）共有9个，农业科研人员占总科研人员数的28%，其所占比重位居首位，农业科研投入呈多元化的趋势。从机构设置看，除联邦、省、市政府有专门科研机构从事研究外，许多大学、企业和农场也建有自己的农业科研机构；从投入上来看，政府、大学、企业和农场每年都会投入大量的科研经费②。而美国形成了"三位一体"的农业科研体系。美国以州立大学为中心的研究—教育—推广"三位一体"的机制，确保了三者相互促进和共同提高。《莫里尔法》规定各州由国家无偿拨地建立地（农）学院；1887年颁布的《史密斯—利弗法》规定在州立大学农学院建立专门进行农业科研的农业研究院（试验站）；1919年颁布的《哈奇法》，规定农学院和地方联合建立农业科技合作推广中心。而在以色列，直属农业部的维尔卡尼农业研究中心推动了大量的国际农产品加工研究，培训了大量农业科技人才③。日本很多农产品加工企业也都设立了自己的研究所，不断进行新产品的研发和新技术的应用。

四　健全农产品安全监管体系

国内频频传出的农产品安全事件，显示了国内农产品市场监管的乏力。而在经济发达国家，通常实行严格的市场准入制度和质量标准，形成了健全的农产品安全监管体系和责任追究机制，有效地避免了不健康、不合格农产品进入市场领域。

（一）确立不同层次的农产品市场准入标准

农产品标准是农业标准化的重要组成部分，是加快农产品加工业发展的制

---

① 王凤霞、江雪梅：《外农产品加工业发展的经验与启示》，载《哈尔滨商业大学学报（社会科学版）》2002年第1期，第19~21页。
② 戴景瑞、胡跃高：《农业结构调整与区域布局》，北京，中国农业出版社，2008，第357页。
③ 戴景瑞、胡跃高：《农业结构调整与区域布局》，北京，中国农业出版社，2008，第357页。

度保障。国际上通常把产品标准划分为强制类和推荐类两种。强制类标准主要是政府部门强制执行的法律、法规。推荐类标准则是由行业协会等第三部门组织制定的行业标准，自愿采纳。许多经济发达国家为了提高农产品质量，加快提升本国农产品在国际市场上的竞争优势，制定了一系列详细的农产品质量标准。比如美国具有 3 个层次的农产品标准：国家标准、行业标准以及企业标准。日本的农业标准体系也分为企业标准、行业标准和国家标准 3 个层次。企业标准是由各株式会社制定的各种操作规程和技术标准。行业标准是由行业团体、专业协会和社团组织制定的。国家标准即 JAS 标准，主要是以农产品、林产品、畜产品、水产品及其加工制品和油脂为对象①。

（二）实行严格的农产品市场认证体系和检验检测体系

严格的市场认证确保了农产品质量的安全性，而有效的质量安全检测程序则对于维护农产品市场的健康稳定具有重要意义。经济发达国家很早就建立起了严格的农产品市场认证体系和检验检测体系，确保农产品的质量安全。

美国是世界上最大的农产品生产国和出口国。经过一个世纪的认证发展，美国已逐渐形成了种类齐全、功能定位明确的多元化农产品认证体系和运行程序。目前，美国有十几种农产品认证体系，按照执行标准或技术规范的性质大致可以分为自愿性认证和强制性认证两大类。在美国，比较典型的自愿性农产品认证有有机食品、公平贸易、安格斯牛肉和俄克拉荷马制造等认证；而典型的强制性认证体系则有食品 GMP、HACCP、GAP 和"海豚安全"金枪鱼标志认证②。总体看来，美国农产品认证体系涉及不同行业和不同品种，比较健全，相关法律法规完善，体系多元，部门责任非常明确。

加拿大食品检验局和联邦卫生部联合制定了强制性农产品质量安全标准，并以联邦法律或技术法规的形式批准发布并强制实施。主要内容包括农产品生产技术规范、质量等级、标签标志、安全卫生要求以及农药、种子、肥料、饲

---

① 成昕：《国内外农产品质量安全管理体系发展概述》，载《世界农业》2006 年第 7 期，第 37 ~ 38 页。

② 樊红平、牟少飞、叶志华：《美国农产品质量安全认证体系及对中国的启示》，载《世界农业》2007 年第 9 期，第 39 ~ 42 页。

料添加剂、植物生长调节剂和设备等①。

在欧洲，法国推广农产品认证标签制度。目前，在法国影响最广的认证体系是生态农业（AB）认证，该认证证明农产品符合欧盟及法国有关法令规定。为了使消费者能识别农产品质量，法国农业部门还专门制定了一套质量识别指南②。

日本建立了专门的农产品认证体系。其农产品认证一般由中介认证机构承担，认证机构由农林水产大臣指定或认可。认证分为常规农产品认证和特殊认证。其中，常规农产品认证主要是品质认证，特殊认证主要为有机农产品认证。日本的农产品认证是由 JAS 法（《与农林物资标准化和品质的正确标示相关的法律》）进行调整的。JAS 制度自 1950 年作为农林物资规格法制定以来经过了多次修订；1970 年增加品质表示基准制度；1999 年的修订，在充实强化修正食品品质表示，将所有食品作为品质标志管理对象的同时，要求其中的所用生鲜食品都要标明原产地，同时建立有机食品的检查认证制度和标志管理制度。目前已得到 JAS 认证的产品有 400 多种。日本政府同时通过贷款、税收等各种优惠政策和措施，引导农产品企业参与体系认证③。

韩国农产品质量安全认证由国立农产物品质管理院负责，认证机构的资质和认证质量由国立农产物品质管理院的品质部把关，如果认证结果不真实将撤销认证机构的认证资格。2002 年开始，国立农产物品质管理院允许私人组织进行有机和农产品认证，国外认证机构可申请韩国政府的认可。韩国农产品认证的种类包括：环境认证、品质认证、畜产品和水产品认证等。韩国农产品质量安全认证采取的过程加产品检验的认证模式，认证时要求生产者提供生产记录、现场审核和对产品进行抽检④。

---

① 冯忠泽、陈思、张梦飞：《发达国家农产品质量安全市场准入的主要措施及启示》，载《世界农业》2007 年第 12 期，第 1～4 页。
② 冯忠泽、陈思、张梦飞：《发达国家农产品质量安全市场准入的主要措施及启示》，载《世界农业》2007 年第 12 期，第 1～4 页。
③ 冯忠泽、陈思、张梦飞：《发达国家农产品质量安全市场准入的主要措施及启示》，载《世界农业》2007 年第 12 期，第 1～4 页。
④ 罗斌：《日本、韩国农产品质量安全管理模式及现状》，载《广东农业科学》2006 年第 1 期，第 72～75 页。

目前，主要经济发达国家在对最终产品进行质量安全认证外，在生产过程中也积极推行 HACCP 体系，该体系强调生产者自身的作用，以预防为主。目前，该体系是世界公认的食品安全卫生质量保证系统。

五 建立完善的社会化服务体系

建立各种以农业生产和农产品加工为中心的协会组织，实现信息、生产、销售等方面的交流合作，增强共同力量，是西方经济发达国家农产品加工业的重要特征之一。很多国家已经建立起完善的社会化服务体系，为农产品加工业的发展创造了良好的社会环境。比如，美国农业部等有关机构和行业协会在技术开发、基础建设、资源利用、加工包装、市场营销、资金信贷以及食品检验、营养鉴定等方面提供了大量的优质服务，形成了比较完善的社会化服务体系，极大地促进了农产品加工企业新型生产基地、加工基地和研发中心的建立。美国各种农产品加工协会在推动和保护加工业发展、促进技术进步和创新等方面发挥了重要作用。其中，美国食品加工商协会（NFPA，后改称谷物生产协会，GMA）是美国农产品加工行业的权威组织，该协会共有注册会员企业 400 多家，既有跨国集团公司，又有小型食品加工企业。它在食品安全及检验检测方面具有丰富的经验，拥有一个学院和 3 个独立食品检验实验室，承担了大量教育培训、科学研究、产业规划、食品检测、商业保险、法律咨询、市场开拓、国际合作等工作，并负责美国食品加工企业的食品安全研发和食品生产企业食品安全保障体系的构建。

法国的农业服务体系主要由各种形式的农业合作社和农业服务企业共同建立。20 世纪 60 年代以来，法国政府积极推进农业合作社的发展和完善，并从财政、税收、信贷等方面对农业合作社的发展予以支持。在法国政府的大力支持与鼓励下，农业合作社发展迅速。到 2000 年，法国共有 14000 多个农业设备使用合作社，有 1/3 的农业经营单位参加。在农产品加工领域，如牲畜屠宰、制糖业、奶制品、葡萄酒等部门，合作社起到了重要作用，近一半的农产品深加工是由合作社完成的①。

---

① 戴景瑞、胡跃高：《农业结构调整与区域布局》，北京，中国农业出版社，2008，第 359 页。

六　建立和完善农产品立法

现代经济秩序是伴随着法律法规的逐步完善而逐渐确立起来的。这些涉及农产品生产、加工、销售等过程的法律法规对于有效确保农产品质量、规范市场竞争等具有重要意义。经济发达国家都非常重视农产品安全立法，并形成了各具特色的法规体系。例如，20 世纪末欧洲发生的一系列食品和饲料安全危机促使欧盟提高农产品和食品安全立法的水平，积极制定和执行食品安全计划。欧盟在农产品质量安全方面的综合性法律主要有《欧盟食品安全白皮书》、178/2002/EC 法规及其修改案、852/2004/EC 法规以及新生效的 1881/2006/EC 法规等。其中，涉及畜产品安全、饲料安全、兽药安全、植物保护、转基因食品、食品包装等环节和内容[①]。

而日本则于 2003 年 5 月通过《食品安全基本法》。基本法共分三章三十八条，其中第一章"总则"中对立法目的、概念、国会的责任、地方公共团体的责任、食品公职事业主体的责任、消费者的作用等方面作了详细说明。第二章"制定政策的基本方针"中从食品健康影响评价的实施，促进信息和意见的交换，完善实验研究体制，国内外信息的收集、整理及有效利用，关于食品安全的教育、学习等方面作了阐述。第三章"食品安全委员会"从组织机构设置，委员会职责，委员的任命、任期、责任、服务，委员长选拔会议等方面作了说明。同时，2003 年 6 月日本又通过了《牛肉生产履历法》，以应对不断爆发的疯牛病问题。该法以法律的形式规定了每头牛的基本质量信息、生产过程、质量追踪程序等，从而有效确保牛肉的质量安全[②]。

经济发达国家推进农产品加工业的发展，除了上面提到的 6 个方面外，还包括农产品品牌塑造、国内农产品绿色保护等。总体来看，经济发达国家在农产品的产业形成、生产、加工、流通、销售等不同领域和环节，都形成了比较

---

① 陈华宁：《欧盟、日本农产品质量安全立法及启示》，载《世界农业》2007 年第 9 期，第 11 ~ 14 页。

② 陈华宁：《欧盟、日本农产品质量安全立法及启示》，载《世界农业》2007 年第 9 期，第 11 ~ 14 页。

完善成熟的体系和模式，其中很多对于我国加快和壮大农产品加工业的发展具有积极的启示和借鉴意义。

第二节　经济发达国家农产品加工业发展的启示

我国农产品加工业起步较晚，与发达国家相比，在技术创新体系、自主创新能力、产品深加工、综合利用率、农产品结构、加工设备、标准与质量管理体系等方面存在很大差距。目前，我国农产品加工技术落后，市场竞争水平低，国家监管有限，农产品质量缺乏保障，农产品安全事故频发。这些问题的存在严重地制约了我国农产品加工业的发展，特别是随着世界经济全球化、国际市场一体化、企业竞争国际化进程的明显加快，发达国家基于保护本国市场利益的需要，以环保安全为理由、以质量标准为盾牌，正在实现由关税壁垒向绿色技术壁垒的转变。同时，随着世界贸易组织知识产权协议的实施，发达国家正在世界范围内将其技术领先优势转化为市场垄断优势，以专利申请为先导、以知识产权保护为手段，提高技术门槛，巩固竞争优势。在这种情况下，积极学习和借鉴发达国家农产品加工业的成功发展经验，促进中部地区农产品加工业的发展，壮大农产品深加工和高附加值产业的发展，对于我国加快经济发展，改善农民生活质量，促进农村社会发展，具有重要意义。

但我国是发展中国家，正处于社会主义的初级阶段，中部地区也正处于工业化的中期，与经济发达国家相比，二者处于不同的发展阶段，经济发展水平以及农产品加工业发展程度也存在较大差距。因此，促进中部地区农产品加工业发展，不能完全照搬经济发达国家的模式，应根据中部地区农产品加工业发展的实际，有选择地加以借鉴，并有所发展。

从经济发达国家农产品加工业的发展出发，我们可以获得这样一些启示。

一　加强政策扶持

在现代经济活动中，政府扮演了非常重要的角色。其所实行的各种经济政策和措施，作为一种外在制度性设计，对于促进或抑制某类产业发展、实现市场秩序具有非常重要的意义。经济发达国家对本国农产品加工业的发展给予了大量税收、财政、金融等政策支持。这些政策措施有助于降低产品成本、扩大生产规模、提高市场竞争力，最终会促进农产品加工企业的发展。

（一）　实行减税、退税、税收补贴等税收政策

税收是国家调节经济活动的重要手段之一。国家通过税种的设置以及在税目、税率、加成征收或减免税等方面的规定，可以调节社会生产、交换、分配和消费，促进社会经济的健康发展。促进中部地区农产品加工业的发展也应借鉴西方经济发达国家的经验，及时制定和实施促进农产品加工业发展的税收政策，扶持农产品加工企业发展，为其实现更有力的市场竞争创造条件。

（二）　加快实施财政支持、金融融资等政策措施

农产品加工业存在着一个逐步发展壮大的过程。而在这个过程中，国家应积极通过财政、金融等经济干预政策扶持农产品加工企业的发展。具体说来，应通过财政的转移补贴为农产品加工企业提供直接或间接的资本软约束，发挥财政的再投资原则。在大量削减对农产品的价格支持，缩小国内价格与国际贸易价格的差距的同时，加大对农民直接补贴的范围和力度，增加环境保护、结构调整和区域发展的补贴支出。此外，应积极地为农产品加工企业的发展提供金融融资支持和担保。

二　强化科技支撑

科学技术是第一生产力。先进的农产品加工工艺，必须有先进的技术装备来保证。只有如此，才会生产出高质量、低成本、强竞争力、高附加值的产品。发达国家在这方面要比中国先进不少。中部地区应积极促进农产品深加工技术的发展，加强农产品研发机构技术转化能力。

（一）　促进农产品深加工技术发展

农产品加工和深加工技术对于提高产品附加值、减少浪费、提高产品竞争力和安全质量，意义重大。中部地区应积极引进和消化经济发达国家的农产品深加工技术，尤其是深加工工艺，如先进的发酵技术、真空技术、高压技术、基因技术等。目前，我国尽管引进了一些农产品深加工的先进技术，但是总体上的落后差距仍十分大。我国的粮食、水果、肉类、禽蛋、水产品等主要农产品产量已位居世界第一，但绝大部分产品只经过简单的加工就投入了市场，进行进一步深加工的数量少、比重低、效益低。因此，通过各种措施，促进我国农产品加工技术的跨越式发展，是农产品深加工业发展的必经之路。

（二）加强农产品研发机构的技术转化能力

先进的科学技术只有进入生产领域，才能创造出经济和社会价值。中部地区应积极创建、形成从技术研发到技术推广再到技术应用的"三位一体"的技术转化机制。在技术研发阶段，应积极推进形成国家、大学、大公司等多元化的技术研发机构和研发队伍，促进各自研发机构不断实现技术上的创新、新技术的不断涌现。同时，要加快不同性质和领域的行业协会对新技术的推广应用，为农产品新的生产和加工技术从研发领域向生产和销售领域的转移，提供组织支持。积极推进生产和销售领域先进技术的运用能力，先进成熟的生产技术和储藏技术对于保障农产品质量、提高农产品综合利用率、增加产品附加值、延长产品销售期等都有很重要的作用。

三　增强行业协会的服务功能

美国、日本和西欧等发达的市场经济国家，在农业生产和流通领域中都建有代表农民利益、为农民服务的农产品行业协会，其发展已有 100 多年的历史，对农业市场经济的发展发挥了不可替代的作用。

（一）法律保障相关农产品行业协会及其参与主体的自由发展

在经济发达国家，农产品行业协会受到相关法律的承认和保护。成员有自由选择的权利，可以自愿参与，不受政府行政干预支配，遵循自愿原则，经济个体（个人和企业）入会自愿，退会自由，完全不受外界干预，这是发达国家近 200 年来农产品行业协会发展最基本的经验之一，也是发达国家农产品行业协会经久不衰、健康发展的根本原因之一。同时，农产品行业协会成员的生产资料和财产所有制性质不变，生产经营完全自主。农产品行业协会成员的生产资料和财产的所有制性质不变，在生产经营上，协会成员仍拥有完全独立自主的经营权，不受农产品行业协会的任何干预，只是在需要的活动领域内才进行农业合作。农产品行业协会通过自己的业务活动对其进行指导和服务。中部地区应积极鼓励现有农产品加工业行业协会的发展，拓展其领域，完善其服务功能。

（二）通过农产品行业协会构建完善的社会化服务体系

农产品行业协会的根本宗旨是为企业提供全方位的服务。只要是与企业有关且需要协会办理的事情，协会就会有求必应、竭尽全力。在社会联络中，农产品行业协会起到内应外联的功能。一方面，农产品行业协会是联系政府与企业的中介机构。外国农产品行业协会的一个重要职能就是充当政府与企业间沟通的桥梁和纽带，及时传递双方信息和需求，做好二者间的互动交流。另一方面，农产品行业协会还要联络组织对外技术考察、国际学术会议；根据本国本行业发展需要，开展双边、多边合作研究项目等；参与国际反倾销、反补贴保障措施及其他限制措施的纠纷，切实维护和保障行业内农民和企业的合法权益。中部地区应积极强化农产品加工业行业协会的功能，积极构建完善的社会化服务体系。

（三）形成行业内部的约束机制，增强农产品行业的自我发展能力

农产品行业协会是企业自律的组织保障和制度平台。成立农产品行业协会的一个重要出发点就是加强同行业企业的自律。企业生产经营的自我约束和规范是行业持续、健康、快速发展的必要前提。在经济发达国家，很多农产品标准都是由行业协会制定的，很多争端也是在行业内部解决的。这对于提高行业自身发展力、促进行业健康发展具有积极意义。

四 加强产品质量监管

随着社会经济发展和消费者生活水平的提高，食品安全问题日益受到世界各国的普遍重视。农产品产品质量安全事关重大，不仅危及公众健康，而且对经济发展和政治稳定都有极大影响。因而世界各国积极采取多种管理手段，加强对农产品的安全管理。中部地区应进一步建立和完善系统的农产品质量安全保障机制，严格市场准入，加强农产品的质量认证和检验检测力度。

（一）建立系统的农产品市场准入标准

健全的法律法规体系是农产品认证健康发展的根本保障。目前，我国已经建立起较完善的确保农产品质量安全的法律法规体系。当前，中部地区应进一步细化农产品质量安全的专业技术标准，形成比较系统的严格的农产品市场准入制度。努力在农产品安全质量上，形成不同层次、不同精度的市场准入，使

那些达到和超过质量标准的企业在完备的竞争环境中占据优势，使不合格产品失去市场，最终建立起标准明确、质量有保障、信誉至上的市场竞争体系。

（二）完善农产品质量认证体系和检验检测体系

随着市场制度的不断完善，中部地区已经形成了不同层次的农产品质量认证体系和检验检测体系。但与经济发达国家相比，近年来发生的一系列农产品质量安全事故，显示中部地区农产品质量认证体系和检验检测还不完善。当前，应积极借鉴经济发达国家的经验，并结合我国及中部地区的实际，进一步完善农产品质量认证体系和检验检测体系。推动形成国家农业部门或其附属机构、行业协会、公司等不同层次的农产品质量认证主体，和不同层次的农产品质量认证体系，包括自愿认证和强制认证。同时要加强农产品质量安全体系建设，特别是农产品质量安全检验检测体系建设。建立的农产品检验检测机构，不仅要满足国内农产品质量安全生产监管和市场监督的需要，而且要在检验检测服务过程中，及时将国际上有关农产品质量安全方面的信息提供给政府、企业、农场主和消费者，使国内农产品生产能够及时采取应对措施，调整品种和结构，提高质量，增强竞争力。同时，建立的农产品检验检测机构，能为农产品认证认可提供强有力的技术支撑和保障。

五　重视企业自身管理

农产品加工企业是市场活动的参与主体。其生存和发展与自身的经营管理水平、产品质量、市场对口等因素密切相关。经济发达国家的农产品加工企业，尤其是大型品牌企业在实现自身发展上提供了一些有益的经验借鉴。目前，中部地区应积扶持农产品加工业龙头企业的发展，加强生产、销售等环节的标准化管理，加快推进品牌经济的发展。

（一）加强生产、销售等环节的标准化管理

经济发达国家的大型农产品加工企业在产品的生产、加工、运输、销售等环节上都形成了标准化的管理经验。农产品加工企业多采用 GMP（Good Manufacturing Practice，良好生产操作规范）进行厂房、车间设计，对管理人员和操作人员进行 HACCP 上岗培训，并在加工生产中实施 HACCP 规范和 ISO9000 族系列规范。而在产品的运输过程中，很多公司都建立起了从起点到

终点的严格管理和记录制度，采用冷冻或保鲜技术，确保农产品在运输过程中的质量安全。

（二）树立品牌意识

西方很多大的农产品加工经营公司，几十年甚至上百年来，严格秉承企业发展理念，改进技术工艺，提高产品质量，增加产品深度，经过长时间的发展后，逐步建立起了良好的市场信誉和产品品牌。这对于我国中部地区农产品加工企业的发展有着更多的借鉴意义。总体来看，发达国家农产品加工业已经实现了农产品产、加、销一体化经营，呈现生产基地化、加工品种专用化、生产管理科学化、加工技术先进化、质量体系标准化以及大公司规模化、信息化、网络化经营等特点，产生了像瑞士雀巢、美国菲利普—莫里斯和英国荷兰联合利华等跨国公司。而这些经济发达国家的成功经验，对于加快中部地区农产品加工业发展具有非常重要的借鉴价值。

第四章
中部地区农产品
加工业发展优势与现状

中部地区发展农产品加工业具有明显的农业资源、区位、人力资源等优势。近年来，随着中部地区崛起步伐的加快，以及工业化、农业现代化和农业结构战略性调整进程的推进，中部地区农产品加工业发展迅速，成为中部地区国民经济的重要支柱产业之一。但随着我国经济发展方式的转变和国内外竞争的加剧，中部地区农产品加工业发展仍然存在诸多问题。

第一节 中部地区农产品加工业的地位

一 农产品加工业的地位

（一）农产品加工业在国民经济中的地位

农产品加工业是国民经济的重要支柱产业之一。从世界经济发展的过程来看，随着人均收入水平的提高，农业部门占国民经济的相对比重逐步下降，农业初级产品在成品价值中的比例也逐步下降，但农产品加工业的增加值则相对逐步增加。在世界各国，农产品加工及其相关行业都是国民经济中举足轻重的经济部门，是一个国家经济发展的主要工业活动，是对生产、贸易和就业作出重大贡献的行业。发达国家都把农产品加工业作为国民经济的基础产业、支柱产业和战略产业。从国际发展趋势看，农产品加工业的功能已超越传统的食品、纺织工业等产业，向新的工业品、能源替代品的方向发展①。以农产品为原料的加工工业，是永远的朝阳产业，是国民经济的一个新的增长点，是构成国民经济的新的支柱产业。

农产品加工业的较快发展，已成为我国农村经济和国民经济中最具潜力的新的增长点之一。我国人口众多，城乡居民生活已稳定越过温饱线并向小康迈进，农产品消费结构正向着要求安全卫生、营养保健、经济方便、风味适口等方面转变。发展农产品加工业，可以满足不断变化的市场需求，拉动整个国民经济的发展。改革开放以来，随着农业和农村经济的发展特别是我国农业综合生产力的提高和主要农产品供求关系的变化，在政府宏观政策引导和扶持以及不断增长的市场需求拉动下，我国的农产品加工业取得了长足的发展，成为国民经济中最具活力和后劲的重要产业之一。

"九五"以来，农产品加工业以年平均 8.6% 的速度增长，初步统计"十五"期间，农产品加工业的年均增长速度超过 15%，高于同期的国民经济增长速度。2007 年全国规模以上的农产品加工企业达 10.7 万多家，比上年增加9000 多家；从业人数达 2225 万人，比上年增加 47 万人，占全部规模工业从业人员的 21.84%；实现工业增加值 24175 亿元，比上年增长 17.5%，占全部规模工业增加值的 21.5%。在全部农产品加工业中，食品工业（包括农副食品加工业、食品制造业和饮料制造业）共有企业 2.87 万家，比上年增加 2400多家；从业人员 486 万人，比上年增加 23 万多人；工业增加值实现 7770 亿元，比上年增长 17.3%②。

2010 年规模以上农产品加工业产值突破 10 万亿元，加工业产值与农业产值比例达到 1.7∶1，规模以上农产品加工企业从业人员达到 2500 多万人，其中吸纳农村劳动力 1500 万人以上，农民直接增收 2800 亿元。全国已建立各类农业产业化经营组织 22.4 万个，参与经营农户数量过亿，户均增收 1900 多元③。规模

---

① 王文亮、杜方岭、王志芬、王守经：《我国农产品加工业战略地位探讨》，载《农产品加工·学刊》2008 年第 7 期，第 227 页。

② 中国乡镇企业及农产品加工业年鉴编辑部：《中国乡镇企业及农产品加工业年鉴2008》，北京，中国农业出版社，2008。

③ 中国乡镇企业及农产品加工业年鉴编辑部：《中国乡镇企业及农产品加工业年鉴2011》，北京，中国农业出版社，2011。

以上企业主营业务收入为139400.3亿元，同比增长24.3%，其中，大中型企业主营业务收入为67163.1亿元，同比增长25.9%；国有及国有控股企业主营业务收入为13504.8亿元，同比增长21.2%；私营企业主营业务收入为60607.8亿元，同比增长26.7%；"三资"企业主营业务收入为36481.1亿元，同比增长17.4%。规模以上企业利润总额为10477.6亿元，同比增长43.5%，其中，大中型企业利润总额为5858.0亿元，同比增长24.6%；国有及国有控股企业利润总额为1340.8亿元，同比增长25.3%；私营企业利润总额为4175.7亿元，同比增长48.2%；"三资"企业利润总额为2714.3亿元，同比增长33.8%[1]。与2000年相比，全国规模以上农产品加工业总产值增加4.6倍，企业数量增加2.5倍，从业人员增长67%，上缴税金翻了两番。

农产品加工业产值与农业产值之比由"十五"期末的1.1∶1提高到2010年的1.7∶1左右，食品工业比重从"十五"期末的40%提高到2010年的47%，初步形成了东北和长江流域水稻加工、黄淮海优质专用小麦加工、东北玉米和大豆加工、长江流域优质油菜子加工、中原地区牛羊肉加工、西北和环渤海苹果加工、沿海优质水产品加工等产业聚集区；以农业部认定的200多家农产品加工技术研发中心为依托，初步构建起国家农产品加工技术研发体系框架，突破了一批共性关键技术，推广了一批先进适用技术；按照公司加农户、龙头带基地等多种形式，建设了一批规模化、标准化、专业化农产品生产基地，辐射带动1亿多农户[2]。目前，农产品加工业已成为我国国民经济的一大支柱产业，也是发展最快的产业之一。

（二）农产品加工业在产业体系中的地位

1. 农业产业化经营的核心环节

农业产业化的实质，就是一体化经营，就是使农业由为社会经济发展提供资本、原料、市场贡献的基础性产业，成长为自我积累、自我发展、具有较高经济效益的社会经济支柱性产业。其基本特征是农产品加工化、商品化，生产专业化，利益分配契约化，要素组合集团化。在农业产业化过程中，农产品加

---

① 王国扣：《我国农产品加工业经济运行状况分析》，载《农产品加工·创新版》2012年第4期，第30~32页。

② 计慧：《大力发展农产品加工业势在必行》，载《中国合作经济》2011年第9期，第5~6页。

工是最关键的一环，是决定产业化能否兴起和不断发展的主要因素①。农业产业化经营是实现农业现代化的必由之路，是加快农业结构战略性调整、实现产品增值、农民增收致富的有效途径，是推动农村全面建设小康社会的重要带动力量。农产品加工业是农业产业化与工业化的重要连接点，是推进农业产业化的关键环节②。农产品加工业一边连接初级农产品，一边直接面对最终需求，通过加工提高农产品的附加值，既可以拉动种植业、促进养殖业的发展，增加农民收入，又可以带动第三产业，改变农产品的贸易条件和协调城乡关系，是农业产业化经营的核心环节和枢纽工程。农产品加工业是连接农产品资源转化增值进入市场的产业桥梁，农产品深加工能否实现转化增值，资源、加工业、市场经济循环能否实现链对接和高速运行，关键在于能否培育和发展一批有基础、有优势、有特色、有前景的农产品加工业龙头企业，关键在于农产品加工能力和水平的提高③。

农产品加工业的发展程度是农业现代化的重要标志。从农业大国、大省转变为农业强国、强省，最基本的途径就是要大力发展农产品加工业，这是农业经济发展的基本趋势和一般规律。从各国的经验看，在工业化中期阶段，随着经济结构的变革和消费需求的日趋多样化，农业与农产品加工业的联系日益紧密，日趋向农工综合体的方向发展。我国近年出现的以发展加工业为主要经济内容的农业产业化经营，以及食品工业在农产品加工业中所占比重不断提高，其实就是这一规律和趋势的反映。

2. 工业的重要组成部分

农产品加工业是工业的重要组成部分。新中国成立以来，特别是改革开放以来，我国已经初步建立起门类齐全且有一定规模的农产品加工业体系，在整个工业中，农产品加工业的产值超过 20%，占有举足轻重的地位。2010 年，我国规模以上农产品加工企业实现工业总产值 141722.1 亿元、主营业务税金

---

① 田则林：《发展农产品加工业推进农业产业化》，载《中国农村经济》1996 年第 10 期，第 40～44 页。
② 朱维军：《农产品加工业与农业产业化》，载《农产品加工业·学刊》2009 年第 7 期，第 71 页。
③ 朱明：《农产品加工业集成技术与标准》，北京，中国农业科学技术出版社，2007，第 9 页。

及附加 3821.4 亿元、营业利润 10899.4 亿元、利润总额 10477.58 亿元、全部从业人员平均人数达到 2666.62 万人，分别占全国规模以上企业的比重为 20.29%、34.17%、19.63%、19.75% 和 27.94%；规模以上农产品加工企业平均总资产贡献率达到 23.48%，高出全国规模以上企业 15.68% 的贡献率，见表 4－1。

表 4－1　2010 年我国规模以上农产品加工企业主要经济指标

行业类别	工业总产值(当年价格,亿元)	主营业务税金及附加(亿元)	营业利润(亿元)	利润总额(亿元)	全部从业人员平均人数(万人)	总资产贡献率(%)
农副食品加工业	34928.07	198.01	2560.32	2343.61	369.01	20.85
食品制造业	11350.64	69.66	1053.99	1015.45	175.88	21.33
饮料制造业	9152.62	318.83	1018.43	991.33	130.02	22.62
烟草制品业	5842.51	2814.98	739.13	734.00	21.10	76.98
纺织业	28507.92	134.36	1736.57	1697.91	647.32	15.11
纺织服装、鞋、帽制造业	12331.24	64.87	852.47	851.91	447.00	18.91
皮革、毛皮、羽毛(绒)及其制品业	7897.50	38.28	631.27	611.45	276.37	23.29
木材加工及木、竹、藤、棕、草制品业	7393.18	56.39	554.37	515.27	142.29	23.26
家具制造业	4414.81	26.36	288.00	281.57	111.73	16.86
造纸及纸制品业	10434.06	49.08	739.77	727.08	157.91	12.50
印刷业和记录媒介的复制	3562.91	19.43	308.96	309.20	85.06	14.67
橡胶制品业	5906.67	31.15	416.12	398.80	102.93	15.36
全行业	698590.54	11183.11	55537.22	53049.66	9544.71	15.68

资料来源:《中国工业经济统计年鉴 2011》。

其中，农副食品加工业和纺织业的工业总产值占全国比重较高，分别为 5% 和 4.8%；烟草制品业和饮料制造业的主营业务税金及附加占全国比重较高，分别为 25.17% 和 2.85%；农副食品加工业和纺织业的营业利润、利润总额占全国比重较高，分别为 4.61%、3.13% 和 4.42%、3.2%；纺织业，纺织服装、鞋、帽制造业，农副食品加工业的全部从业人员平均人数占全国比重较高，分别为 6.78%、4.68% 和 3.87%，见图 4－1。

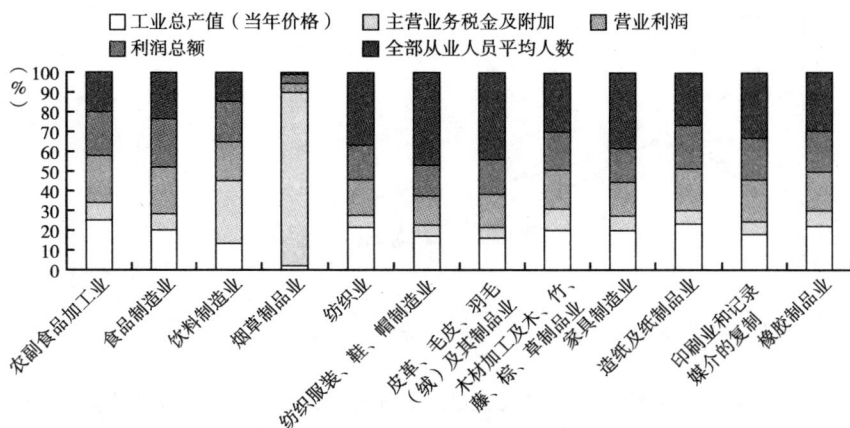

图例：□ 工业总产值（当年价格） ▨ 主营业务税金及附加 ▨ 营业利润 ▨ 利润总额 ■ 全部从业人员平均人数

图4-1 我国规模以上农产品加工企业主要经济指标占全国比重

（三）农产品加工业在世界贸易中的地位

农产品及其加工制品是我国进出口产品的重要组成部分，占有较大的进出口份额。近年来，我国农产品及其加工制品进出口额实现双增长，农产品及其加工制品贸易逆差同比大幅缩小。2006 年，我国农产品及其加工制品进出口总额达到 630.4 亿美元，同比增长 12.0%，其中出口额为 310.4 亿美元，同比增长 13.9%，进口额为 320.0 亿美元，同比增长 11.7%。农产品及其加工制品贸易额逆差由 2005 年的 11.4 亿美元缩小为 6.7 亿美元，下降了 41.3%[①]，见图 4-2。

亚洲是我国农产品及其加工制品的第一大出口市场，2006 年，对亚洲出口同比增长 6.4%，占我国农产品及其加工制品出口总额的 61.5%，其中出口额位居前 5 位的国家和地区依次是日本、韩国、中国香港、马来西亚和印度尼西亚。欧洲是我国农产品及其加工制品的第二大出口市场，2006 年，对欧洲出口额为 55.9 亿美元，同比增加 23%，占我国农产品及其加工制品出口市场的 17.8%。北美洲是我国农产品及其加工制品的第三大出口市场，出口额为 43 亿美元，同比增长 28.7%，占我国农产品及其加工制品出口市场的 13.7%。非洲、南美洲分别是我国农产品及其加工制品的第四大和第五大出口

① 中华人民共和国农业部农产品加工局：《2007 年中国农产品加工业发展报告》，北京，中国农业科学技术出版社，2007，第 17 页。

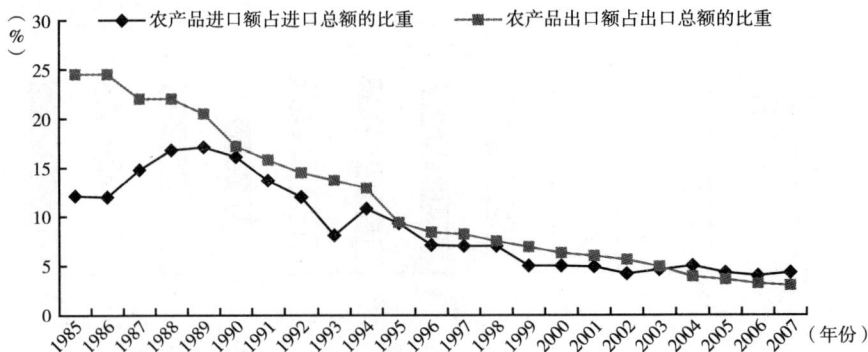

图 4 - 2　1985 ～ 2007 年我国农产品进出口额占进出口总额的比重

注：1. 国内生产总值根据经济普查数据进行了调整；2. 农村劳动力和农村非农劳动力占全社会劳动力比重的取数及计算口径从 2006 年起有所变化。

资料来源：《中国农业年鉴 2008》。

市场，出口额分别占我国农产品及其加工制品出口市场的 2.8% 和 2.6%。2006 年，我国农产品及其加工制品的进口继续保持增长。对亚洲、欧洲贸易顺差，对美洲、非洲贸易逆差。北美是我国第一大进口市场，进口同比增长 6.7%，占我国农产品及其加工制品进口市场的 26.3%，同比增长 6.7%；亚洲是我国第二大进口市场，占我国农产品及其加工制品进口总额的 24.8%，同比增长 5%；南美洲和欧洲是我国第三大、第四大进口市场，分别占我国进口市场的 24.1% 和 11.5%，同比分别增长 2.1% 和 8.5%[①]。

2007 年我国农产品加工业出口市场继续扩大。亚洲是我国农产品第一大出口市场，占我国农产品出口总额的 60.3%，同比增长 15.5%。欧洲是我国农产品第二大出口市场，2007 年对欧洲出口 70.6 亿美元，同比增长 26.4%，占我国农产品出口市场的 19.1%。北美洲是我国农产品第三大出口市场，2007 年对北美洲出口 49.8 亿美元，同比增长 15.8%，占我国农产品出口市场的 13.5%。日本是我国的第一大出口国，其次是美国和韩国，2007 年出口额分别是 83.7 亿美元、44.2 亿美元和 36.1 亿美元。美国是我国的第一大进口

①　中华人民共和国农业部农产品加工局：《2007 年中国农产品加工业发展报告》，北京，中国农业科学技术出版社，2007，第 19 ~ 22 页。

国，其次是阿根廷和巴西，2007 年进口额分别是 91.3 亿美元、51.8 亿美元和 48.2 亿美元[1]。

二　中部地区农产品加工业的地位

（一）农产品加工业在中部地区经济发展中的地位

1. 农产品加工业是中部地区国民经济的重要支柱产业之一

近年来，中部地区农产品资源优势不断得到发挥，农产品加工业发展迅速，形成了完整的农产加工业体系。2010 年中部地区拥有规模以上农产品加工企业 12998 家，实现总产值 7779.66 亿元，增加值 2216.4 亿元，实现利润总额 469.21 亿元（见表 4 - 2），占中部地区规模以上工业总产值、利润总额的比重分别为 29.23%、28.76%；占中部地区规模以上轻工业的比重分别为 24.53%、16.32%。

表 4 - 2　2010 年中部地区规模以上农产品加工业主要经济指标

	企业数（家）	从业人员平均数（万人）	增加值（亿元）	现价总产值（亿元）	利润总额（亿元）	上缴税金（亿元）
农副食品加工业	4567	49.17	861.17	2942.06	150.00	35.88
食品制造业	1242	24.05	186.87	702.26	44.14	14.63
饮料制造业	711	11.73	132.19	436.35	30.76	15.07
烟草制品业	9	0.56	4.90	13.74	3.22	1.11
纺织业	1812	39.03	318.54	1155.78	57.67	21.07
纺织服装、鞋、帽制造业	1015	26.04	155.08	523.60	31.58	11.76
皮革、毛皮、羽毛（绒）及其制品业	430	8.20	96.10	366.67	24.62	5.41
木材加工及木、竹、藤、棕、草制品业	1289	18.88	159.45	588.02	38.99	14.14
家具制造业	449	6.70	60.00	196.40	15.29	3.71
造纸及纸制品业	968	13.01	167.11	593.53	56.58	15.63
印刷业和记录媒介的复制	282	3.27	32.41	114.60	8.00	2.82
橡胶制品业	224	4.77	42.58	146.65	8.36	3.22

资料来源：中国乡镇企业及农产品加工业年鉴编辑部：《中国乡镇企业及农产品加工业年鉴2011》，北京，中国农业出版社，2011。

---

[1]　中国乡镇企业及农产品加工业年鉴编辑部：《中国乡镇企业及农产品加工业年鉴2008》，北京，中国农业出版社，2008，第21页。

2. 农产品加工业是吸纳劳动力就业的重要渠道

农产品加工业成为中部地区开发就业岗位、缓解就业压力的重要渠道。农产品加工业多属劳动密集型产业，不仅能把大量的农民从农村转移出来，还能提供大量的制造业和服务业就业岗位。2010 年，中部地区农产品加工业从业人员达到 205.41 万人，已经占到全部工业从业人员的 40% 以上。其中，农副食品加工业，纺织业，纺织服装、鞋、帽制造业和食品制造业就业比重较高，占农产品加工业全行业就业的比重分别为 24%、19%、13% 和 12%，见图4－3。就湖北省而言，第一次经济普查数据显示，以农产品为原料的加工业每亿元销售收入提供的就业岗位是 576 个，其中，纺织业每亿元销售收入能提供就业岗位 947 个，而全省全部工业每亿元销售收入仅能提供就业岗位 366 个[①]。中部地区农产品加工业的发展，可以有效促进中部地区农村剩余劳动力的转移，提高农村居民的收入水平。

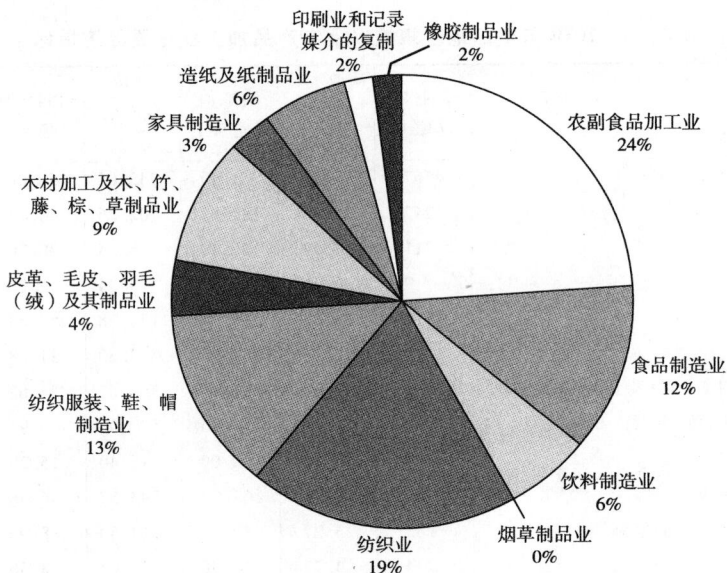

图 4－3 2010 年中部地区农产品加工各行业就业比例

---

① 黄良港、陈伟诚：《湖北省农产品加工业发展现状与对策》，载《华中农业大学学报（社会科学版）》2008 年第 3 期，第 18～24 页。

3. 农产品加工业是中部地区产业结构优化的中坚力量

农产品加工业是中部地区农村工业化的重要组成部分，也是推动农业产业化经营、加快中部地区工业化进程的重要推动力量。中部地区是我国重要的粮食生产基地，农业资源优势明显，农产品加工业在有效延伸农产品深加工产业链、提升农产品附加值的同时，也促进了农业结构的战略性调整。农产品加工业有效协调了中部地区重工业和轻工业的比重，解决了工业发展过程中一条腿长、一条腿短的不平衡发展问题。现阶段，中部地区农产品加工是社会资本介入较多、民间创业比较活跃的领域，除饮料制造业和烟草制品业外，其他农产品加工业的非国有资本占比都在 70% 以上。中部地区大量劳动密集型企业、中小企业等民营经济的发展，有利于加快中部农产品加工企业的兼并重组，延长产业链、促进集群化发展。

（二）中部地区农产品加工业在全国农产品加工业发展中的地位

2010 年，中部地区农产品加工业 12 个行业规模以上企业的家数、总产值、增加值、利润总额和上缴税金分别占全国的 12.15%、10.55%、12.64%、11.31%、7.7%，见表 4 - 3。

表 4 - 3　2010 年中部地区规模以上农产品加工业发展情况

地区/项目	企业数（家）	从业人员年平均数（万人）	增加值（亿元）	总产值（亿元）	利润总额（亿元）	上缴税金（亿元）
东部地区	76994	1290.20	12113.53	54431.25	3107.54	1439.85
中部地区	12998	205.41	2216.40	7779.66	469.21	144.45
西部地区	9507	138.42	1736.53	6102.96	312.29	150.75
东北地区	7519	79.81	1464.20	5403.21	261.07	142.02
全国总计	107018	1713.84	17530.66	73717.08	4150.11	1877.07

资料来源：中国乡镇企业及农产品加工业年鉴编辑部：《中国乡镇企业及农产品加工业年鉴 2011》，北京，中国农业出版社，2011。

与东部地区、西部地区和东北地区相比，中部地区农产品加工业各指标值占全国比重均低于东部地区 60 多个百分点（除增加值外，中部地区农产品加工业增加值占全国比重低于东部地区 56 个百分点），但均高于西部地区和东北地区占全国的比重（除上缴税金外，中部地区与西部地区上缴税金占全国比重相同），见图 4 - 4 和图 4 - 5。

企业数

从业人员平均数

增加值

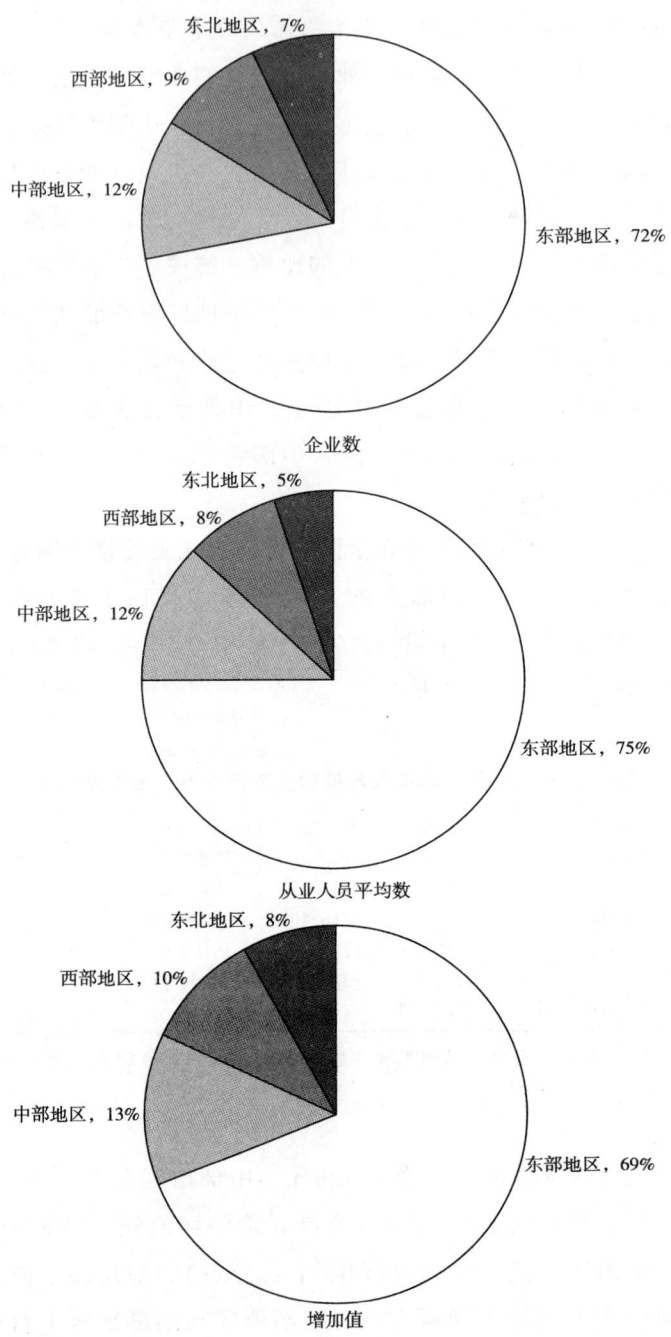

图 4 – 4 2010 年各地区农品加工业企业数、从业人员平均数和增加值占比

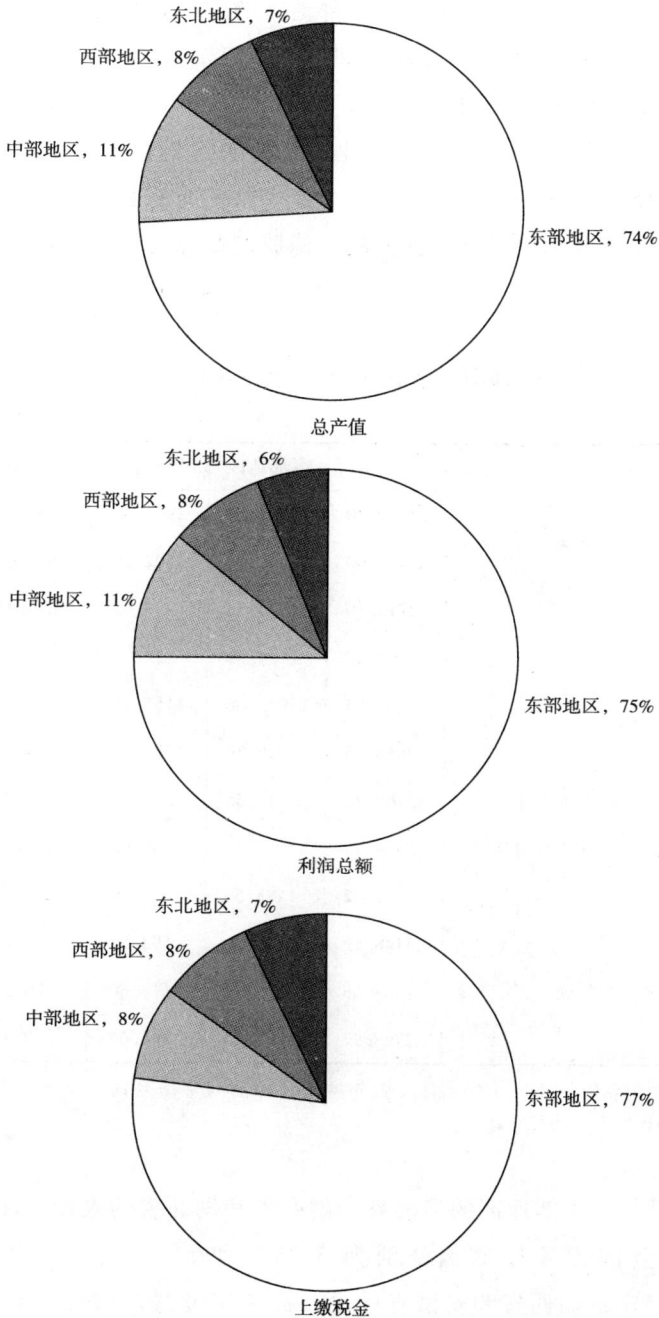

图 4 - 5　2010 年各地区农产品加工产业总产值、利润总额和上缴税金占比

就农产品加工业的总产值来看，中部地区的农副食品加工业、饮料制造业和食品制造业占全国的比重最高，分别为 18.22%、17.35%、15.2%，中部地区的烟草制品业，造纸及纸制品业，木材加工及木、竹、藤、棕、草制品业，皮革、毛皮、羽毛（绒）及制品业占全国的比重都超过了 10%，分别为 14.95%、12.45%、11.96%、10.52%，纺织业，纺织服装、鞋、帽制造业，家具制造业，印刷业和记录媒介的复制，橡胶制品业占全国比重较低，分别为 7.36%、5.2%、9.72%、8.43%、5.72%，见表 4－4。

表 4－4   2010 年中部地区主要农产品加工业总产值

单位：亿元

行　业	全　国	东部地区	中部地区	西部地区	东北地区
农副食品加工业	17440.70	9361.54	2942.06	2450.03	2687.06
食品制造业	4988.90	2900.64	702.26	835.44	550.56
饮料制造业	2715.80	1324.58	436.35	660.74	294.14
烟草制品业	99.24	81.32	13.74	4.07	0.12
纺织业	16964.85	14923.66	1155.78	661.68	223.73
纺织服装、鞋、帽制造业	10868.45	9780.70	523.60	146.66	417.48
皮革、毛皮、羽毛(绒)及制品业	3762.83	3047.35	366.67	281.29	67.52
木材加工及木、竹、藤、棕、草制品业	5309.78	4001.67	588.02	308.93	411.16
家具制造业	2181.42	1488.59	196.40	211.07	285.36
造纸及纸制品业	5148.52	3904.91	593.53	448.60	201.48
印刷业和记录媒介的复制	1467.63	1235.17	114.60	85.03	32.83
橡胶制品业	2768.97	2381.14	146.65	9.41	231.77

资料来源：中国乡镇企业及农产品加工业年鉴编辑部：《中国乡镇企业及农产品加工业年鉴2011》，北京，中国农业出版社，2011。

分地区而言，中部地区的河南省、湖南省和湖北省的农产品加工业总产值和增加值占全国比重较高，分别为 3.25% 和 3.41%、3.01% 和 3.62%、2.88% 和 4.15%；山西省和安徽省的农产品加工业总产值和增加值占全国比重较低，不足一个百分点，见图 4－6 和表 4－5。

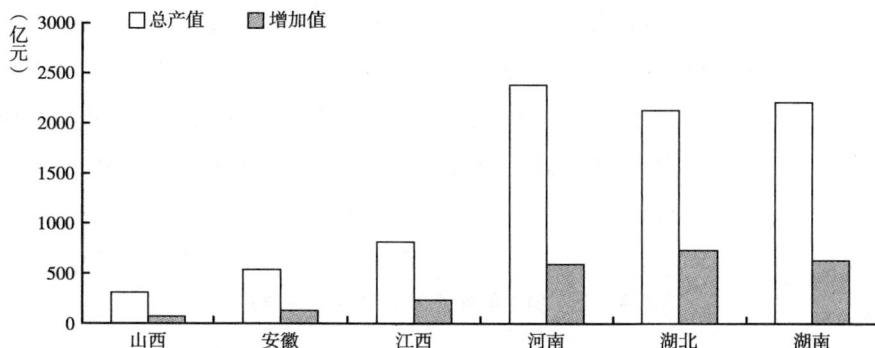

图 4 - 6　2010 年中部各省农产品加工产业总产值、增加值

表 4 - 5　2010 年中部地区规模以上农产品加工业情况

地区/项目	企业数（家）	从业人员年平均数（万人）	增加值（亿元）	总产值（亿元）	利润总额（亿元）	上缴税金（亿元）
山　　西	498	8.01	72.75	313.00	21.55	9.33
安　　徽	1531	24.25	122.70	532.91	25.75	—
江　　西	1228	22.91	238.19	815.99	50.43	23.65
河　　南	3821	57.62	598.24	2397.61	199.16	32.44
湖　　北	2808	47.83	727.21	2124.66	106.46	52.76
湖　　南	3012	44.78	634.34	2216.88	143.24	46.71
全国总计	107018	1713.84	17530.66	73717.08	4150.11	1877.07

资料来源：中国乡镇企业及农产品加工业年鉴编辑部：《中国乡镇企业及农产品加工业年鉴 2010》，北京，中国农业出版社，2011。

　　就人均产值而言，中部地区的湖南省和湖北省的人均产值最高，分别为49.51 万元和44.42 万元，分别高于全国人均水平6.49 万元和1.41 万元，而其他 4 省的人均产值均低于全国43.01 万元的平均水平，其中，安徽省的人均产值最低为21.98 万元。这也表明，中部地区的农产品生产效率除湖南省和湖北省高于全国平均水平外，其他 4 省的生产效率均处于低水平状态。

　　中部地区是我国农产品及其加工制品的重要出口地，特别是大米产品和小麦产品。2010 年中部地区出口大米产品和小麦产品分别为 51758 吨和 76466吨，分别占全国的 8.32% 和 27.58%。江西省和安徽省是中部地区大米产品的主要出口地，2010 年两省分别出口大米产品39819 吨和7345 吨，分别占中部地区出口总量的76.93% 和14.69%。安徽省是中部地区小麦产品和食用植物油的主要出口地，河南省是中部地区大豆产品的主要出口地，湖北是中部地区食糖的主要出口地，占中部地区的出口比重分别为95.97% 和55.15%、64.76%、98.3%，见表4－6。

表4－6　2010 年各地区出口农产品数量

单位：吨

地　　区	大米产品	小麦产品	玉米产品	大豆	棉花（原棉）	食用植物油	食糖
山　　西	—	—	—	105	—	—	—
安　　徽	7345	73382	—	89	—	1055	11
江　　西	39819	—	—	3	—	—	—
河　　南	—	3084	—	362	—	504	—
湖　　北	2255	—	70	—	—	354	649
湖　　南	2339	—	—	—	—	—	—
中部地区	51758	76466	70	559	—	1913	660
东部地区	46881	170876	4	11854	2594	31351	72625
西部地区	35377	2465	16384	27229	86	14131	9782
东北地区	172464	26329	92880	133319	3773	48746	6980
全国总计	622338	277225	12732	172962	6453	95687	94348

资料来源：根据《中国农村统计年鉴2011》计算所得。

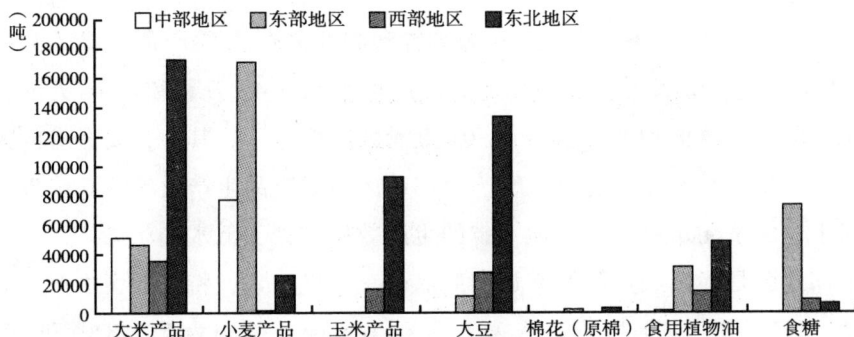

图4－7　2010 年我国四大区域主要农产品出口量

但与东部地区和东北地区相比，中部地区所占比重较小。2010 年中部地区纺织业，纺织服装、鞋、帽制造业，农副食品加工业，食品制造业，烟草制品业，饮料制造业，造纸及纸制品业共完成出口交货值 705.92 亿元，仅为东部地区的 8.41%。

第二节　中部农产品加工业发展的区域条件

中部地区发展农产品加工业具有明显的农业资源优势、区位优势、人力资源优势、市场竞争力和品牌建设优势，以及科技与政策支持力度明显增强的区域优势。近年来，中部地区崛起步伐的加快，以及中部地区工业化、城市化进程和农业结构战略性调整步伐的加快，为中部地区农产品加工业的发展创造了良好的发展环境。

一　农业资源优势突出

中部地区地域辽阔，拥有中国三大平原的主要部分和南方亚热带丘陵区，气候温和，阳光充足，热量丰富，雨水丰沛，无霜期短，拥有宜农平原、宜林山地、宜牧草场和宜渔湖泊等多种农业自然生态系统。2008 年年底中部地区耕地面积为 2899.3 万公顷，占全国总耕地面积的 23.82%，有效灌溉面积为 1389.68 万公顷，占全国的比重为 23.77%，是我国耕地的富集地区之一，见表 4-7。中部地区拥有丰富的水资源，区城内水域面积广阔，2007 年水资源总量为 4835.7 亿立方米，占全国的 19.15%，淡水养殖面积占全国的 46% 以上，居四大区域之首。

表 4-7　2008 年中部地区耕地面积及占全国比重

	山西	安徽	江西	河南	湖北	湖南
耕地面积(万亩)	4055.80	5730.20	2827.10	7926.40	4664.10	3789.40
占全国比重(%)	3.33	4.71	2.32	6.51	3.83	3.11

资料来源：根据《中国统计年鉴 2011》数据整理、计算。

中部地区农业自然资源分布比较丰富，湖北、湖南、安徽、江西和河南是全国著名的粮棉油生产基地；河南、湖南、安徽、湖北、江西是全国重要的畜牧饲养基地。同时，中部地区的肉类、蛋奶、水产品、油料、茶叶、果菜、烟叶等农产品产量，在全国总产量中占有重要份额，是我国重要的粮食主产区和农副产品生产基地。国家"十二五"规划明确提出要构建"七区二十三带"的农业战略格局，其中，中部地区的山西省是汾渭平原主产区的重要组成部分，将建成为以优质强筋、中筋小麦为主的优质专用小麦产业带，以子粒与青贮兼用型玉米为主的专用玉米产业带；湖北省、湖南省、安徽省、江西省是长江流域主产区的重要组成部分，将建成为以双季稻为主的优质水稻产业带，以优质弱筋和中筋小麦为主的优质专用小麦产业带，优质棉花产业带，"双低"优质油菜产业带，以生猪、家禽为主的畜产品产业带，以淡水鱼类、河蟹为主的水产品产业带。中部地区丰富的农业资源优势和悠久的农产品加工历史，为农产品加工业打下了坚实的资源基础。2005～2010 年中部地区粮食连年增产，由 2005 年的 14778.3 万吨增加到 2010 年的 16720.7 万吨，2010 年中部地区的油料、肉类和水产品产量较 2005 年都有较大幅度的提高，分别比 2005 年增加 148 万吨、69.6 万吨和 121.6 万吨。2008 年以来中部地区棉花产量逐渐降低，由 2007 年的 216.8 万吨减少到 2010 年的 166.2 万吨，见表4－8。

表4－8　中部地区 2005～2010 年农产品产量

单位：万吨

	2005 年	2006 年	2007 年	2008 年	2009 年	2010 年
粮　食	14778.3	15714.6	15935.3	16407.1	16615.3	16720.7
油　料	1252.6	1267.6	1144.3	1263.1	1385.6	1400.6
棉　花	176.5	214.5	216.8	199.3	176.5	166.2
肉　类	2182.1	2278.5	1902.2	2038.7	2166.6	2251.7
水产品	899.2	949.1	864.0	908.4	963.1	1020.8

资料来源：《中国农业统计资料 2010》。

2010 年，中部地区粮食和油料产量分别占全国的 30.60% 和 43.36%，居各区域之首（见表4－9），水产品和肉类产量分别达到 1020.8 万吨和 2251.7 万吨，分别占全国的 1.90% 和 28.41%。

表4-9 2010年各地区主要农产品产量

	粮 食		棉 花		油 料	
	产量(万吨)	占全国比重(%)	产量(万吨)	占全国比重(%)	产量(万吨)	占全国比重(%)
东部地区	13869.93	25.38	165.01	27.69	802.67	24.85
中部地区	16720.66	30.60	166.21	27.89	1400.56	43.36
西部地区	14436.42	26.42	264.22	44.33	829.33	25.67
东北地区	9620.70	17.60	0.58	0.097	197.58	6.12
全 国	54647.71	—	596.11	—	3230.13	—

资料来源：中华人民共和国国家统计局：《中国统计年鉴2011》，北京，中国统计出版社，2011。

中部地区各省都拥有多种类型的自然生态环境，形成了多样化的生物资源和农产品加工资源。山西省素有"小杂粮王国"之称，小杂粮产量稳定，其中谷子、荞麦、燕麦等的产量均居全国前列，2010年产量分别达到37.28万吨、1.82万吨和6.19万吨，分别比上年增加24.76%、7.88%和36.58%。

安徽省是我国13个粮食主产省份之一，在主要的16类农产品中，粮食、油料、淡水产品年产量均居全国前10位。2010年粮食产量3080.5万吨，比上年增加10.6万吨，增长0.3%，连续5年创新高。油料产量227.6万吨，下降5.3%。棉花产量31.6万吨，下降8.7%。全省生猪存栏1442.5万头，比上年下降2.7%；全年生猪出栏2782.1万头，增长3.8%。主要肉类产量375.4万吨，增长4.1%，其中猪牛羊肉产量271.3万吨，增长3.9%；禽蛋产量119万吨，增长0.7%；牛奶产量20.5万吨，增长2%。水产品产量193.3万吨，增长5.6%。

江西省农产品资源十分丰富，具有地方特色的名优产品品种繁多。2010年粮食总产量1954.7万吨，连续3年保持在1900万吨以上。肉类总产量289.9万吨，增长5%；水产品产量215.3万吨，增长4.9%；牛奶产量12.2万吨，增长3.0%；禽蛋产量51.1万吨，增长1.2%。

河南省是农业大省，粮棉油等主要农产品产量均居全国前列，是全国重要的优质农产品生产基地。2010年粮食产量5437.10万吨，比上年增长0.9%；棉花产量44.72万吨，下降13.6%；油料产量540.72万吨，增长1.5%。肉类总产量 638.38 万吨，增长 3.8%；禽蛋产量 388.60 万吨，增长 1.5%；牛奶产量 290.90 万吨，增长 3.2%；水产品产量 57.9 万吨，增长 7.6%。

湖北省是全国重要的农业生产基地，已初步形成各具特色的农产品专业化生产区域。如江汉平原的生猪、水产品和粮棉油，鄂北岗地的粮食、饲料加工，鄂东南和鄂东北的楠竹、桂花、板栗等。2010 年粮食、茶叶、水果、蔬菜总产量分别达到 2315.80 万吨、16.57 万吨、437.13 万吨和 3131.53 万吨，分别比上年增长 0.3%、14.9%、8.7% 和 5.1%。油菜子、水产品产量分别达到 232.57 万吨、353.0 万吨，分别比上年减产 1.7%、比上年增长 5.7%，油菜子、淡水产品产量继续保持全国第一。生猪出栏 3827.39 万头，比上年增长 2.5%；肉类和水产品的总产量达到 379.3 万吨和 353.1 万吨，增长 3.9% 和 5.3%；人工造林面积 19.53 万公顷，增长 20.1%。

湖南省素有"鱼米之乡"之美誉，双低油菜、优质棉、苎麻、油茶、茶叶、食用菌、花卉、水果、畜禽、毛竹、淡水产品等优势农产品产量稳定增长。2010 年粮食、油料、棉花、肉类和水产品的总产量分别为 2847.5 万吨、195.3 万吨、22.7 万吨、494.8 万吨和 198.0 万吨，分别比上年增长 -1.9%、10.3%、4.1%、3.9% 和 0.6%，茶叶产量增长 12.8%，水果产量增长 10.2%，蔬菜产量增长 6.9%，烤烟产量增长 9.8%，猪、牛、羊肉类产量下降 1.5%，禽蛋产量增长 1.9%，牛奶产量增长 3.9%。

2010 年中部地区各省主要农产品产量见表 4-10。

表 4-10 2010 年中部地区主要农产品产量

单位：万吨

	粮 食	油 料	棉 花	肉 类	水产品
山西省	1085.1	17.6	6.9	72.4	3.2
安徽省	3080.5	227.6	31.6	375.4	193.3
江西省	1954.7	107.6	13.1	289.9	215.3
河南省	5437.1	540.7	44.7	638.4	57.9
湖北省	2315.8	311.8	47.2	379.3	353.1
湖南省	2847.5	195.3	22.7	494.8	198.0
全 国	54647.7	3230.1	596.1	7925.8	53730.0

资料来源：中经网数据库。

二　区位环境优势明显

中部地区区位优势明显，现代物流业发展迅速，为进一步完善市场结构，增强农产品加工业竞争力奠定了坚实的基础。中部地区紧邻珠江三角洲和港澳、长江三角洲、环渤海经济带和广大的西部地区，具有连南贯北、承东启西的区位优势。

一是中部地区重点干线铁路和公路、内河港口、区域性机场建设不断加强，中部地区在全国交通网络中的枢纽地位凸显。铁路纵横交错，焦柳、京广、京九、武广铁路纵穿南北，陇海铁路横贯东西，几十条干线和几百条支线与主干线融会贯通，营运里程达 1.78 万千米，占全国的 24% 以上；公路星罗棋布，京珠、沪蓉、京深等几十条省际高速公路，与 10 纵 14 横的 24 条国道交汇成了四通八达的公路交通网，通车里程超过 40 万千米，占全国 26% 以上；长江、黄河两大黄金水道横穿东西，上百条支流融会贯通，通航里程达 3.78 万千米，占全国 27% 以上；民航方便快捷，以武汉、长沙、郑州、太原、合肥、南昌为中心的民用机场开通国内上百条航线，可直达全国各主要城市及港澳台地区，部分机场还开通新加坡、日本、韩国等国际航线[①]。

二是中部地区内部通道建设不断加强。随着中部地区城市群建设步伐的加快，中部各省都在积极加快重点城市群内部以及重点城市群之间的快速通道建设，并不断完善县乡道路建设。目前，中部地区已建成由铁路、公路、水运、航空等交织成的立体交通运输网络，将有效整合东西南北人流、物流、财流和信息流，为中部地区农产品运输、销售及农产品加工业的发展提供重要保障。

三　人力资本优势突出

人力资本是指存在于人体之中的具有经济价值的知识、技能和健康状况等质量因素之和。人力资本的积累和增加对经济增长与社会发展的贡献远比物质资本、劳动力数量增加重要得多。人力资本要素包括教育、培训、卫生健康等

---

① 张秀生、王军民、陈志福：《农业发展与中部地区崛起》，武汉，中国地质大学出版社，2009，第 25 页。

多种形式①。

2009 年年底中部地区总人口为 3.56 亿人，占全国总人口的 26.7%，其中，乡村人口为 2.06 亿人，占全国总人口的 28.84%，占中部地区总人口的 57.87%，是全国农村人口比重最高的地区。中部地区第一产业从业劳动力达 0.87 亿人，占全国第一产业从业劳动力总数的 29.38%。中部地区的劳动力成本较低，2008 年中部地区在乡镇企业从事农林牧渔的就业人员平均劳动报酬为 13151 元，除高于东北地区外，远远低于全国平均水平、东部地区和西部地区；从事制造业的平均劳动报酬为 20933 元，为全国及各地区最低水平，见表 4 – 11。

表 4 – 11   2008 年各地区乡镇单位就业人员平均劳动报酬

单位：元

	全国平均	东部地区	中部地区	西部地区	东北地区
农林牧渔	12560	19640	13151	16534	9858
制造业	24404	27220	20933	22630	23599

数据来源：中华人民共和国国家统计局：《中国统计年鉴 2008》，北京，中国统计出版社，2008。

1996 ～ 2007 年间，中部地区除山西省和湖北省的人均受教育年限高于全国平均水平外，其他各省均低于全国 6.57 年的平均水平（见表 4 – 12）。但 2007 年，中部地区的人均受教育年限达到 6.80 年，高于全国的平均水平。

中部地区积聚了全国一大批有影响的高等院校和科研机构，科教实力雄厚。截止到 2010 年年底，中部地区有普通高校 613 所，占全国普通高校总数的 26%，在校大学生 611.9 万人，占全国在校大学生总人数的 27.4%。中部地区有卫生机构 26.75 万个，占全国的比重为 28.55%；卫生技术人员 146.13 万人，占全国的比重为 24.87%；医疗机构床位数 123 万张，占 25.7%。中部地区充裕的农村劳动力资源和丰富的科教、卫生健康资源，为中部地区进一步提升人力资本水平、增加人力资本积累奠定了良好的基础，也为中部地区农产品加工业的发展提供了优越的人力资本。

---

①　范恒山：《中部地区承接产业转移有关重大问题研究》，武汉，武汉大学出版社，2011，第 55 ～ 57 页。

表 4 – 12　中部 6 省人口受教育程度

单位：年

	1996 年	1996 ~ 2000 年	2001 ~ 2005 年	1996 ~ 2007 年
山　西	6.19	6.30	6.70	6.76
安　徽	5.46	5.67	6.54	6.20
江　西	5.41	5.68	6.60	6.06
河　南	5.87	6.04	6.90	6.55
湖　北	5.96	6.12	6.87	6.63
湖　南	5.73	5.89	6.76	6.37
全　国	5.98	—	6.44	6.57

资料来源：范恒山：《中部地区承接产业转移有关重大问题研究》，武汉，武汉大学出版社，2011，第 57 页。

四　市场需求广阔

我国经济的发展、城市化进程的加快、居民生活水平的提高、消费结构的不断优化，农产品加工制成品国内市场需求的快速增长，国际市场态势的活跃，为中部地区农产品加工业的发展提供了巨大的市场发展空间和强大的动力。

一是中部地区城乡居民收入水平显著提高。近年来，我国城乡居民家庭人均收入逐年增加，城乡居民生活水平大幅提高，膳食结构得到明显改善，这为中部地区农产品加工业提供了巨大的发展空间。近年来，中部地区城镇居民家庭可支配收入由 2005 年的 8830.37 元增加到 2010 年的 15911.88 元，农村居民家庭人均收入由 2005 年的 2958.02 元增加到 2010 年的 5464.66 元，见表 4 – 13 和表 4 – 14。城乡居民收入水平的提高，使居民食品消费结构发生了明显变化，对农产品的数量、质量、结构、形态、功能等方面提出了新的要求，消费需求出现多元化趋势，营养保健型、享受娱乐型、文化情感型、自我实现型等多样化的消费需求日渐增多[1]，对农产品加工业提出了更多、更高要求，也为农产品加工业创造了更多的发展机会。

---

[1]　任卫娜、武拉平：《北京市农产品加工业出口竞争力的分析——基于波特的"钻石模型"》，载《北京农业职业学院学报》2008 年第 4 期，第 45 页。

表 4-13　2002~2010 年中部地区城镇居民家庭人均可支配收入

单位：元

	2005 年	2006 年	2007 年	2008 年	2009 年	2010 年
山　　西	8913.9	10027.7	11565.0	13119.1	13996.55	15647.66
安　　徽	8470.7	9771.1	11473.6	12990.4	14085.74	15788.17
江　　西	8619.7	9551.1	11451.7	12866.4	14021.54	15481.12
河　　南	8668.0	9810.3	11477.1	13231.1	14371.56	15930.26
湖　　北	8785.9	9802.7	11485.8	13152.9	14367.48	16058.37
湖　　南	9524.0	10504.7	12293.5	13821.2	15084.31	16565.70
中部平均	8830.37	9911.27	11624.45	13196.85	14321.20	15911.88
全　　国	10493.0	11759.5	13785.8	15780.8	17174.65	19109.44

资料来源：中经网统计数据库。

表 4-14　2002~2010 年中部地区农村居民家庭人均纯收入

单位：元

	2005 年	2006 年	2007 年	2008 年	2009 年	2010 年
山　　西	2890.7	3180.9	3665.7	4097.2	4244.10	4736.25
安　　徽	2641.0	2969.1	3556.3	4202.5	4504.32	5285.17
江　　西	3128.9	3459.5	4044.7	4697.2	5075.01	5788.56
河　　南	2870.6	3261.0	3851.6	4454.2	4806.95	5523.73
湖　　北	3099.2	3419.4	3997.5	4656.4	5035.26	5832.27
湖　　南	3117.7	3389.6	3904.2	4512.5	4909.04	5621.96
中部平均	2958.02	3279.92	3836.67	4436.67	4762.447	5464.66
全　　国	3254.9	3587.0	4140.4	4760.6	5153.17	5919.01

资料来源：中经网统计数据库。

　　二是国际市场对农产品制品的需求日益增长。近 20 年来，国际市场对农产品和食品的需求由以对原料和初级农产品为主的需求转向以对加工品和加工食品为主的需求。20 世纪 80 年代初，国际农产品出口一般以初级产品为主，进入 90 年代中期，国际农产品市场的制成品、半成品中的中、高附加值产品不断替代初级产品，农产品加工品出口已成为世界潮流，世界加工食品的贸易值大幅上升。巨大的国际需求市场，为中部地区农产品加工业的发展开拓了广阔的市场前景。

　　三是中部地区农产品制成品具有较强的市场竞争力。中部地区是我国重要的棉花、油菜、特色农产品等优势产区，农产品制成品具有一定的比较优势，如小麦、肉制品、水产品、特种农产品、茶叶、油菜子等。

五　科技优势明显

区域农业科技力量的强弱是衡量区域农业生产力水平和发展后劲的重要标志之一。中部地区农业科研、技术的进步是新时期农业和农村经济发展的客观要求，也是我国农产品加工业得以健康、有序、稳定发展的根本保证。改革开放以来，中部地区认真落实中央关于促进科技发展的相关政策，目前已经形成了一支实力雄厚的农业科技力量。

一是积极搭建了科技创新的平台。"十五"以来，形成了一大批国家工程技术中心、技术研发中心、技术创新机构、重点实验室和博士后流动站。二是加大了对农业科技的投入力度。三是取得了一批科技成果。一批高新技术如瞬间高温杀菌技术、微胶囊技术、微生物发酵技术、膜分离技术、微波技术、真空冷冻干燥技术、无菌贮存与包装技术、超高压技术、超微粉碎技术、超临界流体萃取技术、膨化与挤压技术、基因工程技术等，已在农产品加工领域得到广泛应用，并将迅速普及与深化[1]。形成了一批以稻米加工技术、油菜检测技术、全程质量控制体系建立等为标志的、拥有自主知识产权的重大科技成果、专利、标准和知识品牌，行业贡献率达40%以上。四是加工设备向新型、高效、节能、环保方向发展。加工技术的高新化将带动加工设备的高新化，如多功能饮料瓶装生产设备，无菌包装技术设备，果蔬激光分级、清洗、包装成套设备，膜分离技术设备，超微粉碎设备，速冻设备等，为增强中部地区农产品深加工能力，促进资源综合利用奠定了基础。中部地区农业及农产品加工技术的进步，为农产品加工业的发展提供了强有力的科技支撑。

六　政策支持力度增强

随着经济全球化和区域一体化趋势的加强，第三次世界产业转移的浪潮不断兴起。在世界制造业中心向我国转移的过程中，农产品加工业的中心也会同

---

[1]　《农产品加工技术发展趋势》，载《农村新技术》2009年第14期，卷首语。

时转移，这为中部地区农产品加工业的发展带来了新的机遇。

（一）国家为农产品加工业发展提供政策支撑

为促进农产品加工业发展，我国先后出台了《农产品加工业发展行动计划》《关于促进农产品加工业发展的意见》等政策性文件，组织编制了《全国主要农产品加工业发展规划》《农产品加工推进行动方案》《农产品加工业"十二五"发展规划》《全国乡镇企业发展"十二五"规划》等规划，出台了《国务院关于鼓励和引导民间投资健康发展的若干意见》《关于促进中小企业公共服务平台建设的指导意见》《中国人民银行、银监会、证监会、保监会关于进一步做好中小企业金融服务工作的若干意见》《关于加强中小企业信用担保体系建设工作的意见》《关于进一步加强中小企业节能减排工作的指导意见》《国务院关于支持农业产业化龙头企业发展的意见》等政策措施，制定了加大国家投入力度、给予相关金融支持、落实税收支持政策及用地审批等一系列配套资金优惠政策。这为农产品加工业提供了难得的发展机遇。特别是我国实施促进区域协调发展战略以来，为促进中部地区农产品加工业的发展，制定了一系列的优惠政策等。

（二）各地地方政府创新政策环境

进入新世纪以来，中部各省也积极出台促进农产品加工业发展的相关政策，如山西省2008年出台了《关于贯彻中发〔2008〕1号文件精神切实加强农业基础建设进一步促进农业发展农民增收的实施意见》；安徽省2008年出台了《安徽省农产品加工业发展实施方案》《关于推进安徽省农产品加工业示范基地（区）建设的意见》，2010年出台了《关于进一步加大农业产业化金融支持的意见》《安徽省人民政府关于进一步促进非公有制经济和中小企业加快发展的实施意见》；江西省2003年出台了《江西省优质农产品生产加工基地建设规划》；湖北省2009年出台了《关于实施农产品加工业"四个一批"工程的意见》；湖南省2004年出台了《湖南省农产品加工业"十一五"发展规划》和《湖南省农业产业化发展规划》，2010年出台了《湖南省人民政府关于加快农产品加工及物流业发展的意见》等；河南省一直将发展农产品加工业作为解决"三农"问题的重要环节，"十一五"期间相继出台了《关于进一步发展农业产业化经营的意见》《关于促

进农业稳定发展农民持续增收的实施意见》《关于推进产业集聚区科学规划
科学发展的指导意见》《河南省食品工业调整振兴规划》《关于进一步促进
产业集聚区发展的指导意见》等一系列优惠政策和保障措施，在政策、资
金、技术、土地、服务等方面，全力支持农产品加工业的发展。良好的产
业政策环境将有利于中部地区吸引战略投资伙伴，加快中部地区农产品加
工业的快速发展。

第三节　中部地区农产品加工业发展现状

一　改革开放前中部地区农产品加工业发展的简要回顾

中国的农产品加工业发展历史悠久。早在战国、西周、西汉的文献资料
中，对粮食制饴，葡萄酿酒，煎蔗为糖，大豆生产豆腐、酱油，牛奶制作奶酒
等技术就有记载。但在两千多年的封建社会里，农产品加工一直附属于农业，
从未从农业中分离出来形成独立的产业。1840 年之后，随着民族工业的产生
和发展，一些农产品加工逐渐从农业中分离出来，中部地区的农产品加工业得
到一定程度的发展。但直到 1949 年中华人民共和国成立，农产品加工业也未
形成完整的体系，中部地区仅在武汉、郑州等几个大城市建有碾米、面粉、屠
宰、榨油等工厂，个别城市设有卷烟、啤酒厂，其余行业大多是小型工厂，绝
大多数则为手工作坊。

1949 年新中国成立以后，中部地区农产品加工业有了长足的发展并逐步
形成了农产品加工业体系。但是长期以来，由于实行重工业优先发展的国民经
济发展战略，农业以及包括农产品加工业在内的轻工业在一定程度上受到抑
制，发展速度相对缓慢[1]。由于历史和社会生产体制的原因，在相当长的时期
内中部地区的农产品大都以初级原料或半成品原料的形式进入消费市场，农业
生产的产前、产中和产后之间脱节严重，特别是农产品产后损耗严重造成农业

---

① 于天颖：《调整农业产业结构促进农产品加工业发展》，载《农业经济》2000 年第 11 期，第
27 页。

增产不增收、增收不增值的被动局面①，城乡居民收入增长缓慢，农产品加工业的发展一直受到农产品供给不足和有效需求不足的双重制约。尤其是 20 世纪 50 年代后期，我国对农产品实行统购统销，实行计划管理体制②，中部地区的农业及农产品加工业受到抑制，发展速度相对缓慢。

在经济恢复时期和"一五"计划时期，中央提出了优先发展重工业的决策。受全国经济发展形势的影响，中部地区农林水利等发展滞后，大量的投资用于重工业的发展，农产品加工业发展滞后，所占比例较低。"二五"至"四五"计划前半期，由于受"左"倾思想的影响，错误地强调"以钢为纲"，片面优先发展重工业，违背了客观规律，造成农、轻、重比例严重失调，中部地区农产品加工业发展处于停滞状态。特别是在"大跃进"和"文化大革命"时期，超前的产业高级化和冒进，以及在工业内部片面强调"以重为重"，在农业方面片面强调"以粮为纲"，导致农产品加工业发展程度降至历史最低水平。中部地区乃至全国出现了商品供应量与社会购买力严重不平衡的现象，农产品制成品减少，均为凭票供应。"四五"后半期至"五五"计划前半期，中央召开了一系列会议，强调进行企业整顿，建立各项规章制度，恢复和发展生产。但由于未对经济工作中长期存在的"左"倾错误及时清理，对既往经济发展战略没有深入反思，特别是对"文化大革命"所造成的严重后果估计不足，"五五"前期经济发展仍延续了"大干快上"的赶超型发展思路③。这一时期，中部地区重工业投资比重更高于轻工业比重，农轻重比例更加失调，农产品加工业极度萎缩，成为影响中部地区经济发展的瓶颈产业。

1952～1978 年中部地区主要工业品产量有所提高，如纱、布、机制纸及纸板和卷烟产量分别由 1952 年的 5.8 万吨、3.43 亿米、0.87 万吨和 77.49 万箱，增加到 1978 年的 57.1 万吨、26.5 亿米、80.76 万吨和 418.84 万箱，在全国所占比重也大幅提高，但与东部地区相比有较大差距。1978 年东部地区

① 佟玲、李成华：《我国农产品加工业的现状及发展趋势》，载《农机化研究》2005 年第 5 期，第 11 页。

② 万宝瑞：《农产品加工业的发展与政策》，北京，中国农业出版社，1999，第 18～19 页。

③ 中国社会科学院工业经济研究所：《2009 中国工业发展报告——新中国工业 60 年》，北京，经济管理出版社，2009，第 422～423 页。

主要工业品产量占全国比重虽有所下降，但仍比中部地区分别高出 29.93 个、30.06 个、25.88 个和 3.82 个百分点，见表 4－15。1952～1978 年，中部地区工业总产值增长了 16.45 倍，而食品工业、纺织工业、造纸工业增长缓慢，农产品加工业的增长速度明显低于整个工业。

表 4－15　1952 年、1978 年全国及中部地区主要农产品加工业产量

	全　国		东部地区				中部地区			
	1952 年	1978 年	1952 年	占全国比重（％）	1978 年	占全国比重（％）	1952 年	占全国比重（％）	1978 年	占全国比重（％）
纱（万吨）	65.60	238.20	49.10①	74.85	128.40	53.90	5.80	8.84	57.10	23.97
布（亿米）	38.29	110.29	27.80	72.60	59.66	54.09	3.43	8.96	26.50	24.03
机制纸及纸板（万吨）	37.18	438.72	18.90	50.83	194.30	44.29	0.87②	2.34	80.76	18.41
卷烟（万箱）	265.00	1181.74	144.32③	54.46	463.90	39.26	77.49	29.24	418.84	35.44

　　说明：①缺北京市、天津市数据；②缺安徽省和河南省的数据；③缺北京市的数据。
　　资料来源：国家统计局国民经济综合统计司编：《新中国五十年统计资料汇编》，北京，中国统计出版社，1999。

　　总体而言，改革开放前，中部地区农产品加工业主要以粗加工为主，农产品加工业获得了一定的发展，但在国民经济中整体上还处于落后的状态。一是农产品加工企业发展规模较小，加工范围狭窄。二是农产品加工企业加工水平较低。衡量农产品加工业发展的水平，不仅要看加工的范围，更要看深加工的程度。在加工范围既定的前提下，农产品深加工水平高，则可以生产出更多的农产品制成品，满足社会消费需求①。这一时期，中部地区的农产品深加工程度，远远落后于经济发达国家，也落后于东部沿海省份的发展水平。三是农产品加工业尚未形成完整的工业体系。这一时期，中部地区农产品加工业的产业结构较单一，大多为粗加工的农产品制成品，提供再加工的半成品或成品的比例很小。就食品加工业而言，到 1978 年，食品加工业属于提供初级加工产品的粮油、制糖、屠宰及肉类加工、水产品加工、制盐等 5 个行业的工业产值约

---

　　①　中国社会科学院工业经济研究所：《2009 中国工业发展报告——新中国工业 60 年》，北京，经济管理出版社，2009，第 436 页。

占 70% 左右，属于提供再加工产品的糕点工业、糖果工业、调味品工业产值约占 20%，其他行业约占 10%[①]。

二 改革开放以来中部地区农产品加工业快速发展

改革开放以来，伴随着农业生产的快速发展，我国农产品加工业发展迅速。随着中国农村经济的发展和农业现代化进程的推进，以工促农、以城带乡长效机制和城乡经济社会发展一体化新格局的形成，中部地区的农产品加工业也得到了迅速的发展。1978 年以来，中部地区的农产品加工业得到了恢复性的增长。

一是农产品加工业生产规模显著扩大。食品工业总产值由 1988 年的 178.66 亿元增加到 2007 年的 3093.56 亿元，增长了 16.32 倍，占全国比重呈上升趋势，由 1988 年的 12.70% 上升到 2007 年的 21.72%。纺织业总产值由 1988 年的 320.37 亿元增加到 2007 年的 1570.62 亿元，增长了 3.90 倍，占全国比重呈下降趋势，由 1988 年的 17.06% 下降到 2007 年的 6.30%。木材加工业发展缓慢，占全国比重有所下降，但 2007 年以来，木材加工业获得较快发展。纸品工业和橡胶工业总产值逐年增多，分别由 1988 年的 60.75 亿元和 36.51 亿元增加到 2007 年的 643.96 亿元和 151.92 亿元，分别增长了 9.6 倍和 3.16 倍，但占全国的比重都呈逐年下降趋势，分别由 1988 年的 19.6% 和 17.62% 下降到 2007 年的 14.89% 和 9.36%，如表 4 - 16 所示。

二是行业门类逐渐增多，形成比较完善的工业体系。改革开放以前，食品、纺织、木材等工业门类较少，改革开放以来，随着人们消费水平和市场需求量的提高，行业门类少的状况得到了根本扭转。如中部地区的食品工业，在农业原料加工方面、畜产原料加工方面、水产原料加工方面等都建立了较完备的行业门类，尽管同经济发达国家相比仍有较大差距，但中部地区已经建立起了门类较齐全的食品工业体系。

三是农产品加工业总产值与农业总产值的比重大幅提高。包含食品工业、纺织工业、木材工业、纸品工业和橡胶工业在内的工业总产值占农业总产值的

---

① 胡晓鹏：《中国食品加工业的竞争力与发展出路》，北京，中国经济出版社，2005。

表 4-16　1987~2007 年中部地区农产品加工业总产值及占全国比重

年　份		1988	1989	1993	1997	2000	2005	2006	2007
食品工业	总产值(亿元)	178.66①	183.03②	514.52	1859.97	831.90	1432.46	1461.23	3093.56
	占全国比(%)	12.70	11.07	13.19	23.22	25.51	20.07	12.62	21.72
纺织工业	总产值(亿元)	320.37③	381.78④	639.74	1225.34	357.99	634.64	927.36	1570.62
	占全国比(%)	17.06	16.71	12.58	15.73	7.06	13.62	4.53	6.30
木材工业	总产值(亿元)	30.07	31.99	70.01	208.46	210.02	—	291.60	565.00
	占全国比(%)	16.97	16.94	16.20	22.02	20.08	—	9.99	14.52
纸品工业	总产值(亿元)	60.75⑤	72.93⑥	169.47	356.56	216.68	581.88⑦	387.58	643.96
	占全国比(%)	19.60	18.68	17.84	19.60	18.04	13.98	10.72	14.89
橡胶工业	总产值(亿元)	36.51	47.39	72.98	118.53	30.18	—	64.62	151.92
	占全国比(%)	17.62	17.93	16.29	15.16	8.35	—	4.56	9.36

注：①②缺农副食品加工业和饮料制造业的数据。③④缺服装及其他纤维制品制造业数据。⑤⑥⑦缺印刷业和记录媒介的复制的数据。

资料来源：根据《中国工业经济统计年鉴》（1988~2008）和《中国乡镇企业及农产品加工业年鉴》（2007~2008）计算所得。

比重由 1988 年的 40.47% 增加到 1997 年的 56.86%。2000 年以来，中部地区的农产品加工业总产值占农业总产值比重有所下降，与 1997 年相比下降了 32.03 个百分点。2001 年以来，中部地区农产品加工业占农业总产值比重又开始大幅上升，2007 年所占比重达到 47.05%。1988 年以来，这一比值出现了较大的波动，但从总体趋势上看，农产品加工业占农业总产值的比重仍呈上升趋势，如表 4-17 所示。这与农业收成状况、人们消费水平、市场结构等因素密切相关。

表 4-17　中部地区农产品加工业总产值与农业总产值比

单位：%

年　份	1988	1989	1993	1997	2000	2005	2006	2007
食品工业	11.54	10.36	18.57	28.06	12.54	13.73	13.15	24.16
纺织工业	20.70	21.61	23.09	18.48	5.40	6.08	8.34	12.27
木材工业	1.94	1.81	2.53	3.14	3.10	0.00	2.62	4.41
纸品工业	3.92	4.13	6.12	5.38	3.27	5.58	3.49	5.03
橡胶工业	2.36	2.68	2.63	1.79	0.46	0.00	0.58	1.19
农产品加工业	40.47	40.59	52.93	56.86	24.83	25.39	28.19	47.05

资料来源：根据《中国工业经济统计年鉴》（1988~2008）和《中国乡镇企业及农产品加工业年鉴》（2007~2008）计算所得。

改革开放以来，中部地区农产品加工业发展加快的主要原因有以下几个方面。一是十一届三中全会以来，家庭联产承包经营的普遍实施，大大地调动了农民生产的积极性，极大地解放了农村的生产力，促进了农业生产的大幅增长，为农产品加工业的发展提供了物质基础。二是计划管理体制转向行业管理和市场机制。随着农产品统购统销体制的逐步改革，农业的市场化程度不断提高，市场需求的变化引导着农业不断向广度和深度进军，农业结构日趋多元化，为农产品加工业的全面发展提供了可能。同时，包括农产品加工业在内的轻工业率先从供销、定价、自营出口、外汇分成、项目投资、引进、合资等方面进行了探索和突破，逐步打破了计划经济体制下的僵化模式。在机制转换、政策支持和技术引进的条件下，中部地区农产品加工业的生产能力迅速提高，农产品制成品的市场份额不断提高。三是城乡居民收入水平的大幅提高。20世纪80年代后期以来，居民消费需求的快速增长，社会对农产品的需求日益扩大和多样化，推动了农产品加工业的发展，使农产品加工业生产集中度不断提高，配套性产业集群迅速发展，市场竞争程度不断提高，成为带动中部地区经济发展的重要支柱产业或主要产业之一。四是卖粮难困境的推动。20世纪80年代中期、90年代初期，以及进入21世纪以来出现的多次卖粮难问题，极大地促进了农业结构的调整和农产品加工业的发展。五是我国及中部地区积极出台促进农产品加工业发展的相关政策，为农产品加工业的发展提供了政策支持和制度保障。

目前，中部地区农产品加工业改革发展取得了较大成就，已经初步建立起一个门类齐全，具有一定规模的农产品加工业体系，成为国民经济发展中总量大、发展快、对解决"三农"问题作用大的支柱产业之一。

（一）农产品加工业持续快速发展，总量不断扩张

近年来，随着我国农业发展进入新阶段，居民生活水平大幅提高，农民就业增收的积极性不断提高，中部地区农产品加工业取得了长足的发展。2007年中部地区农产品加工企业达13925家（见表4-18），比上年增加4454家，涉及食品、饮料、纺织、服装和皮革等12个行业；从业人数达224.13万人，比上年增加70.25万人，占全国农产品加工业从业人员的14.40%；全年实现总产值6279.84亿元，比上年增长47.26%，占全国增加值的 12.62%；农产品加工业的增加值已突破 1733.22 亿元，比上年增加 89.31%；实现销售产值、营业收入和利润总额分别为 6078.67 亿元、5965.36 亿元和 335.13 亿元，分别比上年增加 89.02%、92.32% 和 84.72%。中部地区农产品加工业中食品工业（包括农副食品加工业、食品制造业、饮料制造业和烟草制品业）占有较大的比重，2007 年，食品工业企业数达 6358 家，实现总产值 3093.55 亿元，分别占中部地区农产品加工业企业总数和总产值的 45.66% 和 49.20%。

表 4 – 18   2007 年我国农产品加工企业发展状况

	企业数(家)	从业人员年平均数(人)	增加值(亿元)	总产值(亿元)	销售产值(亿元)	营业收入(亿元)	利润总额(亿元)	上缴税金(亿元)
东部地区	65786	12134431	8967.77	39416.82	37632.39	37403.38	1935.65	1021.62
中部地区	13925	2241295	1733.22	6279.84	6078.67	5965.36	335.13	126.51
西部地区	3719	537666	420.78	1549.25	1451.15	1416.95	100.12	48.81
东北地区	4514	655440	674.72	2520.24	2430.70	2361.73	109.68	44.83
全国总计	87944	15568832	11796.49	49766.15	47592.90	47147.42	2480.58	1241.78

资料来源：中国乡镇企业及农产品加工业年鉴编辑部：《中国乡镇企业及农产品加工业年鉴 2008》，北京，中国农业出版社，2008。

（二）农产品加工龙头企业辐射带动作用不断增强

企业是农产品加工业发展的主体，企业的规模和实力是一个地区农产品加工业发展水平的标志。随着中部地区农业产业化进程的不断推进，农产品加工龙头企业获得了较快的发展。一批高起点、高质量、高科技含量的知名品牌龙头企业正逐渐形成，为推动中部地区农产品加工业的发展奠定了坚实的基础。如河南省的双汇集团年销售额逐年增加，已成为亚洲最大的肉食品加工基地；湖北省的银杏集团、稻花香酒业、恩施长友公司，安徽省的丰原集团、丰大集团、天方集团等，都在本行业或区域发展中起到龙头作用。河南省和山西省农产品深加工取得了巨大发展，出现了一批规模较大的龙头企业，在加工企业带动下，主要大宗农产品产量和综合生产能力持续增长，为农村经济的全面发展打下了良好的基础。与此同时，围绕龙头企业的产业链不断延长，产业化程度不断提高，一大批规模大、效益好、带动力强的大型农产品加工企业不断涌现，成为带动产业和区域经济发展的主导力量之一。2007 年中部地区规模以上农产品加工企业达 1.39 万多家，完成加工总产值 6279.84 亿元，占全国农产品加工企业的 12.62%。

（三）农产品加工企业区域特色初步形成

中部地区各省立足资源，大力发展各具特色的农产品加工企业，形成了颇具特色的农产品加工聚集区。如湖北省宜昌的柑橘和果汁加工、随州三里岗的香菇加工、仙桃彭场的无纺布等，都已形成了特色鲜明的产业体系，有效地优化了农村的产业结构，极大地促进了区域经济的发展。安徽省已形成了具有一定特色和规模的区域性主导产业，如萧砀水果、皖北黄牛、亳州中药材、芜湖优质粮油、黄山食用菌等。河南省已形成漯河市的肉制品、面制品、啤酒、饮料等农产品加工基地，焦作市的玉米、植物油等农产品加工基地，信阳市的家禽等生产基地，以及商丘市的肉制品、啤酒、乳制品等生产基地等，区域特色明显。湖南省初步形成了湘北、湘中生产优质米，湘北发展双低油菜和苎麻，湘北、湘西南发展优质茶叶，湘中、湘西南突出中药材的发展，京广铁路沿线发展瘦肉型猪和优质肉鸡、禽蛋，湘西南、湘东地区抓好奶牛生产，洞庭湖区发展淡水鱼、蔬菜和棉花，湘西北、湘西南发展柑橘、竹木产业等的区域化布局。山西省已初步形成以长治、晋城为代表的晋东南小杂粮等特色农产品加工区域，以运城、临汾为代表的粮油、果蔬加工业，以朔州为代表的畜产品、乳制品加工业，以太原、晋中为代表的醋、酒、饮料加工业，以吕梁为代表的枣、核桃等干果加工区域和特色产业。

（四）农产品加工业产业结构不断优化

随着中部地区农产品加工业的快速发展，农产品加工业的产业结构进一步改善，形成了以粮油、果蔬、畜产品和水产品加工为主导行业的农产品加工产业格局。一是食品工业比重上升，食品制造业产业集中度提高。2007 年，食品工业占中部地区农产品加工业产值的比重超过了 49%（见图 4-8）。二是产品结构呈现多样化趋势，方便食品、快餐食品、休闲食品、营养保健食品等发展迅速，产品附加值不断提高，主要农产品深加工比例达到 30% 以上，逐步由初加工向深加工转变。

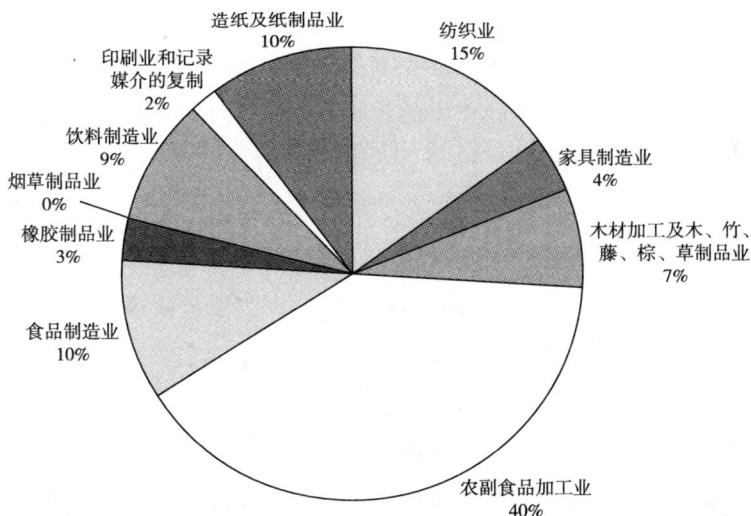

图 4-8　2007 年中部地区农产品各行业产值占农产品加工业总产值比重

（五）农产品加工业区域布局和原料基地建设取得新进展

中部地区农产品加工业区域布局逐渐趋于合理，集群式发展的格局在"十一五"规划的基础上进一步加强。目前农产品加工业初步形成了一批企业密集区和优势农产品加工产业带，呈现出集群式发展的特色和较为合理的区域布局。如河南的优质专用小麦和肉类加工，湖南的水稻和饲料加工，安徽、江西的茶叶加工，湖北、安徽、湖南、山西的果蔬加工，包括湖北省在内的长江流域优质油菜加工和水产品加工等，农产品加工业的集聚效益逐渐显现出来。

同时，农产品原料基地建设取得新进展。2006 年农业部实施《优势农产品区域布局规划（2003～2007 年）》以来，有效促进了中部地区专用小麦、高油大豆、双低油菜、柑橘、苹果、水产品等优势农产品的发展，建设了一批加工专用原料基地。

（六）农产品加工企业科技创新能力不断增强

近年来，随着农产品加工产业和科技的迅速发展，现代食品加工技术在中部地区不断推广，带动了中部地区企业产品升级、产业升级和竞争力提升。企业已意识到技术创新对构筑、强化核心竞争力的关键作用，企业逐渐成为技术创新的主体，科技创新能力不断增强。此外，企业更加注重与科研院校的紧密合作，通过建立重点实验室、工程中心等各类研发资源，建立全新的产业（企业）研发中心和农产品加工创新体系。如湖南省通过连续举办科企对接会，促进了龙头企业科技创新意识的不断增强，先后有金健米业、省茶业公司、熙可食品被农业部认定为 50 个国家级农产品技术研发分中心，龙头企业自建研发中心 160 个，与科研院所通过各种形式合作组建研发中心 229 个。

（七）农产品加工业产业组织程度不断提高

随着市场经济的发展，中部地区许多农产品加工企业通过契约、合同、利益互补等形式将农产品的产前产后诸环节连接起来，实行产业化经营，农产品加工企业与农户的关系日益紧密，企业与基地、农户的利益连接机制逐渐形成。一些农产品加工的龙头企业把基地和农户作为"第一生产车间"，通过"公司＋农户"、"契约＋服务"、科农工贸一体化等经营模式与农户结成利益共同体，把一家一户的分散经营与大市场衔接起来，搭起了农户和农产品走向市场的桥梁。

（八）农产品加工业优势产业集群正在逐步形成

推进优势产品向优势企业集中、优势企业向优势区域集聚，是农业产业化经营向更高层次发展的必然趋势。中部各省根据资源禀赋和区位优势，引导农产品加工企业向优势农产品产业带、农产品加工园区和小城镇集中，不断加快优势农产品产业带的形成。目前，中部地区已建设了一批特色鲜明的农产品加工产业园区（带），如黄淮海地区优质专用小麦加工产业带、中南地区柑橘加工产业带、长江流域优质油菜加工产业带、中部江河湖泊流域优质水产品加工产业带、中部地区茶叶主产区优质茶叶加工产业带等。2008 年，湖南省农产品加工园区和板块发展到 61 个，入园企业超过 5700 家，销售收入和上缴税金分别占全省乡镇企业总量的 12% 和 17%。初步形成了生态优质稻米、高支纱棉花、双低油菜、柑橘、优质绿茶、苎麻、外销生猪、淡水产品、肉牛（羊）等 10 大优质农产品产业带，基地面积达到 430 万公顷以上，比 2005 年翻了一番多。农产品优质率达到了 70%。其中，以粮棉油麻、肉奶水产、果蔬茶、竹木林纸、烟草为特色的五大产业链逐步显现①。

---

① 张焕裕、李丹、张广平等：《湖南农产品加工业发展的现状与对策》，载《湖南农业科学》2009 年第 7 期，第 105 ~ 107 页。

这些特色产业链为发展农产品加工业奠定了坚实的基础。这些地区以优势农产品产业带为依托，推动农产品加工龙头企业的聚集和优势产业集群的逐步形成。

第四节 中部地区农产品加工业发展存在的问题及原因

一 中部地区农产品加工业发展存在的问题

（一）农产品制成品附加值低

中部地区农产品加工业还处于初级发展阶段，初加工产品多、深加工产品少，低附加值产品多、高附加值产品少，单项产品多、系列产品少，绝大部分农产品仍以卖"原产品"为主。总体上看，中小企业和家庭作坊较多，产业集中度不高，处于低水平循环。首先，农产品加工业产值与农业产值之比还大大低于发达国家，也低于全国平均水平。发达国家农产品加工业产值与农业产值之比为 2.4∶1，全国平均水平是 1.1∶1，而中部地区的湖南省为 0.7∶1，江西省为 0.6∶1，山西省为 0.4∶1，湖北省为 0.7∶1。其次，农产品加工比例偏低。农产品的加工过程实际上是农产品的增值过程。目前，发达国家农产品加工率在 90% 左右，我国只有 45% 左右（初加工以上），而中部地区湖北省农产品加工率只有 40%。发达国家二次以上的深加工农产品占 80%，我国平均水平为 30% 左右，中部地区则不足 20%。发达国家加工制造食品占食物消费总量的比重大约为 80%，中部地区的湖北省仅为 30%。最后，高附加值的产业发展不够，产业和产品结构不合理抑制了产业的利润增长空间，企业经济效益不高。

（二）农产品加工业经济效益水平不高

与东部地区和全国平均水平相比，中部地区农产品加工业赢利能力整体水平较低。就农产品加工企业而言。2007 年中部地区农产品加工企业实现利润总额 335.13 亿元，分别低于东部地区山东省的 355.85 亿元和江苏省的 7.61 亿元，也低于全国 620.15 亿元的平均水平。在全国 31 个省份（不包括港、澳、台）中，按实现利润总额数额大小排序，河南省、湖南省、湖北省、江西省、安徽省和山西省分别排第 6 位、第 11 位、第 13 位、第 14 位、第 15 位和第 22 位。就分行业的销售利润率而言，2007 年，在全部 12 个农产品加工大类行业中，中部地区有 6 个行业的销售利润率低于全国平均水平和东部地区，包括饮料制造业，烟草制品业，纺织服装、鞋、帽制造业，皮革、毛皮、羽毛（绒）及其制品业，木材加工及木、竹、藤、棕、草制品业，造纸及纸制品业。农副食品加工业、纺织业和家具制造业都低于西部地区和东北地区，食品制造业，皮革、毛皮、羽毛（绒）及其制品业，印刷业和记录媒介的复制低于西部地区，如图 4-9 所示。

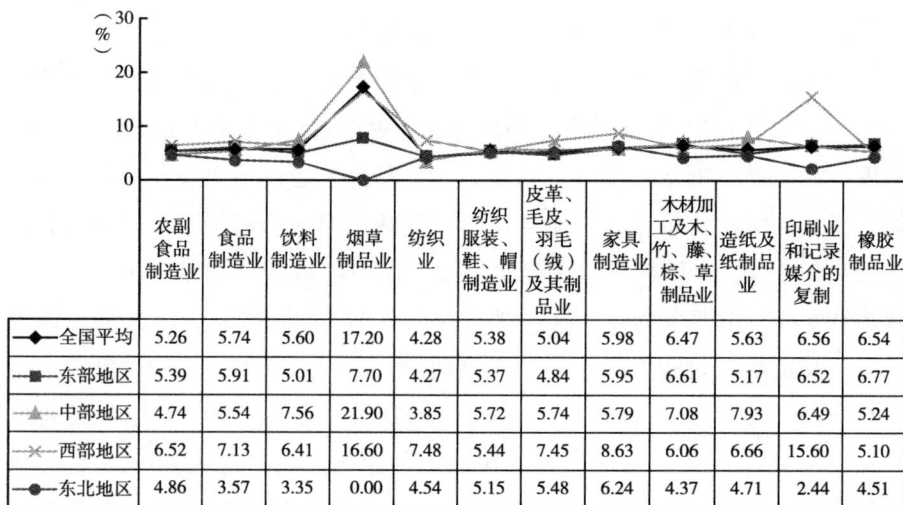

	农副食品制造业	食品制造业	饮料制造业	烟草制品业	纺织业	纺织服装、鞋、帽制造业	皮革、毛皮、羽毛（绒）及其制品业	家具制造业	木材加工及木、竹、藤、棕、草制品业	造纸及纸制品业	印刷业和记录媒介的复制	橡胶制品业
◆全国平均	5.26	5.74	5.60	17.20	4.28	5.38	5.04	5.98	6.47	5.63	6.56	6.54
■东部地区	5.39	5.91	5.01	7.70	4.27	5.37	4.84	5.95	6.61	5.17	6.52	6.77
▲中部地区	4.74	5.54	7.56	21.90	3.85	5.72	5.74	5.79	7.08	7.93	6.49	5.24
✕西部地区	6.52	7.13	6.41	16.60	7.48	5.44	7.45	8.63	6.06	6.66	15.60	5.10
●东北地区	4.86	3.57	3.35	0.00	4.54	5.15	5.48	6.24	4.37	4.71	2.44	4.51

图 4-9　2007 年全国及各地区农产品加工业销售利润率

（三）农产品加工企业市场竞争不强

20 世纪 90 年代以来，中部地区农产品加工业取得了长足的发展，农产品加工业已初步具有支柱产业的框架，但与东部地区和国际农产品加工业相比，其竞争力不强也显现出来。随着我国加入 WTO，农业越来越紧密地同国际市场联系在一起，其国际化程度日益提高，农产品竞争的空间范围扩大，竞争的内容也更丰富，在价格、质量竞争之外，还形成了品牌、包装、服务、信誉等产品营销能力的竞争。目前，中部地区农产品加工业主要集中在农产品的初级加工，而深加工程度不高，直接削弱了农产品加工业在国际市场上的价格竞争力。在激烈竞争的农产品市场上，中部地区的初级产品无力与国外经过深加工的农产品展开竞争。

（四）农产品加工业产业集聚度不高

近年来，中部地区农产品加工业的产业结构出现了积极的变化，但是产业结构层次仍较低。一是农产品加工业的产业链短，受原材料、加工技术等因素的制约，农产品加工业深加工程度低，缺乏一批综合效益好、对区域经济带动作用强的大型产业链，产业积聚拓展的空间有限。二是农产品加工业的产业集群尚未形成。中部地区缺乏关联度高、带动性强的大企业、大集团，大型龙头企业应有的辐射、示范、扩散效应尚未充分发挥。三是农产品加工业的 12 个行业内部发展不平衡，食品制造业所占比重较重，其他产业发展缓慢。

（五）农产品加工企业布局不合理

中部地区对主要农产品加工业缺乏科学的整体规划，主攻方向不明确，扶持重点不突出，布局分散，没有形成区域性农产品加工业优势。农产品加工业与人民的生活密切相关，各地区居民的消费习惯存在一定的差异，一些农产品尤其是难以保存的食品，具有明显的地域性，形成了市场的自然分割。不少地区还存在地方保护主义的现象，加剧了农产品加工业市场的分割，不能有效实现产业的集聚，不能有效实现规模化、集约化生产和合理的布局。

二　中部地区农产品加工业发展存在问题的原因

（一）农产品加工企业技术创新能力低

中部地区拥有较强的科研技术实力，但普遍缺乏适应农产品加工业发展的科学储备和技术支撑，农产品加工业的科学储备和技术支撑薄弱，创新能力不足，专用人才匮乏。农产品加工企业大部分设备还是 20 世纪 80~90 年代的水平，15% 左右处于 20 世纪 90 年代水平，仅有 5% 左右的农产品加工企业达到国际先进水平，普遍存在科技含量低，产品开发能力弱，新工艺、新材料、新技术运用程度低等问题，由此造成资源利用率低，产品附加值低、经济效益低的现实。技术创新能力低下，特别是拥有自主知识产权的技术缺乏，科学技术对提高农产品加工企业核心竞争能力的贡献率不高。科技开发和研究基础性的技术储备严重缺乏，科研成果转化周期长，与农产品加工业发展要求有一定差距。在农产品加工科学研究成果中，有关初级产品的成果占很大比重，而次级产品和精深产品研究的成果比重明显不足，虽然近来有不断深入的趋势，但仍与世界先进水平存在着很大的差距。此外，农产品加工科学研究中普遍重视大宗产品的研究，对其废弃物综合利用的科学研究明显不足。

（二）社会化服务体系建设滞后

中部地区农产品加工社会化服务体系不健全，农民专业合作经济组织和行业协会发展滞后，发展环境欠佳。发展农产品加工业是一项系统工程，它的持续健康发展离不开完善的社会化服务体系，离不开优质的发展环境。目前，中部地区公益性社会化服务平台建设滞后，完善的社会化服务体系尚未建立。一是标准化建设滞后。二是技术推广体系不健全。三是信息化建设尚待加强。产品供求信息不对称，缺乏系统化的信息收集、整理、发布体系，生产加工和原料供应之间、生产加工与终端市场之间的信息衔接不对称等。大部分企业没有形成比较健全的信息和销售网络，产品的宣传力度不够，竞争能力不强，难以形成名牌效应和无形资产，销售渠道狭窄，开拓国内、国际市场难。四是农产品加工业现代市场体系还不完善。

（三）农产品加工专用原料短缺

目前，中部地区农产品加工原料基地建设还相对滞后，布局分散，发展不平衡，标准化、专业化程度低。主要表现为：一是优质专用农产品品种缺乏。农产品产地储藏、保鲜和加工等环节还不健全，难以达到加工企业的产品质量要求。二是农产品优质率低。大多数农产品加工企业没有固定的原料基地，收购的原料品种混杂，难以实现标准化生产。如湖南省水稻、生猪、茶叶、水果、淡水产品等主要农产品总产量居全国前列，但大多是有数量没质量、有产量没产业，缺乏像丹麦生猪、泰国大米那样的大产业。这就造成了加工企业成本增加和产品质量的不稳定，影响企业的经济效益。国内专用原料的缺乏，导致了大量的原料进口，如我国95%的橙汁依赖进口。

（四）农产品加工标准和质量控制体系不健全

发达国家不仅质量标准体系健全，而且生产企业普遍实行GMP、HACCP和ISO9000族体系，实现了全程质量控制。而中部地区农产品加工标准和质量控制体系还不完善，普遍存在标准陈旧问题，不适应行业发展与国际接轨的需要。部分加工产品标准不适应现实发展需要或与国际标准有差距。农产品加工业的标准化体系、检测体系、食品安全体系、技术推广体系、质量认证体系还不适应农产品加工业发展的要求。农产品质量检测机构建设缓慢，质检机构的技术、设备和手段落后，质量检测控制体系建设不健全，不能适应产品开发和市场开拓需要。

（五）农产品加工业企业融资难

资金短缺是中部地区农产品加工企业普遍面临的问题。农产品加工企业缺乏必要的投资和信贷渠道，资金投入不足。由于农产品具有生产季节性强、收购季节短的特点，短期需要大量现金作保障。而农产品加工业一次性投入大，生产周期长，资金占用时间长、周转慢，企业普遍缺乏启动和流动资金。各级财政用于农产品加工业的贷款贴息和周转专项资金数额偏少，现有的扶持资金主要集中在重点龙头企业，难以惠及众多中小型农产品加工企业，相对于其他工业，农产品加工业的信贷资金数额规模相对较小，使农产品加工业的发展受到较大限制。

（六）农产品加工业企业经营机制不活

一是利益联结机制不完善。一些企业在原材料生产区域、种养面积、品种配套以及与农户订单的利益保障机制等方面，还缺乏稳定而有效的联结。"龙头企业＋生产基地＋标准化生产＋种养农户"的产业化运作模式推广普及面还不够，难以形成大市场带动大龙头、大龙头带动大基地、大基地连接大群体的生产经营格局和稳定的农产品供求互动格局。二是中介服务组织发育缓慢。农村专业合作经济组织管理松散，在技术、信息、资金、购销、加工、储运等环节上作用发挥不够充分。三是少数企业缺乏做大做强的理念。目前，大部分农产品加工企业缺乏较强的竞争意识和品牌意识，难以整合形成大型企业集团。

第五章
中部地区农产品加工业经济效益

农产品加工业是我国国民经济的第一大支柱产业，也是发展最快的产业之一。但传统的以劳动密集型为主的中部地区农产品加工业，仍然处于价值链的底端，经济效益不佳。因此，在科技不断进步、产业分工与合作不断加强的新时期，中部地区应加快技术创新，推进产业重组和各产业之间的互相融合等，积极改善农产品加工业的效益状况，推动农产品加工业的可持续发展。

第一节 农产品加工业经济效益评价指标体系

一 经济效益评价指标

从定性的角度来看，经济效益是某种投入与所获得的效用的比较。从定量的角度来看，经济效益是社会生产过程中的总产出与总投入的差值，即总产出量大于各种（劳动对象、劳动资料、劳动力）完全投入量的差额。根据研究对象和研究目的的不同，经济效益可划分为不同的种类，如按经济评价用途划分，可分为直接经济效益和间接经济效益；按范围大小划分，可分为宏观经济效益和微观经济效益；按时间长短划分，可分为短期经济效益和中长期经济效益等[①]。

---

① 银路：《经济效益的实现过程与计算方法》，载《数量经济技术经济研究》1989年第11期，第5页。

1992 年国家统计局规定了工业经济效益评价指标体系，主要包括工业产品销售率、工业全员劳动生产率（按净产值计算）、工业成本利润率、工业净产值率、流动资金周转次数、工业资金利税率，并在此基础上计算出了工业经济效益综合指数，据此对不同地区、行业进行横向和纵向对比分析，作出综合评价。2003 年国家经贸委和国家统计局制定了一套新的工业企业综合评价指标体系，共 6 个方面 12 个指标，分别是企业总体经济实力、投入产出率、赢利能力、偿债能力、营运能力、发展能力；市场占有率、利税占有率、全员劳动生产率、成本费用利润率、流动资产周转率、产品销售率、总资产报酬率、净资产收益率、资产负债率、营运资金比例、资本保值增值率、资产增加率[1]。

农产品加工业经济效益是农产品生产中所投入的劳动消耗量与产出的生产成果的数量对比关系。现行对农产品加工业经济效益评价指标种类繁多，且各指标间的关系较为复杂，不能直观地给出该地区报告期内的农业发展的整体水平，从而难以对农业经济发展状况进行地区间的横向比较以及特定地区不同时期的纵向比较。经济效益是多种因素共同作用的结果，本书在借鉴国家统计局、国家经贸委、张润清（2008）、周彩虹（2009）等对产业经济效益评价的基础上，选取工业增加率、总资产贡献率、资产负债率、流动资产周转次数、成本费用利润率、全员劳动生产率、产销率、市场占有率、产值利税率和销售利税率等 10 个评价指标，对 2007 年中部地区农产品加工业 12 个行业的经济效益进行评价和考核。

具体指标含义和计算方法如下[2]：

（1）工业增加率。工业增加率 = 工业增加值（现价）/工业总产值 × 100% 。

（2）总资产贡献率。总资产贡献率 = （利润总额 + 税金总额 + 利息支出）/平均资产总额 × 100% 。其中，税金总额为产品销售税金及附加与应缴增值税之和；平均资产总额为期初、期末资产之和的算术平均值。

---

[1] 李悦：《产业经济学》，北京，中国人民大学出版社，2004，第 48 ~ 50 页。
[2] 周彩红：《基于主成分的长三角制造业行业效益评价》，载《东南大学学报（哲学社会科学版）》2009 年第 3 期，第 57 页。

（3）资产负债率。资产负债率 = 负债总额/资产总额 × 100%。

（4）流动资产周转次数。流动资产周转次数 = 产品销售收入/全部流动资产平均余额。

（5）成本费用利润率。成本费用利润 = 利润总额/成本费用总额 × 100%，其中，成本费用总额为产品销售成本、销售费用、管理费用、财务费用之和。

（6）全员劳动生产率。全员劳动生产率（元/人）= 工业增加值/全部从业人员平均人数。

（7）产品销率。产品销售率 = 工业销售产值/工业总产值（现价）× 100%。

（8）市场占有率。市场占有率 = 区域产业产品销售收入/全国相应产业产品销售收入 × 100%。

（9）产值利税率。产值利税率 = 利税总额/工业总产值 × 100%。

（10）销售利税率。销售利税率 = 利税总额/产业销售收入 × 100%。

二 主成分分析模型

运用主成分分析的方法，把多个变量（指标）化为少数几个综合变量（综合指标），来集中反映原来多个变量的大部分信息。通过这一方法，构建中部地区农产品加工业经济效益评价的综合模型，利用主成分值得到中部地区农产品加工业 12 个行业经济效益的综合得分排序，准确评价各行业的经济效益。

设 $X' = (X_1, X_2, \cdots, X_p)$ 是 p 维随机向量，它的主成分为：

$$Y_1 = e'_1 X = e_{11}X_1 + e_{21}X_2 + \cdots + e_{p1}X_p)$$
$$Y_2 = e'_2 X = e_{12}X_1 + e_{22}X_2 + \cdots + e_{p2}X_p)$$
$$\vdots$$
$$Y_p = e'_p X = e_{1p}X_1 + e_{2p}X_2 + \cdots + e_{pp}X_p)$$

其中：$e'_i e_i = 1 (i = 1, 2, \cdots, p)$；$Y_1$ 是一切 $Y_i = e'_i X$ 中方差最大者，Y_2 是一切 $Y_i = e'_i X$ 中方差次大者，依此类推，Y_p 是一切 $Y_i = e'_i X$ 中方差最小者；Y_1，Y_2，$\cdots$，Y_p 互补相关。因此，p 个指标的 p 个主成分就是 p 个指标的 p 个线性组

合，其中线性组合的系数向量是单位向量[①]。

1. 原始数据的预处理

由于衡量农产品加工业经济效益单一指标数据的量纲不同，因此，要对这些指标进行综合集成，所有指标原始数据都必须进行标准化处理。具体求法是，先求出每个指标的样本均值 $E(X_j)$ 和标准差 $\sqrt{Var(X_j)}$ ，然后从指标实际值中减去该指标的均值，再除以标准差，就得到标准化的评价值 X_j^* 。

$$X_j^* = \frac{X_j - E(X_j)}{\sqrt{Var(X_j)}}(j = 1, 2, \cdots, p) \tag{1}$$

当 $\sqrt{Var(X_j)} = 0$ 时，令 $X_j^* = 0$ 。

经过运算求得标准化数据，使它的每列数据的平均值为0，方差为1，这样具有不同量纲、不同数量级的数据就能放在一起比较。

X^* 的第 i 个主成分为： $Y_i = e'_i X^*$

2. 计算标准化以后的 p 个指标的两两相关矩阵

根据无量纲化后的矩阵 Z 计算相关系数矩阵 R 。

$$R = (r_{ij})p \times p = \frac{Z^T Z}{n-1}，其中，r_{ij} = \frac{\sum_{k=1}^{n} Z_{ki} \times Z_{kj}}{n-1}(i, j = 1, 2, \cdots, p) \tag{2}$$

3. 计算相关系数矩阵 R 的特征根 λ_i

根据样本相关系数矩阵 R ，解特征方程 $|\lambda I_p - R| = 0$ 得 p 个特征值 $\lambda_1 \geqslant \lambda_2 \geqslant \cdots \geqslant \lambda_p \geqslant 0$ 。

4. 求累积方差累积贡献率

$$\rho_{j,(1,2,\cdots,m)}^2 = \sum_{i=m}^{m} \lambda_i e_{ji}^2 \tag{3}$$

5. 求主成分决策矩阵

求出 $z_i = (z_{i1}, z_{i2}, \cdots, z_{ip})^T(i = 1, 2, \cdots, n)$ 的 m 主成分分量 $U_{ij} = z_{ij}e_i'$（ $j = 1, 2, \cdots, m$ ），得主成分决策矩阵：

---

① 米红、张文璋：《实用现代统计分析方法与 SPSS 应用》，北京，当代中国出版社，2000，第241页。

$$U_{ij} = \begin{bmatrix} u_1^T \\ u \\ \vdots \\ u \end{bmatrix} = \begin{bmatrix} u_{11} & u_{12} & \cdots & u_{1m} \\ u_{21} & u_{22} & \cdots & u_{2m} \\ \vdots & & & \\ u_{n1} & u_{n2} & \cdots & u_{nm} \end{bmatrix} \tag{4}$$

其中 u_i 为第 i 个地区的主成分向量 $(i = 1,2,\cdots,n)$，它的第 j 个分量 u_{ij} 是向量 z_i 在单位特征向量 e'_j 上的投影 $(j = 1,2,\cdots,m)$①。

6. 经济效益综合评价模型

求出无量纲化数据的特征根及其方差贡献率，并按照主成分的分析方法确定权重，即 $W_i = \lambda_i (\sum_{i=1}^{m} \lambda_i e_{ji}^2)^{-1}$，（其中，$\lambda_i$ 为第 i 个变量的特征根，m 为主成分个数），构建农产品加工业经济效益评价的综合模型。

$$F = W_1 F_1 + W_2 F_2 + \cdots + W_m F_m \tag{5}$$

三　数据来源

本节数据主要有 2007 年中部地区和东部地区各省市农产品加工业 12 个行业的总产值、增加值、销售产值、营业收入、利润额、税金等。2007 年分省市数据主要来源于 2008 年中部 6 省和东部地区各省市的统计年鉴，以及 2008 年《中国乡镇企业及农产品加工业年鉴》、《中国统计年鉴》等。

第二节　中部地区农产品加工业经济效益评析

一　中部地区农产品加工业经济效益的统计描述

中部地区农产品加工业的经济效益，主要通过分析工业增加率、总资产贡献率、资产负债率、流动资产周转次数、成本费用利润率、全员劳动生产率、产品销售率、市场占有率等指标来反映。具体数值见表 5 - 1 和表 5 - 2 所示。

---

① 郑会军、马文杰：《基于主成分分析的农业区域竞争力评价》，载《经济评论》2009 年第 5 期，第 84 页。

表5-1 2007年中部地区农产品加工业经济效益指标

	工业增加率（%）	总资产贡献率（%）	资产负债率（%）	流动资产周转次数（次/年）	成本费用利润率（%）	全员劳动生产率（元/人）	产品销售率（%）	市场占有率（%）	产值利税率（%）	销售利税率（%）
农副食品加工业	26.23	15.36	52.26	3.82	4.96	11.96	98.21	21.61	5.72	5.87
食品制造业	25.60	14.62	53.28	3.07	5.85	6.60	95.35	18.34	7.53	7.90
饮料制造业	31.31	19.18	57.91	2.22	10.48	10.12	95.71	28.03	11.19	11.69
烟草制品业	33.07	85.03	34.95	2.47	27.20	5.86	95.70	66.55	27.73	28.98
纺织业	28.05	9.54	60.22	2.70	2.29	1.74	53.40	5.92	5.35	5.51
纺织服装、鞋、帽制造业	29.34	15.27	57.88	2.73	5.09	1.50	69.00	5.74	7.34	7.56
皮革、毛皮、羽毛（绒）及其制品业	27.53	20.20	44.12	3.15	5.81	4.83	96.98	10.97	7.13	7.36
木材加工及木、竹、藤、棕、草制品业	28.52	18.55	42.20	3.27	9.66	12.64	48.89	15.59	8.81	9.26
家具制造业	28.22	25.97	33.45	4.53	7.76	2.90	98.41	12.92	7.51	7.63
造纸及纸制品业	27.45	13.74	56.76	3.30	6.66	33.74	21.57	80.16	10.05	10.57
印刷业和记录媒介的复制	28.60	16.22	45.52	2.28	9.62	59.58	92.90	11.16	8.42	9.07
橡胶制品业	29.99	12.06	57.00	2.65	4.78	6.54	96.28	9.23	7.54	7.99

资料来源：根据《中国乡镇企业及农产品加工业年鉴2008》计算所得。

表5-2 中国2007年按行业分工业企业经济效益指标统计

行 业	总资产贡献率（%）	资产负债率（%）	流动资产周转次数（次/年）	工业成本费用利润率（%）
农副食品加工业	16.08	56.80	3.99	5.64
食品制造业	15.84	52.80	2.82	7.39
饮料制造业	19.19	53.30	2.16	10.33
烟草制品业	69.91	24.74	1.62	38.83
纺织业	11.21	60.12	2.64	4.46
纺织服装、鞋、帽制造业	14.14	55.22	2.78	5.20
皮革、毛皮、羽毛（绒）及其制品业	16.47	56.62	3.11	5.51
木材加工及木、竹、藤、棕、草制品业	17.17	53.26	3.50	6.23
家具制造业	11.61	55.76	2.69	4.97
造纸及纸制品业	11.97	58.81	2.49	6.71
印刷业和记录媒介的复制	11.71	51.46	1.94	8.36
橡胶制品业	12.20	58.47	2.72	5.62

资料来源：中华人民共和国国家统计局：《中国统计年鉴2008》，北京，中国统计出版社，2008。

工业增加率，反映降低中间消耗的经济效益。2007 年，中部地区农产品加工业 12 个行业的工业增加率都超过 25%，烟草制品业和饮料制造业的工业增加率最高，达到 33.07% 和 31.31%。中部 6 省中，烟草制品业的工业增加率最高，湖南省为 84.17%、湖北省为 72.48%、安徽省为 72.08%、山西省为 68.72%、江西省为 61.59%，都超过中部地区的平均水平。此外，安徽省饮料制造业，皮革、毛皮、羽毛（绒）及其制品业，印刷业和记录媒介的复制，纺织服装、鞋、帽制造业，橡胶制品业和家具制造业的工业增加率都超过 30%，分别为 38.01%、33.90%、33.66%、32.43%、32.16% 和 30.89%；河南省家具制造业，木材加工及木、竹、藤、棕、草制品业，饮料制造业和纺织服装、鞋、帽制造业的工业增加率较高，分别达到 33.49%、32.76%、30.77% 和 30.69%；湖北省农产品加工业的工业增加率较为均衡，都保持在较高水平，与中部地区的平均水平相当；江西省的饮料制造业、印刷业和记录媒介的复制的工业增加率较高，达到 36.12% 和 33.57%；山西省的饮料制造业、印刷业和记录媒介的复制的工业增加率较高，达到 40.88% 和 34.42%；湖南省的食品制造业，饮料制造业，纺织业，纺织服装、鞋、帽制造业，皮革、毛皮、羽毛（绒）及其制品业，印刷业和记录媒介的复制和橡胶制品业的工业增加率在中部地区最高，分别达到 34.53%、43.15%、37.51%、34.89%、54.67%、42.41% 和 34.75%，分别比中部地区平均水平高出 8.93 个、11.84 个、9.46 个、5.55 个、27.14 个、13.81 个和 4.76 个百分点。

总资产贡献率，反映企业全部资产的获利能力，是企业经营业绩和管理水平的集中体现，是评价和考核企业赢利能力的核心指标。2007 年，中部地区的烟草制品业，纺织服装、鞋、帽制造业，皮革、毛皮、羽毛（绒）及其制品业，木材加工及木、竹、藤、棕、草制品业，家具制造业，造纸及纸制品业，印刷业和记录媒介的复制的总资产贡献率分别达到 85.03%、15.27%、20.2%、18.55%、25.97%、13.74%、16.22%，都高于全国平均水平，分别高出 15.12 个、1.13 个、3.73 个、1.38 个、14.36 个、1.77 个和 4.51 个百分点。就中部 6 省而言，安徽省的烟草制品业总资产贡献率最高，达到 83.13%；河南省的家具制造业总资产贡献率最高，达到 80%；湖北省、江西省、山西省和湖南省总资产贡献率最高的是烟草制品业，分别达到 90.28%、

82%、80.1%和98.85%。中部6省中，河南省农产品加工业的总资产贡献率较高，都在23%以上；总资产贡献率最低的是安徽省的纺织服装、鞋、帽制造业和造纸及纸制品业，都为8.05%，湖北省的纺织业为8.13%，江西省的橡胶制品业仅为1.12%，山西省的皮革、毛皮、羽毛（绒）及其制品业仅为0.96%，湖南省的纺织业仅为2.98%。

　　资产负债率，反映企业经营风险的大小，也反映企业利用债权人提供的资金从事经营活动的能力。负债率越低，表明企业的偿债能力越强，债权人得到保障的程度越高，其比率一般在50%～60%较为正常。2007年，中部地区农产品加工业的资产负债率除纺织业为60.22%外，都介于30%和60%之间。其中，家具制造业和烟草制品业的资产负债率最低，分别为33.45%和34.95%。其中，农副食品加工业，皮革、毛皮、羽毛（绒）及其制品业，木材加工及木、竹、藤、棕、草制品业，家具制造业，造纸及纸制品业，印刷业和记录媒介的复制和橡胶制品业的资产负债率都低于全国水平，分别比全国平均水平低4.54个、12.5个、11.06个、22.31个、2.05个、5.94个和1.47个百分点。就中部6省而言，河南省和江西省农产品加工业的资产负债率总体水平较低，而安徽省的食品制造业，纺织服装、鞋、帽制造业，造纸及纸制品业资产负债率较高，都超过60%，分别高出中部地区平均水平10.77个、7.11个和5.55个百分点；湖北省的纺织服装、鞋、帽制造业，印刷业和记录媒介的复制，橡胶制品业的资产负债率高出中部地区平均水平2.95个、15.12个和11.21个百分点；山西省的饮料制造业、纺织业、造纸及纸制品业和橡胶制品业的资产负债率较高，分别达到65.61%、72.18%、65.72%和61.6%，分别比中部地区平均水平高7.7个、30.91个、8.96个和4.6个百分点。

　　流动资产周转次数，反映投入工业企业流动资金的周转速度。中部地区农产品加工业的平均周转次数为3.02次，高于全国2.71次的周转次数。其中，家具制造业，农副食品加工业，造纸及纸制品业，木材加工及木、竹、藤、棕、草制品业，皮革、毛皮、羽毛（绒）及其制品业，食品制造业的流动资产周转较快，分别为4.53次、3.82次、3.3次、3.17次、3.15次和3.07次，说明这些行业的大中型企业经营状况较好，流动资金周转较快，资金的利用率较高。就中部6省而言，安徽省流动资产周转次数最高的是农副食品加工业，为4.13次，高于中部地区平均水平 0.31 次，高出全国平均水平 0.14 次；最低的为饮料制造业，仅为 1.71 次，低于中部地区平均水平 0.51 次，低于全国平均水平 1.11 次。河南省流动资产周转次数较高的为家具制造业，农副食品加工业，木材加工及木、竹、藤、棕、草制品业，橡胶制品业和造纸及纸制品业，分别为 10.5 次、6.2 次、6.0 次、5.5 次和 5.2 次，分别高出中部地区平均水平 5.97 次、2.38 次、2.73 次、2.85 次和 1.9 次；较低的为烟草制品业，周转次数为 1.9 次，低于中部地区平均水平 0.57 次。湖北省流动资产周转次数最高的为皮革、毛皮、羽毛（绒）及其制品业，为 4.29 次，高于中部地区平均水平 1.14 次，其他行业都与中部地区平均水平接近，并不同程度高于中部地区平均周转次数。江西省周转次数最高的为皮革、毛皮、羽毛（绒）及其制品业，周转次数为 6.31 次，高出中部地区平均水平 3.16 次；最低的为烟草制品业，为 1.93 次，低于中部地区平均水平 0.54 次。山西省和湖南省的流动资产周转次数较低，最低的均为皮革、毛皮、羽毛（绒）及其制品业，分别仅为 0.96 次和 0.54 次。较低的周转次数，说明这些行业的大中型企业的经营状况需要改善，资金利用率有待提高。

成本费用利润率，反映企业投入的生产成本及费用的经济效益，同时也反映企业降低成本所取得的经济效益。2007 年，中部地区烟草制品业和饮料制造业成本费用利润率较高，达到 27.20% 和 10.48%，其他均低于 10%。其中，饮料制造业，皮革、毛皮、羽毛（绒）及其制品业，木材加工及木、竹、藤、棕、草制品业，家具制造业，印刷业和记录媒介的复制分别为 5.85%、5.81%、9.66%、7.76% 和 9.62%，分别比中部地区平均水平高 0.15 个、0.3 个、3.43 个、2.79 个和 1.26 个百分点。这说明这些行业的大中型企业在降低成本费用方面效果较好，企业赢利能力较强。农副食品加工业，食品制造业，烟草制品业，纺织业，纺织服装、鞋、帽制造业，造纸及纸制品业和橡胶制品业成本费用利润率均低于全国平均水平，分别低于全国平均水平 0.68 个、1.54 个、11.63 个、2.07 个、0.11 个、0.05 个和 0.84 个百分点，说明这些行业的企业只有降低成本，才能进一步提高企业的赢利能力。就中部 6 省而言，河南省农产品加工业的成本费用利润率平均水平为 13.88%，高于中部地区 8.35% 的平均水平；安徽省、湖北省、江西省和湖南省的烟草制品业，河南省的皮革、毛皮、羽毛（绒）及其制品业，江西省的饮料制造业成本费用利润率较高，分别为 22.71%、18.1%、

21.70%、62.51%、21.2%和21.7%；而安徽省的纺织业，纺织服装、鞋、帽制造业较低，仅为1.36%和1.96%；山西省的纺织业和印刷业和记录媒介的复制较低，仅为 −1.84%和 −1.11%；湖南省的纺织业较低，仅为 −2.11%。

全员劳动生产率，反映企业的生产效率和劳动投入的经济效益，它是考核企业经济活动的重要指标，是企业生产技术水平、经营管理水平、职工技术熟练程度和劳动积极性的综合表现。2007年，中部地区农产品加工业的全员劳动生产率为13.17元/人，最高的为印刷业和记录媒介的复制和造纸及纸制品业，分别为59.58元/人和33.74元/人，最低的为纺织业和纺织服装、鞋、帽制造业，仅为1.74元/人和1.50元/人。就中部6省而言，安徽省、河南省、湖北省、江西省和山西省的烟草制品业全员劳动生产率最高，分别为1029603元/人、671467元/人、1668528元/人、841041元/人和848478元/人；安徽省最低的是纺织服装、鞋、帽制造业，仅为34294元/人，河南省、湖北省最低的是纺织业，为68649元/人和54065元/人，江西省、山西省最低的是皮革、毛皮、羽毛（绒）及其制品业，为39038元/人和10188元/人，湖南省最低的为烟草制品业，仅为45064元/人。

产品销率，反映工业产品已实现销售的程度，是分析工业产销衔接情况、研究工业产品满足社会需求的指标。2007年，中部地区农产品加工业的产品销率平均水平为80.2%，最高的为家具制造业，为98.41%；最低的为造纸及纸制品业，为21.57%。此外，除纺织业，纺织服装、鞋、帽制造业和木材加工及木、竹、藤、棕、草制品业外，其他行业的产品销率都在90%以上，说明这些行业的大中型企业产品销售实现程度高，产销衔接好。

市场占有率，反映了区域产业在全国同产业中的地位，体现了区域产业的市场扩张能力。一般来说，较高的市场占有率与良好的经济效益相对应。2007年，中部地区农产品加工业的市场占有率平均水平为23.85%，其中，最高的为造纸及纸制品业和烟草制品业，达到80.16%和66.55%，最低的为纺织业和纺织服装、鞋、帽制造业，分别为5.92%和5.74%。就中部6省而言，安徽省市场占有率最高的为烟草制品业，为18.09%，但仍然低于中部地区平均水平48.46个百分点，较低的为食品制造业，纺织业，纺织服装、鞋、帽制造业，皮革、毛皮、羽毛（绒）及其制品业，家具制造业，印刷业和记录媒介的复制，分别为0.49%、0.30%、0.21%、0.85%、0.66%、0.70%，分别比中部地区平均水平低 17.81 个、5.62 个、5.53 个、10.12 个、12.26 个和 10.46 个百分点。河南省市场占有率最高的为烟草制品业，为 36.92%，但低于中部地区平均水平 29.63 个百分点，最低的为纺织服装、鞋、帽制造业，仅为 0.47%，低于中部地区平均水平 5.27 个百分点。湖北省、江西省、山西省和湖南省的市场占有率都较低，说明这些地区的农产品加工企业经营状况欠佳、竞争能力较弱，企业所提供的商品和劳务在很大程度上难以满足消费者的需求。

产值利税率，反映工业总产值的效益水平。2007 年，中部地区农产品加工业产值利税率超过 10% 的有烟草制品业、饮料制造业和造纸及纸制品业，分别为 27.73%、11.19% 和 10.05%，其他 9 个行业的产值利税率都在 5% ~ 9% 之间。其中，湖南省和河南省的烟草制品业的产值利税率高出中部地区平均水平 4.31 个百分点和 14.14 个百分点；湖北省和江西省的饮料制造业产值利税率分别高出中部地区平均水平 8.8 个百分点和 0.57 个百分点；河南省和湖北省的造纸及制品业分别高出中部地区平均水平 4.5 个百分点和 0.04 个百分点。中部 6 省中，河南省的农产品加工业的产值利税率总体水平最好，除饮料制造业外，其他行业都好于中部地区平均水平。分行业而言，安徽省、河南省和山西省的农副食品加工业产值利税率较高；河南省、湖北省、江西省、山西省的食品制造业产值利税率较高；河南省、江西省、山西省的纺织业产值利税率较高；河南省、江西省、山西省的皮革、毛皮、羽毛（绒）及其制品业产值利税率较高；河南省、湖北省和山西省的木材加工及木、竹、藤、棕、草制品业产值利税率较高；河南省、湖北省、山西省的家具制造业产值利税率较高；河南省、江西省的印刷业和记录媒介的复制、橡胶制品业的产值利税率较高。

销售利税率，反映产业销售收入的获利能力，是体现产业经济效益的重要指标。2007 年，中部地区烟草制品业的销售利税率最高，达到 28.98%，其后依次为饮料制造业，造纸及制品业，木材加工及木、竹、藤、棕、草制品业，印刷业和记录媒介的复制等，分别达到 11.69%、10.57%、9.26% 和 9.07%。中部 6 省中，安徽省的农副食品加工业销售利税率最高，为 8.23%，高出中部地区平均水平 2.36 个百分点；河南省除饮料制造业外，其他 11 个行业的销售利税率都高于中部地区平均水平，其中，烟草制品业，纺织服装、鞋、帽制造业，木材加工及木、竹、藤、棕、草制品业，家具制造业的销售利税率较高，分别为42.44%、12.64%、16.22%和13.14%；江西省除木材加工及木、竹、藤、棕、草制品业，家具制造业，造纸及纸制品业外，销售利税率都高于中部地区平均水平；山西省的皮革、毛皮、羽毛（绒）及其制品业，纺织业，纺织服装、鞋、帽制造业的销售利税率为中部地区最高，分别为29.18%、12.23%和12.23%；湖南省的饮料制造业和烟草制品业销售利税率较高，分别为10.75%和32.57%；湖北省的饮料制造业，食品制造业，木材加工及木、竹、藤、棕、草制品业销售利税率较高，分别为20.75%、9.01%和11.97%。

二　中部地区农产品加工业经济效益的实证分析

评价方法上采用综合评价方法，即通过计算中部地区农产品加工业经济效益综合指数来判断地区农产品加工业经济效益的高低。

（一）主成分分析

对表5-1中2007年中部地区农产品加工业经济效益指标进行标准化处理，结果见表5-3。

运用软件SPSS16.0对表5-3中的数据进行分析，得到中部地区农产品加工业各统计指标的特征根和方差贡献率，见表5-4。

由表5-4可知每个主成分的方差，即特征值，它的大小表示了对应主成分能够描述原有信息的多少。按照提取特征值大于1的主成分原则，前3个主成分的累计贡献率已达83.92%，已能概括原数据绝大部分的信息，故可取3个主成分。为了更清晰地看出各变量在主成分上的载荷，我们对因子载荷做方差最大化旋转，得到旋转后因子载荷阵，见表5-5。

由表5-5可知，第一主成分在总资产贡献率、成本费用利润率、产值利税率和销售利税率上有高的正载荷，它集中反映了农产品加工业的赢利能力，我们称之为效益因子。第二个主成分在产品销售利税率和市场占有率上有高的载荷，集中反映了农产品加工业市场竞争能力，我们称之为市场竞争因子。第三个主成分在流动资产周转次数上存在较高的负载荷，在总资产负债率上有较高的正载荷，可以认为该主成分是用于度量农产品加工业的资本效率，我们称之为资本效率因子。通过以上分析我们知道，在众多的影响因素中，效益因子、市场竞争因子和资本效率因子是影响中部地区农产品加工业效益的、主要的、共同的因素。

表 5 - 3　中部地区农产品经济效益指标标准化结果

	工业增加率 (%)	总资产贡献率 (%)	总资产负债率 (%)	流动资产周转次数 (次/年)	成本费用利润率 (%)	全员劳动生产率 (元/人年)	产品销售率 (%)	市场占有率 (%)	产值利税率 (%)	销售利税率 (%)
农副食品加工业	-0.63881	-0.65318	-1.17144	-0.33505	0.282511	1.205658	-0.52909	-0.07112	0.697721	-0.09276
食品制造业	-0.33507	-0.32813	-1.47526	-0.3716	0.392043	0.08121	-0.39005	-0.38684	0.586923	-0.22806
饮料制造业	0.279131	0.278753	1.278341	-0.14642	0.889233	-1.19316	0.333288	-0.17951	0.600869	0.17289
烟草制品业	3.054783	3.047336	2.127086	3.105351	-1.57632	-0.81835	2.945434	-0.43043	0.600482	1.766762
纺织业	-0.70091	-0.71083	0.29377	-0.62245	1.137292	-0.47352	-0.94623	-0.67311	-1.03825	-0.74197
纺织服装、鞋、帽制造业	-0.36695	-0.38257	0.328326	-0.3395	0.886012	-0.42854	-0.50879	-0.68725	0.4339	-0.74942
皮革、毛皮、羽毛(绒)及其制品业	-0.4022	-0.41459	-0.54453	-0.09605	-0.5916	0.201151	-0.3963	-0.4911	0.65007	-0.53301
木材加工及木、竹、藤、棕、草制品业	-0.12027	-0.11035	-0.06711	-0.17753	-0.79778	0.381063	0.20518	-0.03107	-1.21297	-0.34185
家具制造业	-0.33843	-0.37136	-0.21178	0.188884	-1.73739	2.270135	-0.09165	-0.60478	0.705469	-0.45233
造纸及纸制品业	0.087823	0.099412	0.58311	-0.41505	0.765741	0.426041	-0.26351	1.211772	-2.27137	2.329914
印刷业和记录媒介的复制	-0.18571	-0.14078	-0.02853	-0.29258	-0.44126	-1.10321	0.198931	2.733813	0.492008	-0.52515
橡胶制品业	-0.33339	-0.31371	0.641783	-0.49801	0.791513	-0.54848	-0.55722	-0.39038	0.622952	-0.60501

表 5 - 4　各因子对应特征根及方差贡献率

Total Variance Explained

Component	Initial Eigenvalues			Extraction Sums of Squared Loadings			Rotation Sums of Squared Loadings		
	Total	% of Variance	Cumulative %	Total	% of Variance	Cumulative %	Total	% of Variance	Cumulative %
1	5.277	52.774	52.774	5.277	52.774	52.774	5.250	52.504	52.504
2	1.725	17.245	70.019	1.725	17.245	70.019	1.588	15.884	68.387
3	1.390	13.901	83.920	1.390	13.901	83.920	1.553	15.533	83.920
4	0.966	9.657	93.578						
5	0.395	3.954	97.532						
6	0.192	1.924	99.456						
7	0.033	0.330	99.786						
8	0.018	0.184	99.970						
9	0.003	0.030	100.000						
10	1.196E - 5	0.000	100.000						

注：Extraction Method: Principal Component Analysis.

表 5 – 5 旋转后的因子载荷矩阵（Rotated Component Matrix[①]）

	Component		
	1	2	3
工业增加率（X1）	0.740	– 0.167	0.484
总资产贡献率（X2）	0.973	– 0.135	– 0.079
总资产负债率（X3）	– 0.595	0.273	0.618
流动资产周转次数（次/年）（X4）	– 0.230	– 0.063	– 0.938
成本费用利润率（X5）	0.988	– 0.023	0.032
全员劳动生产率（元/人）（X6）	– 0.012	0.558	0.116
产品销售率（X7）	0.180	– 0.832	0.004
市场占有率（X8）	0.628	0.674	– 0.104
产值利税率（X9）	0.987	0.052	0.106
销售利税率（X10）	0.986	0.060	0.116

① Rotation converged in 5 iterations.

注：Extraction Method：Principal Component Analysis.

Rotation Method：Varimax with Kaiser Normalization。

根据主成分的权重公式，计算得 3 个主成分的权重分别为 0.629、0.205 和 0.166，根据模型（5），计算可得中部地区农产品加工业经济效益综合得分，见表 5 – 6。

表 5 – 6 中部地区农产品加工业经济效益综合得分

行 业	第一主成分	第二主成分	第三主成分	综合得分	排名
烟草制品业	3.0137	– 0.1920	0.1302	1.8779	1
造纸及纸制品业	– 0.0261	2.8719	– 0.4679	0.4947	2
饮料制造业	0.2207	– 0.3563	1.4962	0.3141	3
印刷业和记录媒介的复制	– 0.0740	0.3886	0.6936	0.1482	4
木材加工及木、竹、藤、棕、草制品业	– 0.0165	0.3975	– 0.5921	– 0.0272	5
纺织服装、鞋、帽制造业	– 0.4880	– 0.2827	0.7925	– 0.2334	6
橡胶制品业	– 0.4097	– 0.7141	0.9837	– 0.2408	7
纺织业	– 0.8725	0.1554	0.7152	– 0.3982	8
皮革、毛皮、羽毛（绒）及其制品业	– 0.2848	– 0.7693	– 0.4508	– 0.4116	9
食品制造业	– 0.5158	– 0.2956	– 0.2669	– 0.4293	10
家具制造业	0.0413	– 0.9639	– 2.1129	– 0.5224	11
农副食品加工业	– 0.5884	– 0.2394	– 0.9208	– 0.5720	12

利用上述方法，对中部地区 6 省的经济效益进行主成分分析，得出综合得分，见表 5 - 7。

表 5 - 7　中部 6 省农产品加工业经济效益评价综合得分

行　　业	山西	安徽	江西	河南	湖北	湖南
农副食品加工业	- 0.3739	0.2116	- 0.2594	- 0.2831	- 0.1541	- 0.3578
食品制造业	0.4790	- 0.4104	0.0374	- 0.8758	- 0.1357	- 0.1437
饮料制造业	0.2261	0.0315	1.4196	- 0.4415	1.6342	- 0.0538
烟草制品业	0.9992	2.1517	—	1.5167	—	1.9123
纺织业	- 0.4183	- 0.4285	- 0.6144	- 0.5373	- 0.8750	- 0.4260
纺织服装、鞋、帽制造业	0.2509	- 0.4523	0.2849	- 0.2852	- 0.4930	- 0.4416
皮革、毛皮、羽毛（绒）及其制品业	—	- 0.3191	- 0.8640	0.0599	- 0.1473	0.0219
木材加工及木、竹、藤、棕、草制品业	0.0276	- 0.0485	0.2788	0.4257	0.6856	- 0.0883
家具制造业	0.9053	- 0.1485	- 0.4540	0.8599	0.7251	—
造纸及纸制品业	- 0.6327	- 0.3095	0.2507	0.0675	- 0.0457	- 0.0061
印刷业和记录媒介的复制	- 1.0198	- 0.0140	0.4475	- 0.4388	- 0.5154	- 0.0519
橡胶制品业	- 0.4437	- 0.2639	- 0.5273	- 0.0682	- 0.6788	- 0.3651

（二）结果分析

1. 中部地区农产品加工业总体经济效益不高

由表 5 - 6 可知，2007 年中部地区农产品加工业经济效益最好的为烟草制品业，其次为造纸及纸制品业、饮料制造业、印刷业和记录媒介的复制等，均属于资源加工类产业，经济效益综合评价得分为正值，其他 8 个行业的综合评价得分均为负值，表明经济效益欠佳。从赢利能力看，烟草制品业、饮料制造业、家具制造业具有较强的赢利能力，而食品制造业、农副食品加工业、纺织业等传统型产业赢利能力较差。从市场竞争力看，造纸及纸制品业，木材加工及木、竹、藤、棕、草制品业，印刷业和记录媒介的复制和纺织业具有较强的市场竞争力，烟草制品业，饮料制造业，纺织服装、鞋、帽制造业，皮革、毛皮、羽毛（绒）及其制品业，食品制造业，家具制造业，农副食品加工业等劳动密集型产业缺乏市场竞争力；从资本利用效率看，烟草制品业，饮料制造业，印刷业和记录媒介的复制，纺织服装、鞋、帽制造业，橡胶制品业和纺织业资本周转效率较高，而造纸及纸制品业，木材加工及木、竹、藤、棕、草制品业，皮革、毛皮、羽毛（绒）及其制品业，食品制造业，家具制造业和农副食品加工业等资源加工型产业的资本周转较慢，资本管理水平较低。

由根据各主成分绘制的雷达图[①]可见，烟草制品业的经济效益最高，造纸及纸品业的市场竞争力最高，饮料制造业、橡胶制品业、纺织业等资本利用效率相对均衡，总体而言，中部地区农产品加工业的经济效益水平较低，见图 5 - 1。

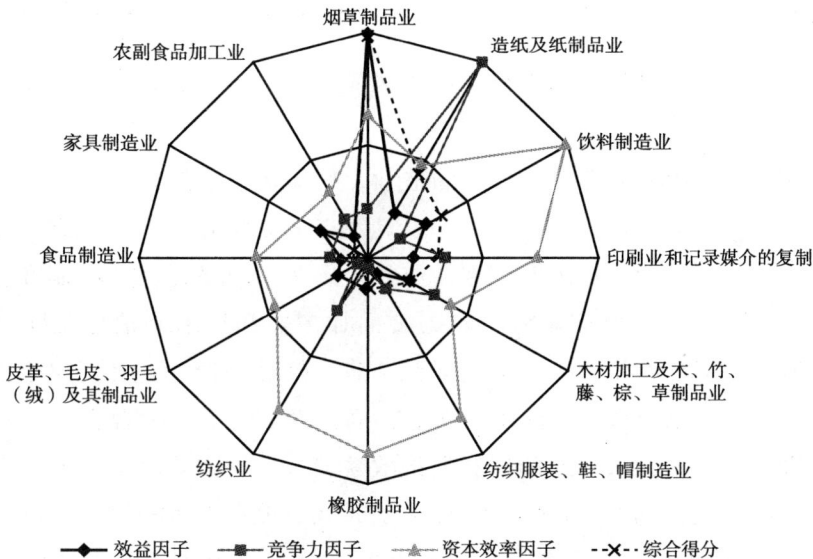

图 5 - 1　农产品加工业主成分因子及综合得分能力雷达图

2. 食品工业、纺织工业、木材工业、纸品工业和橡胶工业等五大行业的经济效益不均衡

就食品工业而言，烟草制品业和饮料制造业的经济效益较好，而食品制造业和农副食品加工业经济效益在农产品加工业 12 个行业中排名较后。就木材工业而言，木材加工及木、竹、藤、棕、草制品业经济效益较好，而家具制造

①　为便于分析和作图，此处将对表 5 - 6 中的数据作指数化处理，采用 0 ~ 1 的坐标空间。具体方程为：$y_i = \dfrac{x_i - \min(x_i)}{\max(x_i) - \min(x_i)}$，其中，$x_i$ 表示需要指数化的数据，$\max(x_i)$ 表示数列中的最大值，$\min(x_i)$ 表示数列中的最小值，y_i 表示指数化后的数据。

业的经济效益不佳。总体而言，食品工业的经济效益最好，其次为纸品工业、木材工业、橡胶工业和纺织工业。

3. 食品工业和木材工业具有较高的赢利能力

在第一主成分中，烟草制品业、饮料制造业、家具制造业的数值为正，分别为 3.013742、0.220669 和 0.041306，其他行业均为负值，表明食品工业和木材工业具有较高的赢利能力。而纺织工业、纸品工业和橡胶工业赢利能力不足。

4. 中部 6 省的烟草制品业的经济效益最好，其他行业的经济效益有较大差异

①山西省，食品制造业，饮料制造业，纺织服装、鞋、帽制造业，木材加工及木、竹、藤、棕、草制品业，家具制造业有较好的经济效益，而农副食品加工业、纺织业、造纸及纸制品业、印刷业和记录媒介的复制和橡胶制品业经济效益一般。②安徽省，农副食品加工业和饮料制造业经济效益较好，而其他行业的经济效益不高。③江西省，食品制造业，饮料制造业，纺织服装、鞋、帽制造业，木材加工及木、竹、藤、棕、草制品业，造纸及纸制品业和印刷业和记录媒介的复制经济效益较好，而农副食品加工业，纺织业，家具制造业，皮革、毛皮、羽毛（绒）及其制品业和橡胶制品业的经济效益不高。④河南省，皮革、毛皮、羽毛（绒）及其制品业，木材加工及木、竹、藤、棕、草制品业，家具制造业，造纸及纸制品业表现出较高的经济效益，而其他行业的经济效益表现不佳。⑤湖北省，饮料制造业，木材加工及木、竹、藤、棕、草制品业，家具制造业经济效益较好，其他行业经济效益一般。⑥湖南省，皮革、毛皮、羽毛（绒）及其制品业的经济效益较好，其他行业的经济效益一般。

总体而言，中部地区食品工业经济效益较好，而其他行业的经济效益则较低。中部地区食品工业具有较高的经济效益，主要有以下几个方面的原因。一是中部地区食品工业正处于由初级阶段向高级阶段发展的变革时期。从我国食品工业发展的历程看，大致经历了两个发展阶段，首先，农产品加工业发展初级阶段。新中国成立初期到改革开放以前，食品工业致力于解决人们的温饱问题，在这个阶段以初级加工和资源消耗为主，食品品种单一，产品缺乏科技含量，附加值较低。其次，农产品加工业发展的变革阶段。改革开放以来，食品工业出现较高水平的增长，使食品工业成为国民经济的支柱产业。随着产业结构的调整，食品工业总产值占工业总产值的比重开始下降，其产业结构不断优化。初级加工向深加工转变，技术向现代高新技术转变，资源向高效利用型转变。目前中部地区农产品加工业正处于这样一个发展阶段。二是食品消费需求的拉动。随着中部地区经济的快速发展，人民生活水平不断提高，食品消费结构发生了明显变化，拉动了食品工业的发展。随着收入和消费行为的变化，食品消费市场逐渐变大，从而带动了相关产业的发展。三是工业增长的拉动。随着我国经济体制改革的深入，食品工业的市场逐步活跃，民营经济、外资经济不断进入该领域，促进了食品工业投资的增加和技术的进步。在以上几个因素的共同作用下，中部地区的食品工业获得了快速发展，实现了较高的经济效益。

三　中部地区农产品加工业经济效益低的原因

（一）中部地区农产品加工业发展处于转型时期

实施促进中部崛起战略以来，中部地区经济发展的步伐不断加快。近年来，中部地区已基本完成了工业化早期的结构转换，进入工业化中期发展阶段，正处于加工工业部门的比重不断上升、产品深加工链条不断延长的重要时期。同时，相对于劳动力投入，资金和技术进步是当前农产品加工业发展与升级的关键因素[1]。但是，由于历史原因等因素的影响，中部地区农产品加工业仍然存在较多影响和阻碍行业持续、快速发展的问题。因此，从整个中部地区产业发展的阶段来判断，中部地区农产品加工业产业结构与其所处的经济发展阶段是相适应的，农产品加工业巨大的经济效益尚未显现。

（二）中部地区农产品加工业劳动密集型产业占有较大比重

农产品加工业发展的总体趋势是向高加工度化、技术集约化的路径发展，其结构调整的总体方向是变劳动密集型为主的体系为技术密集型体系，或者是不断提高技术密集型行业的比重。目前，中部地区农产品加工业仍以粗加工为

---

[1]　周彩虹：《新型国际分工与长三角制造业》，北京，科学出版社，2009，第 164～165 页。

主，如农副食品加工业、食品制造业、家具制造业等行业。农产品加工业结构中，劳动密集型产业占有较大比重，技术密集型产业发展缓慢，技术产品交易发展滞后。

（三） 中部地区农产品加工业生产集中度低

中部地区农产品加工业生产的专业化分工很低，各行业生产集中度很低，规模不经济的问题比较突出，未能形成一批占有较大市场份额、具有国际竞争力的大企业和企业集团。目前，中部地区农产品加工业企业规模小、数量多、布局分散的问题仍然较为严重。这种规模状况势必制约企业竞争力的提高，尤其是面向市场的新产品开发能力被削弱。近年来，虽然一些行业的企业兼并重组后，企业规模在扩大，通过引进消化吸收和自身技术改造，提高了装备水平，使竞争力不断上升，效益增加，但大部分农产品加工业的中小企业生产设备水平仍然落后，物耗、能耗偏高，竞争力正在减弱，效益下滑。众多小企业的存在，降低了农产品加工业的产业集中度，制约了整个农产品加工业竞争力的提升。农产品加工业产业体系内企业集聚度不高，无法形成有效的规模经济效应和产业长链。

（四） 中部地区农产品加工企业技术创新不足

目前，中部地区农产品加工企业 R&D 投入量严重不足，技术装备水平低，开发能力弱。由于科研经费投入不足，导致产品品种少，技术含量低，质量不稳定，农产品制成品的附加值不高。以合成纤维为例，中部地区合成纤维80% 以上用于纺织服装领域，而国外用于服装、装饰、其他工业的比例大致各占 1/3。国外主要的合成纤维生产公司纤维差别化率均保持在40% ~ 50%，有的公司甚至更高。而中部地区生产的差别化腈纶还不到 20%。纺织工业差别化程度低，主要依靠价格竞争，与纺织工业技术投入较少有关。就全国平均水平而言，2004 年规模以上纺织工业企业研发投入仅占销售收入的 0.25%，与发达国家平均5%的投入水平相差较大。由于制成品的技术含量低，我国化纤长丝、短纤产能的利用率只有 60% ~ 70%，聚酯产能的开工率不足 70% [1]。

---

[1] 中国社会科学院工业经济研究所：《2009 中国工业发展报告——新中国工业 60 年》，北京，经济管理出版社，2009，第 457 页。

由于技术创新能力不足，农产品精深加工不够，相当部分农产品加工企业的增长主要依靠大量的原料消耗和资金及劳动的投入，农产品加工转化水平低，直接影响了企业的经济效益。如江西省农产品加工转化率只有30%左右，精深加工产品仅占5.6%，远远低于全国45%的农产品加工转换率、26%的深加工率。江西省农产品加工企业主营业务收入占江西工业经济总量的17.6%，但其上缴税金的份额却为13.3%，相差4.3个百分点，主营业务收入纳税率也比全省工业平均水平低1.1个百分点，仅为3.3%。

（五）农产品加工企业规模小，整体素质低

中部地区农产品加工企业总体规模偏小，加工技术与设备落后，产品以中低档为主。2007年，中国制造业上市公司规模前200强排名中，中部地区农产品加工业入选的仅有5家企业，分别为河南省的双汇发展（食品饮料）和莲花味精（食品饮料），安徽省的丰原生化（食品饮料）、金种子酒（食品饮料）和华茂股份（纺织服装皮毛）。相对于其他制造业，中部地区农产品加工企业，规模小，整体素质低。一是现有企业普遍起点低，规模小，营销水平差，市场适应力弱，自身效益不高，辐射作用不大。具有较强竞争力的大型名牌企业或企业集团较少，中小型企业较多。如江西省大多数农产品加工企业尤其是一些食品行业企业起源于家庭小作坊，企业规模较小，集约化程度低，辐射能力弱，带动效益不强。2007年主营业务收入100万元以下农产品加工企业有16659家，占全省农产品加工企业总数的73.2%，厂均从业人员、主营业务收入、纳税额分别只有8.2人、39.4万元和2万元，分别仅相当于全省中小工业企业平均水平的57.6%、24.1%和31.9%。二是企业设备简陋，生产手段落后，科技含量低，生产效率差，发展后劲不足，产品档次偏低，大部分农产品加工企业都是以粗加工为主，没有实现多层次、多环节增值。如就安徽省而言，在全省规模以上工业企业中，农副产品加工企业数在各产业中最多，但2004年、2005年和2006年实现的工业增加值占全省比重分别为19.5%、19.1%和18%，比重逐年下滑，劣势显而易见。

四　中部地区农产品加工业经济效益提高路径

近年来，中部地区呈现出经济持续快速增长、人民生活明显改善的良好局面。2008 年，中部地区 6 省实现地区生产总值 6.32 万亿元，同比增长 12.2%，占全国 GDP 的比重由 2006 年的 18.7% 提高到 19.3%，位居我国东部、西部、东北及中部四大经济板块第二位；河南省经济总量列全国第五位，湖北、湖南省首超万亿元。中部地区 6 省粮食产量达 1600 亿千克，连续 5 年创历史新高，占全国粮食产量的 30.5%。城镇固定资产投资、社会消费品零售总额、外贸进出口增速均居四大板块前列，投资、消费和出口占全国的比重分别比上年提高 1.2 个、0.1 个和 0.5 个百分点①。为促进中部地区农产品加工业的发展迎来了新的机遇。

从需求结构看，2008 年中部地区实现人均国内（地区）生产总值 17860 元，城镇居民人均可支配收入 13226 元、农村居民人均纯收入 4453 元，分别比上年提高 3106 元、1592 元和 609 元。随着收入水平的提高和恩格尔系数的下降，人们对生活品质的要求不断提高，对农产品深加工制成品的需求不断扩大，用于优质农产品制成品的支出增加，这将有效促进中部地区农产品加工业的发展。从供给结构来看，中部地区经济的快速发展、良好的人居环境、开放的对外政策等，使得中部地区不断成为众多高层次人才、大量外商直接投资和诸多大型跨国公司的聚集地。同时，众多高校和科研院所增强了与地方经济发展的互动，加快了科研成果向现实生产力的转化。这就使得中部地区农产品加工业不仅能够获得发展过程中所需的大量资金投入，而且能够得到促进加工程度不断提高的技术支持。中部地区农产品加工业结构演化呈现出高加工度化和技术集约化的趋势。从国际分工因素来看，国际分工体系的深化以及国际制造业向我国的转移，有利于中部地区农产品加工企业积极融入跨国公司的全球产业链条，共享大型跨国公司快速发展的市场机会和先进技术。在与外商企业进行合资合作经营或形成产业配套的过程中，中部地区农产品加工企业的技术装备水平会不断提高，农产品加工业结构中技术密集型产业的比重会不断增加，产业层次不断升级。

（一）加快潜在优势产业的发展

加快促进潜在优势产业的发展，如木材加工及木、竹、藤、棕、草制品

---

① 范恒山：《积极应对国际金融危机挑战保持中部地区经济平稳较快发展》，载《宏观经济管理》2009 年第 6 期，第 14 页。

第五章　中部地区农产品加工业经济效益

业，纺织业，家具制造业和印刷业和记录媒介的复制等产业。目前，中部地区上述产业具有丰富的原材料和广阔的市场，但由于这些产业产品科技含量不高，产品差异化程度低、附加值低，产业发展主要依靠价格竞争。此外，产品的品牌影响力不够，缺乏自主品牌，企业仅能取得少许利润。如纺织行业的NIKE，谭力文等研究表明，在全部价值链构成中，原料及生产环节仅占销售收入的24.71%，批发环节占27.32%，零售环节占47.97%，一般贴牌加工出口企业获得的利润大约只占产品全部市场利润的10%①。因此，中部地区应加快科技进步，提高企业技术水平和产品的档次。一是鼓励企业设立科技发展基金，加速折旧。积极鼓励企业设立科技发展基金，鼓励企业加速折旧，大幅提高新产品开发费用和风险调节基金的提取比例，增强企业技术创新能力，开发具有自主知识产权的新技术和新产品。二是鼓励企业与科研单位建立紧密的合作关系。大专院校和科研单位要根据企业的技术需要，研发新技术、新工艺、新设备、新产品，通过技术入股、专利转让等方式，加速科技成果转化。三是鼓励企业引进先进技术、工艺、设备、人才和管理方式。在重视"硬件"引进的同时，注重"软件"引进，以此推动农产品加工企业的技术进步和管理水平的提高。四是鼓励有条件的龙头企业建立产品研发中心，开展超前研究，储备科技成果，不断增强农产品加工业的核心竞争力。通过以上途径，充分发掘潜在优势产业发展的活力，有助于全面提升中部地区农产品加工业的经济效益。

（二）加快推进产业结构优化升级

中部地区农产品加工业发展不平衡、布局分散是其经济效益不高的重要原因。目前，应积极加大产业结构调整力度，推动中部地区完成农产品加工业增长方式的转型，即从数量主导型向效益主导型转变。从行业结构调整来看，对农产品加工业中经济效益不高的部门，如果不能通过产品结构的升级换代改变现状，则应通过产业转移等途径尽快完成淘汰，特别是对那些资源禀赋在中部地区优势不够突出的行业和部门。而对一些生产要素资源禀赋具备较大比较优

---

① 谭力文、马海燕、刘林青：《服装产业国际竞争力——基于全球价值链的深层透视》，载《中国工业经济》2008年第12期，第64~73页。

129

势、经济效益较高的行业，则应加大扶持力度，加快这类产业的做大、做强。从地区结构调整来看，要根据中部各地农业资源禀赋的差异，选择优势产业发展，努力做到加工企业向原料产地转移，实现产业结构的地区优化，提高农产品加工业的经济效益。

（三）加快市场主体培育和产业资源整合

要加快改变中部地区农产品加工企业规模小、整体素质低的现状。通过加快市场主体培育和产业资源整合，着力解决农产品加工企业规模小、设备旧、管理差的问题，培养壮大龙头企业。一是积极引进龙头企业。把引进农业产业化龙头企业作为招商引资的重要内容，改善投资环境，特别要注重引进国内外知名企业，发挥其示范带动作用，提高中部地区农产品加工业的整体素质和综合实力。二是引导和鼓励中小加工企业实行联合、改组、改造，通过体制和机制创新，提高市场竞争力。鼓励和规范企业兼并活动，制定关联产业联动调整和升级的产业发展新规划框架，提高产业组织化程度，增强产业竞争力。鼓励不同产业相互交叉、渗透，从而增强制造业的综合竞争优势[①]。三是结合中部地区原料基地建设，按照区域化布局、专业化生产、标准化管理、产业化经营、社会化服务的总体发展思路，在原料集中产区建立专业性或综合性的农产品加工区，充分发挥群体优势和规模效应。

（四）加快构建现代农产品流通体系

加快发展现代物流是推动农产品加工业发展，提高农产品加工业经济效益的关键。要积极鼓励建立现代化的市场营销网络和物流中心，对企业在加大寄出设施、交通运输、仓储库房、交易场所、检测设备等方面的建设进行重点扶持。以武汉、郑州、合肥等中心城市为核心，建立区域性的现代物流中心，增加物流中心的覆盖范围，引导企业建立新型的营销机制，制定科学的营销策略，建立连接国内外的市场网络，与大中城市商业企业、超市和国外商家建立稳定良好的业务关系。同时加大第三方物流，在重视建设和培育农产品制成品专业市场、配送中心的同时，鼓励社会大力发展各种形式的市场中介组织，推

---

① 彭中文、李勇辉：《制造业企业国际化经营与其经济效益研究》，载《世界经济研究》2004年第6期，第42～47页。

行代理制和连锁分销方式，鼓励企业在全国各地的大中城市设立总代理、直销店，以营销打品牌，以品牌促营销，鼓励企业积极利用现代信息化技术成果，推动农产品加工业电子商务的发展，降低交易成本[①]。重点开拓广大农村市场，改善农村消费环境和物流通道，开发建立适应农村市场需要的农产品制成品营销服务体系。

[①] 中国社会科学院工业经济研究所：《2009 中国工业发展报告——新中国工业 60 年》，北京，经济管理出版社，2009，第 448 页。

第六章
中部地区农产品加工业区域竞争力

农产品加工业是衡量一个工业化国家或地区综合竞争力的重要标志之一。近年来，中部地区工业化水平明显提高，农产品加工业在地区经济社会发展格局中占有重要地位。目前，中部地区农产品加工业发展迅速，食品制造业，橡胶制品业，饮料制造业，纺织服装、鞋、帽制造业和烟草制品业具有较强的竞争力，而印刷业和记录媒介的复制，皮革、毛皮、羽毛（绒）及其制品业，家具制造业，造纸及纸制品业，木材加工及木、竹、藤、棕、草制品业，农副食品加工业和纺织业等传统产业竞争力不强。其主要原因在于农产品加工业内部结构不合理，高附加值、高技术含量的产业和产品比重低，以及各地区的产业优势尚未得到有效发挥、产业竞争力不能在最适合的区域形成聚集效应等问题，直接影响了竞争力的提升。因此，中部应充分发挥各省的比较优势，加快科技创新，加大资金投入的力度，实现产业多元化，扩大对外开放，积极推进中部地区农产品加工业发展战略的调整，全面提升中部地区农产品加工业竞争力。

第一节　区域产业竞争力及理论回顾

区域产业竞争力是指区域内特定产业的竞争优势及其能力和吸引力的综合，也是区域产业的收益能力。区域产业竞争力是形成区域竞争力的核心，它既决定于宏观层次的区域比较优势，即区域资源禀赋差异，又决定于微观层次的企业竞争优势，是二者综合作用的结果。从空间角度看，产业竞争力有两个层面：一是国际层面；二是国内层面。前者通常是指特定国家的特定产业在国际市场上的竞争力，即产业的国际竞争力；后者则指一国内部特定区域的特定产业在国内市场（即区际市场）上的竞争力，即区域产业的区际竞争力，可简称为区域产业竞争力①。从研究的具体内容看，区域产业竞争力的内涵包括区域产业结构竞争力和区域内各个特定产业的竞争力。前者主要研究区域内各产业占国民生产的比重及相互间的比例关系是否合理，以及对区域竞争力所产生的影响；后者研究区域各产业自身所具有的竞争力，即研究某特定产业的产出品所具有的开拓市场、占据市场并以此获得利润的能力。

国外产业竞争力研究始于 20 世纪 70 年代，既有对竞争力概念、来源、影响因素、形成机制和发展阶段的理论研究，又有对产业竞争力的实证研究。就研究方法而言，国外学者和机构从不同视角提出了竞争力评价方法和评价指标体系，如世界经济论坛（World Economic Forum，简称 WEF）和瑞士洛桑国际管理学院（International Institute for Management Development，简称 IMD）构建的整体国家竞争力评价体系，荷兰格林根大学建立的 ICOP（International Comparison of Output and Productivity）评价方法，联合国工业发展组织（UNIDO）的工业竞争力指数法（Competitive Industrial Performance Index）等。国内研究从 20 世纪 90 年代初开始起步，大多还停留在对特定区域产业竞争力的测度上，主要是以跨经济区、省（自治区、直辖市）、城市为单位，进行竞争力测度评价和地域比较的实证研究。根据对竞争力影响因素的不同理解，国内学者也构造了不同的产业竞争力指标体系。目前，常用的有单项指标评价法、综合评价法等定量研究方法，以及 SWOT 分析法、价值链分析法等定性研究方法。中国人民大学竞争力与评价研究中心开展了关于竞争力的研究，赵云彦先后就产业竞争力、科技竞争力、区域竞争力等方面进行了深入的研究，并提出用核心竞争力、基础竞争力、环境竞争力三位一体的模式认识中国的国际竞争力和产业竞争力。他运用制造业劳动生产率、人均制造业出口额、制造业高新技术产品的含量和区域制造业出口高技术产品的含量 4 个指标来反映我国区域制造业竞争力的水平，在此基础上构建了制造业竞争力指数，采用面板

---

① 陈红儿、陈刚：《区域产业竞争力评价模型与案例分析》，载《中国软科学》2002 年第 1 期，第 99 页。

数据对我国 31 省（自治区、直辖市）2000～2002 年的制造业竞争力进行了分析。中国社会科学院的金碚建立了包括显性指标和直接因素指标、间接因素指标在内的产业竞争力因果分析框架，并以此分析了我国工业国际竞争力。魏后凯、吴利学（2002）提出了一个衡量地区工业竞争力的基本理论框架，即地区工业竞争力是由市场影响力、工业增长力、资源配置力、结构转换力和工业创新力有机构成的综合体。根据这一基本理论框架，他们设计了一个简便的测度地区工业竞争力的综合评价指标体系，即地区工业竞争力 $= F$（M，G，D，T，I）。其中 M、G、D、T、I 分别代表地区工业的市场影响力、增长力、资源配置力、结构转换力和工业创新力，F（·）代表函数关系[1]。千庆兰、陈颖彪（2007）根据竞争力协同发展理论，采用综合评价法，即通过计算制造业竞争力综合指数（Competitive Manufacturing Performance），来判断一个地区制造业竞争能力的高低。他们构建了我国地区制造业竞争力评价的基本理论框架和模型，认为我国地区制造业综合竞争力主要由规模、市场、效益、成长、结构和创新 6 个分项竞争力构成[2]。周彩虹（2009）运用偏离—份额分析法对我国"长三角"的制造业竞争力进行了分析，马国腾（2009）对京津冀制造业进行了实证分析，朱玉林、李佳（2008）对湖南省区域产业结构与竞争力进行了分析。此外，国内的众多学者还采用其他方法和指标对我国的区域产业竞争力进行了分析。这些研究有优点，也有缺陷。

目前，从整体来看，我国正处于工业化的中期，对中部地区来说，农产品加工业在区域经济发展中已占有重要地位，是创造财富和吸纳就业的主要源泉。中部地区农产品加工业的发展水平和竞争力直接影响和决定了中部地区的整体实力。因此，现阶段中部地区农产品加工业竞争力的培育显得尤为重要。本章在借鉴评价产业竞争力和产业比较优势相关理论和方法的基础上，对中部地区农产品加工业 12 个行业的竞争力进行了分析，剖析了中部地区农产品加工业竞争力及其驱动因素的互动机制，进而提出了提升中部地区农产品加工业竞争力的主要途径。

---

[1] 魏后凯、吴利学：《中国地区工业竞争力评价》，载《中国工业经济》2002 年第 11 期，第 54～56 页。

[2] 千庆兰、陈颖彪：《中国地区制造业竞争力评价的理论基础及模型构建》，载《热带地理》2007 年第 1 期，第 29 页。

第二节 中部地区农产品加工业竞争力比较

农产品加工业竞争力是一个涵盖产业本身以及有关因素、关系和行为等多个方面的综合系统，需要从特定的区域环境和产业结构因素来分析。本部分采用偏离—份额分析法对中部地区农产品加工业的产业竞争力进行比较分析。偏离—份额分析法于20世纪80年代初引入我国，在我国区域经济学和城市经济学领域得到广泛的应用。与其他方法相比，该方法能比较准确地确定区域内各产业的发展状况与全局相关产业相比竞争力的大小，具有较强的综合性和动态性。

一 评价方法与数据来源

（一）偏离—份额分析法原理

本书采取偏离—份额分析法（Shift-Share Method）对中部地区农产品加工业竞争力进行分析。偏离—份额分析法是由美国经济学家 Daniel（1942）和 Creamer（1943）相继提出的，后由 Dunn（1960）等学者在应用中作了进一步发展[①]。偏离—份额分析法从产业结构因素和竞争力因素两方面解释区域经济增长速度的差距。如果一个地区各产业的增长速度与全国同一产业增长速度完全相同，即排除掉由于各地区同一产业竞争力（或生产率）不同造成的增长速度上的差异，那么地区经济增长速度与全国经济增长速度的差异就是由产业结构因素所形成的；如果一个地区的产业结构与全国完全相同，那么地区经济增长速度与全国经济增长速度的差异只能由地区竞争力来解释[②]。因此，偏离—份额分析法既是一种能说明地区经济增长的决定因素——结构因素与竞争力因素——所起作用程度的计算方法，同时又是进行地区间经济增长的结构决定因素差异比较的方法，具有较强的综合性和动态性。此方法将区域经济看做一个动态的过程，以其所在的更大的区域为参照系，将区域经济在某个时间段内的增长变动量

---

① 吴继英、赵喜仓：《偏离—份额分析法空间模型及其应用》，载《统计研究》2009 年第 4 期，第 73 页。

② 谭克、路瑶：《长江三角洲与珠江三角洲产业竞争力比较研究》，载《当代财经》2003 年第 5 期，第 90 页。

G 分解成份额变量 N 和偏离变量 S，S 由结构变量 P 和竞争变量 D 构成，以此来判断一个区域经济发展和衰退的原因，确定区域具有相对竞争优势的部门。

假设区域 i 在经历了时间 (t_0, t) 之后，经济总量和结构均已发生了变化，其中 t_0 为基期，t 为报告期。

设 $F_j(T)$ 表示 T 时期中部地区农产品加工业第 j 产业的产值，即：

$$F_j(T) = \sum_i^n F_{ij}(T)$$

其中，$F_{ij}(T)$ 表示 T 时期 i 地区 j 产业的产值，$i = 1,2,3,\cdots,6$，分别表示山西省、安徽省、江西省、河南省、湖北省和湖南省；$j = 1,2,3,\cdots,12$，分别表示中部地区农副食品加工业，食品制造业，饮料制造业，烟草制品业，纺织业，纺织服装、鞋、帽制造业，皮革、毛皮、羽毛（绒）及其制品业，木材加工及木、竹、藤、棕、草制品业，家具制造业，造纸及纸制品业，印刷业和记录媒介的复制和橡胶制品业。

$F(T)$ 表示 T 时期中部地区农产品加工业所有产业的总产值，即：

$$F(T) = \sum_i^n F_j(T)$$

将 i 地区 j 产业在报告期内的增长量（G_{ij}）分解为份额分量（N_{ij}）、结构偏离分量（P_{ij}）和竞争力偏离分量（D_{ij}）：

$$
\begin{aligned}
G_{ij} &= \Delta F_{ij} \\
&= F_{ij}(t) - F_{ij}(t_0) \\
&= F_{ij}(t_0)\left[\frac{F(t)}{F(t_0)} - 1\right] + F_{ij}(t_0)\left[\frac{F_j(t)}{F_j(t_0)} - \frac{F(t)}{F(t_0)}\right] + F_{ij}(t_0)\left[\frac{F_{ij}(t)}{F_{ij}(t_0)} - \frac{F_j(t)}{F_j(t_0)}\right] \\
&= N_{ij} + P_{ij} + D_{ij}
\end{aligned}
$$

其中，ΔF_{ij} 为 i 地区 j 产业报告期内产值的增加额，$F_{ij}(t_0)$ 为 i 地区 j 产业的基期产值，$F_{ij}(t)$ 为 i 地区 j 产业报告期产值，$P_{ij} + D_{ij}$ 为 i 地区 j 产业与中部地区或全国的总偏离量。

1. 增长分量

$N_{ij} = F_{ij}(t_0)\left[\frac{F(t)}{F(t_0)} - 1\right]$，即区域标准化的产业部门按全国的平均增长率

发展所产生的变化量。其中，$\left[\dfrac{F(t)}{F(t_0)}-1\right]$ 为中部地区总产值的增长率。

2. 产业结构偏离分量

$P_{ij}=F_{ij}(t_0)\left[\dfrac{F_j(t)}{F_j(t_0)}-\dfrac{F(t)}{F(t_0)}\right]$，反映产业结构对经济增长的影响和贡献，

P_{ij} 值越大，说明 i 地区农产品加工业的 j 产业现有规模对经济总量增长的贡献越大。这表明 i 地区 j 产业平均增长的部分，是由 i 地区 j 产业相对于中部地区总产值的增长差异引起的，它反映了 i 地区 j 产业以中部地区或全国为标准的产业结构的优劣程度。其中，$\left[\dfrac{F_j(t)}{F_j(t_0)}-\dfrac{F(t)}{F(t_0)}\right]$ 表示中部地区 j 产业产值增长率和中部地区总产值增长率的差异。

3. 竞争力偏离分量

$D_{ij}=F_{ij}(t_0)\left[\dfrac{F_{ij}(t)}{F_{ij}(t_0)}-\dfrac{F_j(t)}{F_j(t_0)}\right]$，反映 i 地区农产品加工业的 j 产业的相对增长能力，D_{ij} 值越大，说明该产业竞争力越强，其对经济增长的作用越大。其中，$\left[\dfrac{F_{ij}(t)}{F_{ij}(t_0)}-\dfrac{F_j(t)}{F_j(t_0)}\right]$ 表示 i 地区 j 产业产值的增长率与中部地区或全国 j 产业产值的增长率的差值。当 $\left[\dfrac{F_{ij}(t)}{F_{ij}(t_0)}-\dfrac{F_j(t)}{F_j(t_0)}\right]>0$ 时，i 地区 j 产业的发展状况取决于基期的实力；当 $\left[\dfrac{F_{ij}(t)}{F_{ij}(t_0)}-\dfrac{F_j(t)}{F_j(t_0)}\right]<0$ 时，$F_{ij}(t_0)$ 越大，i 地区 j 产业的竞争力能力越处于劣势。

（二）数据来源

本书运用偏离—份额分析法，分别选取 2000 年和 2007 年中部地区各省和全国农产品加工业产值数据，对中部 6 省的农产品加工业的竞争力以及中部地区农产品加工业在全国的竞争力水平进行分析。本节数据主要有 2000 年和 2007 年中部地区及全国农产品加工业 12 个行业的总产值。2000 年和 2007 年各省数据主要来源于《中国乡镇企业及农产品加工业年鉴》、《中国统计年鉴》、《中国乡镇企业年鉴》及中部 6 省统计年鉴等。原始数据见表 6 - 1 至表 6 - 3。

表 6 - 1   2000 年和 2007 年全国及中部地区农产品加工业总产值

单位：亿元

	2007 年		2000 年	
	全 国	中部地区	全 国	中部地区
农副食品加工业	9689.28	2082.19	2192.40	617.74
食品制造业	2896.88	539.44	559.22	79.75
饮料制造业	1643.05	461.60	493.90	125.98
烟草制品业	15.66	10.33	15.72	8.43
纺织业	13594.78	808.85	2481.83	169.32
纺织服装、鞋、帽制造业	8458.71	445.10	1819.83	94.73
皮革、毛皮、羽毛（绒）及其制品业	2888.50	316.67	772.11	93.94
木材加工及木、竹、藤、棕、草制品业	2419.63	377.47	624.31	130.95
家具制造业	1472.15	187.53	421.81	79.07
造纸及纸制品业	3253.94	522.61	877.06	172.84
印刷业和记录媒介的复制	1069.63	121.35	323.89	43.84
橡胶制品业	1622.27	151.92	361.45	30.18

资料来源：《中国乡镇企业年鉴2001》和《中国乡镇企业及农产品加工业年鉴2008》。

二 中部地区农产品加工业竞争力省域比较

2000～2007 年，中部地区除烟草制品业外，其他行业均为增长性行业，其中纺织业，农副食品加工业，食品制造业，橡胶制品业，纺织服装、鞋、帽制造业等增长较快。与全国平均水平相比，在初始期，农副食品加工业，饮料制造业，木材加工及木、竹、藤、棕、草制品业，家具制造业和造纸及纸制品业 5 个行业所占比重较高，同时，这 5 个行业的 P_{ij} 值都大于零，表明这几个行业成长性较好，具有较好的发展前景。而食品制造业，烟草制品业，纺织业，纺织服装、鞋、帽制造业，皮革、毛皮、羽毛（绒）及其制品业，印刷业和记录媒介的复制和橡胶制品业所占比重较低，表明发展的潜在优势不突出，发展比较缓慢。

由表 6 - 4 可知，2007 年，中部地区农产品加工业的 12 个行业中，农副食品加工业，纺织业，皮革、毛皮、羽毛（绒）及其制品业，木材加工及木、竹、藤、棕、草制品业，家具制造业，造纸及纸制品业，印刷业和记录媒介的复制竞争力分量为负值，这些产业竞争力下降，发展缓慢。食品制造业，饮料

表 6-2 2000 年和 2007 年中部各省农产品加工业总产值

单位：亿元

	2000 年						2007 年					
	山西	安徽	江西	河南	湖北	湖南	山西	安徽	江西	河南	湖北	湖南
农副食品加工业	14.94	76.18	32.45	183.20	201.40	109.50	75.90	124.70	146.30	441.70	232.80	389.00
食品制造业	8.73	8.27	5.09	25.45	20.20	12.00	30.44	14.11	31.45	141.30	55.70	72.09
饮料制造业	4.12	9.80	6.28	33.43	53.59	18.75	24.50	18.16	16.95	115.40	67.80	41.45
烟草制品业	—	0.01	0.05	1.47	6.61	0.28	—	2.79	—	5.56	—	0.86
纺织业	2.80	22.65	11.65	42.47	77.69	12.06	10.67	41.98	28.10	179.60	185.50	126.60
纺织服装、鞋、帽制造业	0.94	7.04	4.36	15.40	58.65	8.35	3.25	16.73	170.00	36.07	105.60	64.36
皮革、毛皮、羽毛（绒）及其制品业	0.49	9.88	2.05	53.95	12.83	14.74	0.26	24.53	12.29	116.50	10.53	54.12
木材加工及木、竹、藤、棕、草制品业	0.47	20.11	20.38	28.50	24.16	37.33	0.45	47.28	28.60	69.65	45.37	122.30
家具制造业	1.08	5.10	4.67	17.78	34.36	16.08	0.21	9.78	7.63	49.80	11.60	27.45
造纸及纸制品业	8.13	16.69	6.18	84.57	30.48	2.68	12.49	21.70	27.86	195.60	52.02	68.18
印刷业和记录媒介的复制	1.25	4.02	4.23	14.25	13.14	6.96	0.77	7.46	7.06	22.62	22.03	17.82
橡胶制品业	0.74	1.43	2.76	12.39	7.07	5.79	3.14	21.53	14.51	30.01	40.61	6.33

资料来源：《中国乡镇企业年鉴 2001》和《中国乡镇企业及农产品加工业年鉴 2008》。

表 6-3 2000 年和 2007 年我国各地区农产品加工业总产值

单位：亿元

	2000 年					2007 年				
	全国	东部	中部	西部	东北	全国	东部	中部	西部	东北
农副食品加工业	2192.40	1251.08	617.74	155.95	167.63	9689.28	6029.24	2082.19	532.59	1045.26
食品制造业	559.22	397.75	79.75	54.96	26.76	2896.88	1795.28	539.44	273.57	288.61
饮料制造业	493.90	245.62	124.98	73.86	49.43	1643.05	874.86	461.60	104.20	202.39
烟草制品业	15.72	3.20	8.43	1.42	2.67	15.66	5.27	10.33	0.06	0.00
纺织业	2481.83	2224.48	169.32	52.93	35.10	13594.78	12545.81	808.85	149.32	90.80

续表

| | 2000 年 | | | | | 2007 年 | | | | |
	全国	东部	中部	西部	东北	全国	东部	中部	西部	东北
纺织服装、鞋、帽制造业	1819.83	1656.95	94.73	15.38	52.76	8458.71	7638.72	445.10	22.43	352.46
皮革、毛皮、羽毛(绒)及其制品业	772.11	636.23	93.87	18.15	23.86	2888.50	2437.53	316.67	111.17	23.12
木材加工及木、竹、藤、棕、草制品业	624.31	367.56	130.95	39.34	86.46	2419.63	1739.89	377.47	84.16	218.11
家具制造业	421.81	293.20	79.07	33.57	15.96	1472.15	1144.35	187.53	13.19	127.08
造纸及纸制品业	877.06	604.64	172.84	78.86	20.72	3253.94	2597.22	522.61	70.63	63.49
印刷业和记录媒介的复制	323.89	253.73	43.84	21.53	4.79	1069.63	879.46	121.35	24.90	43.92
橡胶制品业	361.45	302.17	30.18	18.81	10.29	1622.27	1395.88	151.92	22.83	51.64

资料来源：《中国乡镇企业年鉴 2001》和《中国乡镇企业及农产品加工业年鉴 2008》。

表 6 - 4　中部地区农产品加工业的偏离一份额分析法分析结果

	2007 年占中部农产品加工业总产值比重(%)	增长分量 $(N_{ij}$,亿元$)$	产业结构分量 $(P_{ij}$,亿元$)$	竞争力分量 $(D_{ij}$,亿元$)$	报告期增长总量 $(G_{ij}$,亿元$)$	总偏离量 $(P_{ij}+D_{ij}$,亿元$)$
农副食品加工业	34.56	1128.1220	984.2310	-647.9030	1464.45	336.3280
食品制造业	8.95	351.7684	-18.3963	126.3178	459.69	107.9216
饮料制造业	7.66	173.0278	120.0880	42.50415	335.62	162.5922
烟草制品业	0.17	-0.00903	-0.02315	1.932176	1.90	1.909029
纺织业	13.42	1672.2640	-914.0960	-118.6380	639.53	-1032.7300
纺织服装、鞋、帽制造业	7.39	999.0111	-653.4290	4.787664	350.37	-648.6410
皮革、毛皮、羽毛(绒)及其制品业	5.26	318.4720	-60.9780	-34.7640	222.73	-95.7420
木材加工及木、竹、藤、棕、草制品业	6.26	270.1577	106.4135	-130.0510	246.52	-23.6377
家具制造业	3.11	158.0540	38.83653	-88.4305	108.46	-49.5940
造纸及纸制品业	8.67	357.6702	110.7355	-118.6360	349.77	-7.90021
印刷业和记录媒介的复制	2.01	112.2181	-11.2788	-23.4293	77.51	-34.7081
橡胶制品业	2.52	189.7268	-84.4520	16.46528	121.74	-67.9868

制造业，烟草制品业，纺织服装、鞋、帽制造业和橡胶制品业的竞争力分量为正值，这些产业部门总的增长势头明显，具有很强的竞争能力。其中，食品制造业和饮料制造业的竞争力优势最为突出，竞争力优势带来的增量分别为126.32 亿元和 42.50 亿元；其次为橡胶制品业，纺织服装、鞋、帽制造业和烟草制品业，竞争力优势也有所上升；而农副食品加工业，造纸及纸制品业，纺织业，家具制造业和木材加工及木、竹、藤、棕、草制品业等产业竞争力下降。就产业结构分量而言，农副食品加工业，饮料制造业，木材加工及木、竹、藤、棕、草制品业，家具制造业和造纸及纸制品业结构分量为正值，对农产品加工业的总产值的贡献分别达到 984.23 亿元、120.09 亿元、106.41 亿元、38.84 亿元和 110.74 亿元。食品制造业，烟草制品业，纺织业，皮革、毛皮、羽毛（绒）及其制品业，纺织服装、鞋、帽制造业，印刷业和记录媒介的复制和橡胶制品业的结构分量为负值，这些产业为劳动密集型的传统产业，产业结构的调整优化进程缓慢。

运用偏离—份额分析法，以 2000 年为基期，2007 年为报告期，中部地区6 省农产品加工业总产值的偏离—份额分析结果如下。

2007 年，山西省的农副食品加工业、饮料制造业分别占山西省农产品加工业总产值的 46.83% 和 15.12%，其产业结构分量对农产品加工业总产值的贡献达 1425.60 亿元和 326.72 亿元，竞争力优势带来的增量为 25.54 亿元和9.4 亿元，这 2 个产业是山西省的优势产业，具有较强的竞争力。除农副食品加工业、饮料制造业外，其他 10 个产业的竞争力分量均为负值，农产品加工业竞争力劣势拉动经济下降 1608.91 亿元，这充分显示出山西省农产品加工业竞争力不佳。但就产业结构分量而言，除食品制造业、饮料制造业、造纸及纸制品业和印刷业和记录媒介的复制外，其他行业的产业结构分量全为负值，农产品产业结构调整带来的优势尚不明显（见表 6 - 5）。

2007 年，安徽省除了烟草制品业、橡胶制品业具有一定的竞争力优势外，其余 10 个行业的竞争力分量全部为负值，在中部地区安徽省的农产品加工业没有显示出较强的竞争力。就产业结构分量而言，农副食品加工业，纺织业，木材加工及木、竹、藤、棕、草制品业的产业结构分量为正值，其他行业为负值，安徽省的农产品加工业产业结构变动带来的增量较低（见表 6 - 6）。

表 6－5　山西省农产品加工业的 Shift-share Method 分析结果

	增长分量 (N_{ij}, 亿元)	产业结构分量 (P_{ij}, 亿元)	竞争力分量 (D_{ij}, 亿元)	报告期增长总量 (G_{ij}, 亿元)	总偏离量 ($P_{ij}+D_{ij}$, 亿元)
农副食品加工业	38.85292	-3.43529	25.54238	22.10708	60.96
食品制造业	12.19591	38.12502	-28.6109	9.514092	21.71
饮料制造业	8.904242	2.071742	9.404017	11.47576	20.38
烟草制品业	0.050408	—	—	—	—
纺织业	16.96719	-6.39146	-2.70574	-9.09719	7.87
纺织服装、鞋、帽制造业	9.29557	-5.81887	-1.1667	-6.98557	2.31
皮革、毛皮、羽毛（绒）及其制品业	5.909188	-4.74741	-1.39178	-6.13919	-0.23
木材加工及木、竹、藤、棕、草制品业	6.540354	-5.65556	-0.9048	-6.56035	-0.02
家具制造业	2.877522	-1.39609	-2.35143	-3.74752	-0.87
造纸及纸制品业	9.279651	7.172733	-12.0924	-4.91965	4.36
印刷业和记录媒介的复制	2.056396	0.153629	-2.69003	-2.5364	-0.48
橡胶制品业	3.22985	-0.24484	-0.58501	-0.82985	2.40

表 6－6　安徽省农产品加工业的 Shift-share Method 分析结果

	增长分量 (N_{ij}, 亿元)	产业结构分量 (P_{ij}, 亿元)	竞争力分量 (D_{ij}, 亿元)	报告期增长总量 (G_{ij}, 亿元)	总偏离量 ($P_{ij}+D_{ij}$, 亿元)
农副食品加工业	161.1209	19.4758	-132.047	-112.571	48.55
食品制造业	50.57575	-2.90633	-41.8294	-44.7358	5.84
饮料制造业	36.92539	-10.8175	-17.7479	-28.5654	8.36
烟草制品业	0.209041	-0.20679	2.777746	2.570959	2.78
纺织业	70.36201	15.18816	-66.2202	-51.032	19.33
纺织服装、鞋、帽制造业	38.54821	-12.5099	-16.3483	-28.8582	9.69
皮革、毛皮、羽毛（绒）及其制品业	24.50507	-1.07978	-8.7753	-9.85507	14.65
木材加工及木、竹、藤、棕、草制品业	27.12248	10.73561	-10.6881	0.047516	27.17
家具制造业	11.93292	-4.93728	-2.31565	-7.25292	4.68
造纸及纸制品业	38.4822	-4.70725	-28.7649	-33.4722	5.01
印刷业和记录媒介的复制	8.527761	-1.42032	-3.66744	-5.08776	3.44
橡胶制品业	13.39401	-7.62568	14.33167	6.70599	20.10

2007 年，江西省农副食品加工业，纺织服装、鞋、帽制造业，皮革、毛皮、羽毛（绒）及其制品业，造纸及纸制品业和橡胶制品业的竞争力分量为正值，具有一定的竞争力，其产业竞争力分量对农产品加工业总产值的贡献达到 201.62 亿元，而其余 7 个行业的竞争力分量全部为负值，在中部地区江西省的农产品加工业没有显示出较强的竞争力。就产业结构分量而言，食品制造业，饮料制造业，纺织业，纺织服装、鞋、帽制造业，橡胶制品业的产业结构分量为正值，其他行业为负值，江西省的产业结构分量较低（见表 6 - 7）。

2007 年，河南省只有烟草制品业和家具制造业的竞争力分量为正值，其他 10 个行业的竞争力分量全部为负值，在中部地区河南省的农产品加工业没有显示出较强的竞争力。河南省是我国重要的农业大省，2007 年农产品加工业总产值实现 1403.81 亿元，占中部地区的 23.30%，但其各产业的竞争优势尚未显现。就产业结构分量而言，食品制造业，饮料制造业，纺织业，纺织服装、鞋、帽制造业，橡胶制品业的产业结构分量为正值，其他行业为负值，河南省的产业结构分量较低（见表 6 - 8）。

2007 年，湖北省农产品加工业除橡胶制品业具有一定的竞争优势外，其他行业的竞争力分量全部为负值，湖北省的其他行业在中部地区尚未显现出较强的竞争优势。但就产业结构分量而言，食品制造业，饮料制造业，纺织业，纺织服装、鞋、帽制造业，橡胶制品业为正值，其他 7 个行业的产业结构分量均为负值，产业结构调整的空间较大（见表 6 - 9）。

2007 年，湖南省农产品加工业除农副食品加工业，烟草制品业，纺织业，纺织服装、鞋、帽制造业，皮革、毛皮、羽毛（绒）及其制品业，木材加工及木、竹、藤、棕、草制品业和造纸及纸制品业具有一定的竞争优势，其他 5 个行业的竞争力分量全部为负值，湖南省的其他行业在中部地区尚未显现出较强的竞争优势。但就产业结构分量而言，食品制造业，饮料制造业，纺织业，纺织服装、鞋、帽制造业，橡胶制品业为正值，其他 7 个行业的产业结构分量均为负值，产业结构调整的空间较大（见表 6 - 10）。

中部各省按不同标准对农产品加工业进行的偏离—份额分析法因素分类结果见表 6 - 11。

表 6 - 7　江西省农产品加工业的 Shift-share Method 分析结果

	增长分量 $(N_{ij},亿元)$	产业结构分量 $(P_{ij},亿元)$	竞争力分量 $(D_{ij},亿元)$	报告期增长总量 $(G_{ij},亿元)$	总偏离量 $(P_{ij}+D_{ij},亿元)$
农副食品加工业	86.27527	-9.34742	36.96216	113.89	27.61474
食品制造业	13.53285	15.80661	-2.97946	26.36	12.82715
饮料制造业	16.69672	0.03366	-6.06038	10.67	-6.02672
烟草制品业	0.132936	-0.12167	—	—	—
纺织业	30.97402	13.02861	-27.5526	16.45	-14.524
纺织服装、鞋、帽制造业	11.59199	4.533979	149.484	165.61	154.018
皮革、毛皮、羽毛（绒）及其制品业	5.450364	-0.58985	5.379488	10.24	4.789637
木材加工及木、竹、藤、棕、草制品业	54.18459	-15.8182	-30.1464	8.220006	-45.9646
家具制造业	12.41619	-6.01037	-3.44582	2.960001	-9.45619
造纸及纸制品业	16.43085	-3.92461	9.17376	21.68	5.249149
印刷业和记录媒介的复制	11.24636	-3.76763	-4.64872	2.830001	-8.41636
橡胶制品业	7.338051	3.79523	0.61672	11.75	4.41195

表 6 - 8　河南省农产品加工业的 Shift-share Method 分析结果

	增长分量 $(N_{ij},亿元)$	产业结构分量 $(P_{ij},亿元)$	竞争力分量 $(D_{ij},亿元)$	报告期增长总量 $(G_{ij},亿元)$	总偏离量 $(P_{ij}+D_{ij},亿元)$
农副食品加工业	487.1296	-52.7777	-175.922	258.4301	258.43
食品制造业	67.66427	79.03305	-30.8373	115.86	115.86
饮料制造业	88.88081	0.179183	-7.11998	81.94001	81.94
烟草制品业	3.90831	-3.57699	3.758683	4.09	4.09
纺织业	112.9156	47.49572	-23.3113	137.10	137.10
纺织服装、鞋、帽制造业	40.9442	16.01451	-36.2887	20.67	20.67
皮革、毛皮、羽毛（绒）及其制品业	143.4376	-15.5232	-65.3445	62.57001	62.57
木材加工及木、竹、藤、棕、草制品业	75.77335	-22.1206	-12.5027	41.15001	41.15
家具制造业	47.27193	-22.8832	7.631246	32.02	32.02
造纸及纸制品业	224.8474	-53.7062	-60.1512	110.99	110.99
印刷业和记录媒介的复制	37.88667	-12.6924	-16.8243	8.370004	8.37
橡胶制品业	32.94147	17.03728	-32.3587	17.62	17.62

表 6－9　湖北省农产品加工业的 Shift-share Method 分析结果

	增长分量 $(N_{ij}$,亿元)	产业结构分量 $(P_{ij}$,亿元)	竞争力分量 $(D_{ij}$,亿元)	报告期增长总量 $(G_{ij}$,亿元)	总偏离量 $(P_{ij}+D_{ij}$,亿元)
农副食品加工业	535.5448	-58.0232	-446.172	31.35006	-504.195
食品制造业	53.70602	62.72957	-80.9356	35.50001	-18.206
饮料制造业	142.4805	0.287239	-128.558	14.21001	-128.27
烟草制品业	17.5741	-16.0843	—	—	—
纺织业	206.5555	86.8835	-185.609	107.83	-98.7255
纺织服装、鞋、帽制造业	155.9336	60.99033	-169.954	46.97002	-108.964
皮革、毛皮、羽毛（绒）及其制品业	34.1113	-3.6916	-32.7197	-2.30	-36.4113
木材加工及木、竹、藤、棕、草制品业	64.23453	-18.7521	-24.2724	21.21001	-43.0245
家具制造业	91.35341	-44.2219	-69.8915	-22.76	-114.113
造纸及纸制品业	81.0376	-19.3563	-40.1413	21.54001	-59.4976
印刷业和记录媒介的复制	34.9355	-11.7037	-14.3418	8.890004	-26.0455
橡胶制品业	18.79711	9.72184	5.021054	33.54	14.74289

表 6－10　湖南省农产品加工业的 Shift-share Method 分析结果

	增长分量 $(N_{ij}$,亿元)	产业结构分量 $(P_{ij}$,亿元)	竞争力分量 $(D_{ij}$,亿元)	报告期增长总量 $(G_{ij}$,亿元)	总偏离量 $(P_{ij}+D_{ij}$,亿元)
农副食品加工业	291.2089	-31.5508	19.85188	279.51	-11.6989
食品制造业	31.90457	37.26509	-9.07966	60.09	28.18544
饮料制造业	49.85089	-0.100499	-27.2514	22.70001	-27.1509
烟草制品业	0.74444	-0.68133	0.516892	0.58	-0.16444
纺织业	32.06409	13.48713	68.97878	114.53	82.46591
纺织服装、鞋、帽制造业	22.20026	8.683193	25.12655	56.01	33.80974
皮革、毛皮、羽毛（绒）及其制品业	39.18944	-4.24117	4.431733	39.38	0.19056
木材加工及木、竹、藤、棕、草制品业	99.24979	-28.9742	14.70439	84.98001	-14.2698
家具制造业	42.75212	-20.6952	-10.6869	11.37	-31.3821
造纸及纸制品业	7.125354	-1.70193	60.07658	65.50	58.37465
印刷业和记录媒介的复制	18.50465	-6.19923	-1.44542	10.86	-7.64465
橡胶制品业	15.39395	7.961733	-22.8157	0.540002	-14.854

表6-11 中部各省不同标准的农产品加工业偏离—份额分析法因素分类

特征	农产品加工业行业					
	山 西	安 徽	江 西	河 南	湖 北	湖 南
$P_{ij} > 0$ $D_{ij} > 0$	饮料制造业	—	纺织服装、鞋、帽制造业,橡胶制品业	—	橡胶制品业	纺织业,纺织服装、鞋、帽制造业
$P_{ij} < 0$ $D_{ij} < 0$	纺织业,纺织服装、鞋、帽制造业,皮革、毛皮、羽毛(绒)及其制品业,木材加工及木、竹、藤、棕、草制品业,家具制造业,橡胶制品业	食品制造业,饮料制造业,纺织服装、鞋、帽制造业,皮革、毛皮、羽毛(绒)及其制品业,家具制造业,造纸及纸制品业,印刷业和记录媒介的复制	木材加工及木、竹、藤、棕、草制品业,家具制造业,印刷业和记录媒介的复制	农副食品加工业,皮革、毛皮、羽毛(绒)及其制品业,木材加工及木、竹、藤、棕、草制品业,造纸及纸制品业,印刷业和记录媒介的复制	农副食品加工业,皮革、毛皮、羽毛(绒)及其制品业,木材加工及木、竹、藤、棕、草制品业,家具制造业,造纸及纸制品业,印刷业和记录媒介的复制	家具制造业,印刷业和记录媒介的复制
$P_{ij} > 0$ $D_{ij} < 0$	食品制造业,造纸及纸制品业,印刷业和记录媒介的复制	农副食品加工业,纺织业,木材加工及木、竹、藤、棕、草制品业	食品制造业,饮料制造业,纺织业	食品制造业,饮料制造业,纺织业,纺织服装、鞋、帽制造业,橡胶制品业	饮料制造业,纺织业,纺织服装、鞋、帽制造业	食品制造业,饮料制造业,橡胶制品业
$P_{ij} < 0$ $D_{ij} > 0$	农副食品加工业	烟草制品业,橡胶制品业	农副食品加工业,皮革、毛皮、羽毛(绒)及其制品业,造纸及纸制品业	烟草制品业,家具制造业	—	农副食品加工业,烟草制品业,木材加工及木、竹、藤、棕、草制品业,造纸及纸制品业

三 中部地区农产品加工业竞争力区域比较

就国内各区域而言,农产品加工业的竞争也日益激烈。本节就我国四大区域的农产品加工业的竞争力状况进行分析。由表6-12可知,东部地区的增长分量和竞争力分量在四大区域中居首,竞争力优势带动农产品加工业总产值增加 2185.41 亿元，产业结构分量带动农产品加工业总产值增加 9419.46 亿元，但与中部地区、西部地区和东北地区相比，其产业结构分量带动的总产值增长份额最小，反映出东部地区农产品加工业产业结构的调整带动的增量小于其他地区产业结构调整带动的增量。

表 6 – 12　2000～2007 年中国各区域农产品加工业总产值偏离—份额分析

	2000 年总产值占全国比(%)	2007 年总产值占全国比(%)	增长分量(N_{ij},亿元)	产业结构分量(P_{ij},亿元)	竞争力分量(D_{ij},亿元)	报告期增长总量(G_{ij},亿元)	总偏离量($P_{ij} + D_{ij}$,亿元)
东部地区	75.26	79.72	28661.50	9419.46	2185.41	40266.35	11604.86
中部地区	15.04	12.29	5726.66	32354.30	–1347.29	36733.66	31007.00
西部地区	5.16	2.87	1965.23	36115.72	–1120.94	36960.01	34994.77
东北地区	4.54	5.11	1727.46	36353.49	282.99	38363.94	36636.48

中部地区的增长分量和产业结构分量为正值，产业结构分量达到 32354.30 亿元，高于东部地区，但低于西部地区和东北地区。中部地区竞争力分量为负值，竞争力劣势使得中部地区农产品加工业总产值下降 1347.29 亿元，中部地区的农产品加工业缺乏市场竞争力。

西部地区的增长分量和产业结构分量为正值，产业结构分量达到 36115.72 亿元，高于东部和中部地区，但低于东北地区。西部地区竞争力分量为负值，竞争力劣势使得西部地区农产品加工业总产值下降 1120.94 亿元，西部地区的农产品加工业缺乏市场竞争力。

东北地区的增长分量、产业结构分量和竞争力分量均为正值，有着和东部地区相似的结果，产业结构分量达到 36353.49 亿元，为全国最高，竞争力分量为 282.99 亿元，反映出东北地区的农产品加工业产业结构调整的步伐加快，农产品加工业有较强的市场竞争力。

由以上分析可知，我国地区农产品加工业竞争力表现出如下特点：东部地区农产品加工业的竞争力明显高于中、西部地区和东北地区，在全国处于领先地位，中部地区和西部地区农产品加工业的竞争力差距不是太大，缺乏竞争力，东北地区农产品加工业具有较好的竞争力。全国四大区域都因产业结构的优化，带动了农产品加工业总产值的增长。

分行业而言，如表 6－13 所示，东部地区的农产品加工业整体竞争力较强，除纺织服装、鞋、帽制造业，食品制造业竞争分量为负值外，其他各产业均为正值，具有竞争力的产业依次为木材加工及木、竹、藤、棕、草制品业，造纸及纸制品业，农副食品加工业，纺织业，家具制造业，饮料制造业，皮革、毛皮、羽毛（绒）及其制品业，印刷业和记录媒介的复制，橡胶制品业和烟草制品业。中部地区有 5 个产业具有较强的竞争力，依次为食品制造

表 6－13　我国东、中、西部地区和东北地区农产品加工业竞争力排序

东部地区		中部地区	
木材加工及木、竹、藤、棕、草制品业	535.61738	食品制造业	885.76121
造纸及纸制品业	513.4551	橡胶制品业	197.196
农副食品加工业	500.11009	饮料制造业	181.11579
纺织业	402.45424	纺织服装、鞋、帽制造业	91.974398
家具制造业	174.16062	烟草制品业	3.6030605
饮料制造业	116.1445	印刷业和记录媒介的复制	－173.096
皮革、毛皮、羽毛(绒)及其制品业	69.614657	皮革、毛皮、羽毛(绒)及其制品业	－283.7906
印刷业和记录媒介的复制	53.013359	家具制造业	－471.7449
橡胶制品业	47.455075	造纸及纸制品业	－602.0057
烟草制品业	10.228875	木材加工及木、竹、藤、棕、草制品业	－620.0248
纺织服装、鞋、帽制造业	－69.09546	农副食品加工业	－647.903
食品制造业	－372.7908	纺织业	－1738.956
西部地区		东北地区	
皮革、毛皮、羽毛(绒)及其制品业	1840.7269	纺织服装、鞋、帽制造业	3698.5546
烟草制品业	－14.99577	食品制造业	3134.3788
食品制造业	－113.2953	印刷业和记录媒介的复制	1900.1505
农副食品加工业	－156.6288	家具制造业	1886.4725
纺织业	－695.0429	饮料制造业	379.21221
饮料制造业	－946.2672	农副食品加工业	304.42165
木材加工及木、竹、藤、棕、草制品业	－1084.045	橡胶制品业	191.654
橡胶制品业	－1183.572	烟草制品业	－15.66
家具制造业	－1306.416	造纸及纸制品业	－566.4622
造纸及纸制品业	－2468.412	木材加工及木、竹、藤、棕、草制品业	－844.7022
纺织服装、鞋、帽制造业	－5804.693	皮革、毛皮、羽毛(绒)及其制品业	－2140.336
印刷业和记录媒介的复制	－6593.328	纺织业	－7174.547

业，橡胶制品业，饮料制造业，纺织服装、鞋、帽制造业和烟草制品业，而印刷业和记录媒介的复制，皮革、毛皮、羽毛（绒）及其制品业，家具制造业，造纸及纸制品业，木材加工及木、竹、藤、棕、草制品业，农副食品加工业和纺织业等传统产业缺乏竞争力，但相比于西部地区，其农产品加工业仍具有较强的竞争力。东北地区的农产品加工业也具有较强的竞争力，如纺织服装、鞋、帽制造业，食品制造业，印刷业和记录媒介的复制，家具制造业，饮料制造业，农副食品加工业和橡胶制品业。

综上所述，中部地区作为我国重要的粮食生产基地、能源原材料基地、装备制造业基地和综合交通运输枢纽，其农产品加工业在全国经济社会发展格局中占有重要地位。近年来，中部地区农产品加工业的结构调整虽然对农产品加工业总产值的贡献较大，但由于中部地区劳动密集型产业所占比重较大，与东部地区相比，农产品加工业的竞争力不强。

第三节　中部地区农产品加工业竞争优势培育

一　中部地区农产品加工业竞争力不足的障碍因素

（一）国有经济为主，民营经济薄弱

中部地区农产品加工业发展相对缓慢、竞争力下降，与其国有经济比重大、民营经济薄弱等体制性因素有直接关系。改革开放以来，民营经济发展水平成为决定我国地区经济增长差异的重要因素。民营经济由于体制灵活、生产成本相对较低、对市场的适应能力强、反应速度快，对地方经济增长具有明显的促进作用。民营经济的发展差距在一定程度上直接导致了我国地区经济发展水平的差距。我国经济最为发达的沿海地区，如江苏、浙江、广东等省，同时也是民营经济数量最多、规模最大、发育最好的地区。中部地区，国有经济一直占据主导地位，所有制结构变动相对缓慢。2007 年，中部地区工业增加值中，国有及国有控股工业比重高达 62.24%，分别比广东、浙江、江苏高出 4.15 个、33.25 个和 3.3 个百分点。长期以来，中部地区国有企业的计划经济体制下的发展思维，造成了企业的竞争意识淡薄、市场意识薄弱，削弱了农产

品加工业的竞争力①。

（二） 科技和人才优势未能转化为现实的产业竞争力

随着经济全球化进程的深入发展和我国市场经济体制的不断健全，企业发展面临着越来越大的竞争压力，技术创新能力日益成为企业能否在激烈的市场竞争中获胜的关键。中部地区是我国重要的智力密集区，科技和人才在全国具有无可争议的优势。但中部地区的科技、教育和人才创新资源优势并未得到有效发挥，没有转化为现实的竞争力。其主要原因有二。一是中部地区的创新资源分布不均，主要集中在政府所属企事业单位，如 80% 的研发机构、60% 的科研人员和科研经费集中在高校，并且中央或省属科技创新资源多，地方所属相对较少，如市属科研人员、科研经费和占全部科研机构的比重仅为 17% 、4.4% 和 8% 。而社会其他机构尤其是企业拥有的科技资源量不足 10% ，且与社会经济发展的联系十分薄弱，中部地区较丰富的科技和人才没有有效地"市场化"。二是中部地区科技和人才优势更多地反映在科技论文数量和在校大学生人数上，企业的技术转化能力不强，企业同高校和科研单位的产学研结合还不紧密，造成了科研成果远离市场，与产品开发联系度低，科研实力没有转化为有效的生产力和企业的竞争力。

（三） 缺乏龙头企业的带动，产业之间的关联协作少

现代制造业发达国家的制造业发展的理论和实践表明，在全球化背景下，按照市场化组建企业之间的联系、实现产业集聚、发展产业集群是提高制造业竞争力的有效途径。中部地区农产品加工企业大多在计划经济背景下组建，企业平均规模较小，核心企业的带动支撑作用不足，企业之间基于市场的产业联系和产业协作较少，真正意义上的产业集群尚未形成，很难与发达国家和东部沿海地区农产品加工业产业集群发育较好的地区，如广东、浙江、江苏等形成竞争。一方面，从产业组织结构看，中部地区农产品加工企业规模较小，缺乏有影响力的龙头企业；另一方面，从产业间的配套协作来看，中部地区农产品加工业间关联度偏低，产业配套渠道不畅通，产业集聚效应不强，没有形成真正意义上的产业集群。产业链条不完善，农产品加工业的辐射、带动作用较

---

① 千庆兰：《中国地区制造业竞争力新论》，北京，科学出版社，2006，第 129 ~ 134 页。

小，不能形成明显的产业转移梯度，也缺乏企业内在的紧密联系，从而影响了竞争力的提升。

（四）对外开放程度较低

在经济全球化条件下，对外开放是城市集聚资源、扩展市场的必要条件。改革开放以来，外商直接投资已经成为影响我国地区经济差异的重要因素，也是影响中部地区农产品加工业竞争力的要素。中部地区对外开放相对滞后，制约了中部地区资源的集聚、市场的扩张和农产品加工业竞争力的提升。

二　中部地区农产品加工业竞争力培育路径

（一）科技创新是中部地区农产品加工业竞争力提升的关键

随着我国融入世界经济一体化进程的加快和全方位开放格局的形成，农产品加工业的竞争日益激烈，中部地区农产品加工业正面临着前所未有的挑战和机遇。提升中部地区农产品加工业的竞争力，关键在于大力推进农产品加工业技术的创新。一是要以农产品加工企业为技术创新的主体，以市场为导向，引导企业加大科研开发的投入，强化企业在推动农产品加工业产业化中的主导作用，促进中小企业发展壮大，不断形成产业集群，加快农产品加工业的产业化。二是加强产、学、研结合，不断完善农产品加工业的产业链条。要坚持以企业为核心，组织产、学、研联合创新，完善创新产业链条，加快形成技术突破并实现产业化。三是加快实施农产品制成品标准化建设，加强知识产权的保护。中部地区应以国家相关政策为依据，加快形成行业技术标准，加快形成以自主知识产权为核心的技术标准体系，积极鼓励企业开发具有自主知识产权的现代农产品制成品，提高中部地区农产品加工企业和农产品制成品在国际上的竞争力。四是充分发挥行业协会的作用，建立技术创新的中介机构，搭建技术创新的服务平台，营造有利于企业创新的政策环境和氛围。

（二）资金投入是中部地区农产品加工业竞争力提升的保障

中部地区农产品加工业竞争力的提升，应着力加大企业的投入。一方面要加大研发投入力度，另一方面要注重对外商研发资金的吸引，最重要的是要鼓励企业加大研发投入力度。继续加大外商直接投资的引进力度，我国作为外商直接投资流入量最大的发展中国家，外商直接投资在我国农产品加工业竞争力提升过程中发挥了明显的作用。但为了避免在全球价值链中，仅成为劳动密集型产品和高新技术产品外围部件的生产和供应者，吸引外商直接投资应和较强的产业政策相结合，有选择地吸引技术含量高的外商资本，同时加大自身技术努力，加快对先进技术的学习过程。

（三）产业多元化是中部地区农产品加工业竞争力提升的核心

促进产业结构的升级和产业多元化、加快发展高附加值产品的比重是提升中部地区农产品加工业市场竞争力的核心。中部地区要立足特色农产品，积极延伸产业链，发展深加工，促进产业结构的优化升级。同时要大力发展绿色有机农产品，促进商贸流通等相关产业的发展，构筑起结构合理、技术先进、特色明显、后劲充足、具有较强竞争力的产业结构体系。另外要积极打造农产品加工业产业集群，强化以园区为载体的产业集聚作用。以产业集群和工业园区为载体，打造中部地区农副食品加工业、饮料制造业、烟草制品业、家具制造业、造纸及纸制品业等优势产业集群。

（四）扩大开放是中部地区农产品加工业竞争力提升的推动力量

扩大开放，加强区域合作，提高经济外向度，在更大的市场空间内参与区域竞争，是获得农产品加工业竞争力的外部推动力量。一方面，要立足中部地区的特色农产品加工业，整合各种优质资源，建立以河南省、湖北省、安徽省等优势农产品加工业集聚区为核心的现代农产品制造业集聚区，保障区域经济的持续、健康发展；另一方面，要协调与东部沿海地区的关系，充分利用其科技资源研发优势，资源共享，与其错位发展，将突破口放在产业链条的转化服务上，依托丰富的商务资源辅以自身的科技创新能力，加快农产品加工业技术研发成果向产品和产业方向的市场化转化。此外，从更宏观的区域层面上，按照有所为有所不为的原则，推进中部地区农产品加工业的合理分工。

（五）高素质的人力资源是中部地区农产品加工业竞争力提升的基础

高素质的人力资源是中部地区农产品加工业竞争力提升的基础。一是要积极引进高素质人才。积极强化人才引进的激励机制，加强对关键技术人才、技术创新管理人才和具备综合素质人才的引进。二是要加快对高素质人才的培养。一方面要加强对在岗和转岗职工的技能培训；另一方面要加强中等职业教育，大力发展职业教育，培养掌握现代化科学知识和技能的高素质产业后备军。

第七章
中部地区农产品加工业集聚与升级

　　企业的群聚可以产生相应的企业群落优势，使群聚区域内的个体获得竞争优势，从而促进个体的发展，而这又进一步促进了整个群聚区域的扩展和壮大。聚集经济是把相互关联产品的生产按照一定规模聚集到某一区域来进行，从而使企业获得生产成本或交易费用的节约。企业群聚加速了彼此的成长，形成所谓的"绿洲效应"[①]。农产品加工业集聚升级是我国中部地区农产品加工业发展的方向。农产品加工业的集聚升级是指在特定的空间范围内和社会经济条件下，依托资源禀赋、市场、交通等区位优势，农产品加工企业、农产品生产者和供应商、相关市场和服务组织高度聚集形成一个有机整体，并通过不断提高空间开放度来强化外部网络、扩大要素规模、提高要素质量，进而促进产业和产品结构升级和竞争优势强化的产业发展过程[②]。随着中部地区承接东部沿海地区和国际产业转移进程的深化，我国产业在空间上的转移和集聚的趋势明显加快。因此，准确评价中部地区农产品加工业集聚现状与趋势，明确中部地区促进农产品加工业集聚的路径，是加快中部地区农产品加工业结构战略调整、提升农产品加工业竞争力的必然选择。本章在借鉴已有研究的基础上，从地区和行业两个角度分析中部地区农产品加工

---

① 罗勇、曹丽莉：《中国制造业集聚程度变动趋势实证研究》，载《经济研究》2005 年第 8 期，第 106 页。
② 卢凤君、张敏、李世峰：《区域农产品加工业发展的成功之路：集聚与升级》，北京，中国农业出版社，2007，第 22 页。

业的空间分布，即对中部地区农产品加工业的区域专业化程度和各行业在不同区域间分布的差异程度进行研究。

第一节　产业集聚程度的衡量指标

对于产业集聚程度的测度方法，已有文献提出了许多很好的理论和测度指标。理论方面包括基于规模报酬递增、运输成本和不完全竞争视角的产业空间集聚研究，以及基于竞争优势理论的空间集聚分析等（宋马林等，2012）。实证方面包括以下两个视角：一是借鉴产业组织理论研究的方法，运用首位度指数、赫芬达尔指数（Heefindahl Index）、熵指数（Entropy Index）、克鲁格曼指数等测度产业地方专业化水平；二是采用空间经济学的理论，运用区位基尼系数（Locational Gini Coefficient）、Ellison-Glaeser 指数（简称 EG 指数）、空间分散指数（Spatial Separation Index）等对产业的地理集中度进行分析。但由于研究基础和研究视角的不同，各测度指标形成了各自鲜明的特点。总的来说，一个好的集聚指数，应具有两个基本的性质：一是在产业趋向随机分布、不集聚的情况下，指数为零；二是不同产业、不同地区、不同时期的测度结果能够比较[①]。

一　农产品加工业集聚衡量指标

（一）地区专业化的衡量方法

地区专业化所要描述和解释的经济现象是：有些产业集聚在某一地区，而其他产业却集聚在另外的地区（樊福卓，2007）。在地区专业化的理论解释方面，学者从要素禀赋的差异性（Ohlin，1933）、规模报酬递增的作用（Krugman，1991）、经济外部性（Marshall，1920）等方面进行了阐释，相关的实证研究成果也颇为丰富。目前，从收集到的文献来看，衡量地区专业化指数的方法较多，具体方法如表 7-1 所示。

---

① Ellison G. and Glaeser E. L., "Geographic Concentration in US Manufacturing Industries: A Dartboard Approach", *Journal of Political Economiy*, 1997, 105 (5), 889-927.

表 7 – 1 地区专业化衡量方法

采用方法	公式	取值范围	专业化水平
区位商指数	$LQ_{ki} = \dfrac{q_{ij} \Big/ \sum\limits_{j=1}^{n} q_{ij}}{\sum\limits_{j=1}^{n} q_{ij} \Big/ \sum\limits_{i} \sum\limits_{j} q_{ij}}$	$LQ_{ki} > 1$，专业化产业 $LQ_{ki} < 1$，非专业化产业 $LQ_{ki} = 1$，自给自足	LQ_{ki} 值越大，表明地区某产业的相对专业化水平越高
加权区位商指数	$LQ_i = \sqrt{\sum\limits_{k} LQ_{ki}^2}$		LQ_i 值越大，表明地区专业化水平越高
赫芬达尔指数	$SH_i = \sum\limits_{k=1}^{n} s_{ki}^2$	$1/n < SH_i < 1$，$SH_i = 1$ 完全地区专业化，$SH_i = 1/n$ 完全地区多样化	SH_i 值越接近 1，表明地区专业化水平越高
地区熵指数	$RE_i = \sum\limits_{k=1}^{n} s_{ki}^2 \log_2 s_{ki}^{-1}$	$0 < RE_i < \log_2 n$	RE_i 值越小，表明地区专业化水平越高
基尼指数	$SGINI_i = \sum\limits_{k=1}^{n} \lambda_k \,|\, R_k - \bar{R} \,|$		指数值越大，表示地区专业化水平越高
产业集中指数	$SCR_n = \sum\limits_{k=1}^{n} s_i$	$0 < SCR_n < 100\%$	指数值越大，表示地区专业化水平越高
克鲁格曼专业化指数	$SKG_{ij} = \sum\limits_{k=1}^{n} |\, s_{ki} - s_{kj} \,|$	$0 < SKG_{ij}$	指数值越大，表示地区专业化水平越高
产业内专业化指数	$A_k = 1 - \dfrac{|\, X_k - M_k \,|}{X_k + M_k}$	$0 < A_k < 1$	A_k 值越大，表示产业内分工的专业化越深化

资料来源：魏后凯：《中国产业集聚与集群发展战略》，经济管理出版社，2008，第 101 页。

　　本节主要采用区位商指数、克鲁格曼指数对中部地区的农产品加工业的地区专业化水平进行分析。

1. 区位商指数

　　区位商指一个地区某种产业产值或就业在全国（或全省）所占的比重与该地区全部产业产值或就业占全国的比重之比。区位商指数是长期以来得到广泛使用的衡量地区专业化的重要指数，用于衡量某一区域产业的空间分布状况。区位商反映的是特定区域在特定行业的专业化程度以及某一区域在高层次区域的地位和作用等，是每一地区产业相对集中程度的直接反映。

其计算公式为：

$$LQ_{ki} = \frac{q_{ij} \Big/ \sum\limits_{j=1}^{n} q_{ij}}{\sum\limits_{j=1}^{n} q_{ij} \Big/ \sum\limits_{i} \sum\limits_{j} q_{ij}}$$

其中，q_{ij} 为 i 地区 j 行业的产出，$q_{ij} \Big/ \sum\limits_{j=1}^{n} q_{ij}$ 表示地区 i 的行业 j 占该区域全部行业总产值的份额，$\sum\limits_{j=1}^{n} q_{ij} \Big/ \sum\limits_{i} \sum\limits_{j} q_{ij}$ 表示行业 j 占全国全部行业总产值的份额。LQ_{ki} 指数测度该区域的行业结构与全国平均水平之间的差异，是评价区域产业集聚度的指标之一。一般认为，如果 $LQ_{ki} > 1$，表明该产业的产品除在本地区消费外，还可以向外输出，在该地区属于专业化部门；若 $LQ_{ki} < 1$，表明该产业的产品不能满足区域内需要，需要从区外调入，在该地区属于非专业化部门；若一个行业不是地方性的，而是与全国整个工业成比例地散布在全国各地，那么该行业的地区专业化指数就等于 1。区位商指数越高，表明该行业的地区化程度越高，该地区的专业化程度越高；反之亦然。

2. 克鲁格曼指数

克鲁格曼采用两个地区之间的结构差异指数来衡量地区分工和专业化程度，其计算公式为：

$$SKG_{ij} = \sum\limits_{k=1}^{n} \left| s_{ki} - s_{kj} \right|$$

其中，s_{ki} 代表产业 k 在 i 地区制造业的就业比重，s_{kj} 代表产业 k 在 j 地区制造业中的就业比重，n 为全部产业数。SKG_{ij} 为 i 地区相对于 j 地区的相对克鲁格曼专业化指数。SKG 反映地区产业结构差异，其取值范围为 0 ~ 2。如果两个地区有相同的行业结构，则 $SKG = 0$；如果两个地区的行业结构完全不一样，则 $SKG = 2$。SKG 越大代表两地区的产业结构差异越强。在分析中，我们可以将

s_{kj} 换成 $\overline{s_k}$，即产业 k 在全国制造业就业中的比重，用于衡量地区与全国平均水平之间存在的结构性差异，其计算公式为[①]：

$$SKG_i = \sum_{k=1}^{n} \left| s_{ki} - \overline{s_k} \right|$$

（二）产业地理集中衡量方法

产业地理集中是从空间角度解释产业经济活动的，其作为产业集聚现象研究的深入，国内外诸多学者对其进行了研究，其衡量指标也不断创新。目前，产业地理集中度的主要衡量指标见表 7 - 2。

表 7 - 2　产业地理集中度衡量方法及指标

采用方法	公式	取值范围	专业化水平
产业集聚度 CR_n^k	$CR_n^k = \sum_{i=1}^{n} s_i^k$	$[0,1]$	CR_n 值越大，表明该行业越集中
区位基尼系数（刘海波，2009）	$G_t = \dfrac{1}{2n^2 \overline{D_t}} \sum_{j=1}^{n} \sum_{k=1}^{n} \left| D_{tj} - D_{tk} \right|$	$[0,1]$	$G_i = 0$ 表示产业在不同地区间均匀分布；$G_i = 1$ 表示产业生产活动完全集中在一个地区
Ellison-Glaeser 指数（臧新，2010）	$\gamma_i = \dfrac{\sum\limits_{j=1}^{n}(s_{ij}-s_j)^2 - (1-\sum\limits_{j=1}^{n}s_j)H_i}{(1-\sum\limits_{j=1}^{n}s_j)(1-H_i)}$		$\gamma_i < 0.02$ 表示该产业不存在空间聚集现象；$0.02 \leq \gamma_i \leq 0.05$ 表示该产业在空间分布较为均匀；$0.05 < \gamma_i$ 表示该产业空间分布的集聚度较高
空间分散指数（魏后凯，2008）	$SP = C \sum\limits_{i}^{n} \sum\limits_{j}^{n} (s_i^k s_j^k \delta_{ij})$	其取值范围取决于常数 C	指数值越大，表明产业地理集中度越小；指数值越小，表明产业地理集中度越大

目前，关于产业地理集中度的衡量方法和指标，总体上可分为两类：一类是传统的单一地理尺度方法，包括区位商、集中曲线、区位基尼系数、Herfindahl 指数、EG 指数和熵指数；另一类是通过分析点的空间分布建立的基

[①]　魏后凯：《中国产业集聚与集群发展战略》，经济管理出版社，2008，第 99 页。

于距离的多空间尺度方法，如 K（L）函数、D 函数和 M 函数等（刘春霞，2006；臧新，2011）。几种主要的衡量产业地理集中的指标见表 7－2，其具体计算方法和公式内涵不再重述。在整理文献时发现，各种方法和指标的选取，不仅取决于其包含的理论内涵，还受到数据收集和有效性的制约。鉴于以上两种因素，本书主要采用产业集聚度、区位基尼系数对中部地区农产品加工业的地理集中度进行测量。

1. 产业集聚度

产业集聚度是最常用、最简单易行的绝对集中度的衡量指标。该指标表示行业内规模最大的前 n 个地区有关数值（根据实际情况，可以使用产出、增加值或就业量等）的合计占整个市场的份额。

其计算公式为：

$$CR_n^k = \sum_{i=1}^{n} s_i^k$$

其中，CR_n^k 表示行业 k 中产值最大的前 n 位地区所占总产值（或就业等）比重之和，取值范围为 0～1，取值越大，表示该行业越集中。其中 n 可取产业内最大的前 1～10 位，学者在实际研究中往往存在差异，但不同的取值会得出不同的结论。产业集聚度指标能直观反映产业内的集聚状况，显示竞争与垄断的程度，但该指标也有一定的局限性。

2. 区位基尼系数

基尼系数是意大利经济学家基尼提出的定量测定收入分配差异程度的指标，其经济含义是在全部居民收入中用于不平均分配的百分比。20 世纪末，契波尔、克鲁格曼等人将洛伦兹线和基尼系数引入空间经济学，用来测度行业在地区间分部的均衡程度，即产业集聚程度（李君华，2010）。不同的学者采用不同的计算方法，本书在计算农产品加工业的产业地理集中度时，采用刘海波（2009）所使用的计算公式。

其计算公式如下：

$$G_t = \frac{1}{2n^2 \overline{D}_t} \sum_{j=1}^{n} \sum_{k=1}^{n} \left| D_{tj} - D_{tk} \right|$$

其中，D_{ij}、D_{ik} 表示行业 j 和行业 k 的就业人数（产值）在该地区制造业就业总人数（工业总产值）中所占份额；n 是行业的个数；$\overline{D}_t$ 是各行业在该地区制造业所占份额的均值。对每一年，以 D_{ij} 递减的次序把 D_{ij} 累计相加，以累计的行业个数除以 n 作为横坐标，D_{ik} 相应的累计值作为纵坐标，逐步绘出 D_{ij} 的累计值，所得到的曲线就是洛伦兹曲线。区位基尼系数等于区域与 45°线之间面积的 2 倍。若 $G_t = 0$，表明该地区的工业总产值在各个行业是平均分布的；若 $G_t = 1$，表明该地区的工业完全集中在一个行业。基尼系数越大，表明该地区产业分布差异越大，专业化水平越高[①]。

二　数据来源

本部分考察的区域范围按区域分为东部地区、中部地区、西部地区和东北地区，考察的产业为农产品加工业的 12 个行业。基于数据的可得性，主要采用 2000 年、2007 年和 2010 年全国四大区域农产品加工业产值、就业人数和 GDP 等数据，对中部地区的农产品加工业集聚度进行分析。数据主要来源于历年《中国乡镇企业及农产品加工业年鉴》、《中国工业统计年鉴》、《中国贸易年鉴》、《中国统计年鉴》，以及中部地区各省统计年鉴等。部分数据来源于中经数据库和搜数网。

第二节　中部地区农产品加工业集聚状况

一　中部地区农产品加工业地区专业化变化趋势

（一）基于区位商的分析

根据区域商指数计算公式，本书计算了 2000 年和 2007 年全国各区域农产品加工业 12 个行业的区位商指数，见表 7 - 3。

---

① 刘海波：《我国产业集聚水平及其对区域差异的影响研究》，北京，经济科学出版社，2009，第 31 页。

表 7 - 3　2000 年、2007 年各区域农产品加工业区位商指数

产　业	2000 年				2007 年			
	东部	中部	西部	东北	东部	中部	西部	东北
农副食品加工业	0.8870	1.4190	1.1870	0.9289	0.9440	1.4406	0.4760	1.4155
食品制造业	0.4002	0.3978	0.3247	0.3624	0.9402	1.2484	0.8179	1.3073
饮料制造业	0.4089	0.5860	0.7824	0.3498	0.8078	1.8834	0.5492	1.6163
烟草制品业	0.1689	0.7388	1.4640	0.0949	0.5103	4.4212	0.0356	0.0000
纺织业	1.6542	1.3255	0.7767	0.3838	1.4000	0.3989	0.0951	0.0876
纺织服装、鞋、帽制造业	0.6920	0.1817	0.1446	0.1447	1.3700	0.3528	0.0230	0.5468
皮革、毛皮、羽毛(绒)及其制品业	0.2640	0.1802	1.4918	0.0655	1.2802	0.7350	0.3333	0.1050
木材加工及木、竹、藤、棕、草制品业	0.1525	0.2512	0.0922	0.2372	1.0909	1.0458	0.3012	1.1828
家具制造业	0.1216	0.1517	0.0787	0.0438	1.1793	0.8540	0.0776	1.1327
造纸及纸制品业	0.7917	0.6542	0.4356	0.2498	1.2109	1.0767	0.1880	0.2560
印刷业和记录媒介的复制	0.1053	0.0841	0.5949	0.0131	1.2474	0.7605	0.2016	0.5388
橡胶制品业	0.1295	0.0579	0.0207	0.0282	1.3054	0.6278	0.1219	0.4177

　　如表 7 - 3 所示,与 2000 年相比,2007 年中部地区除纺织业外,其他 11 个行业的地区专业化指数都明显提高,说明这些产业的集中度不断提高,产业集群的优势逐渐显现。其中,提高幅度较大的有橡胶制品业,印刷业和记录媒介的复制,烟草制品业,木材加工及木、竹、藤、棕、草制品业,家具制造业,皮革、毛皮、羽毛(绒)及其制品业,食品制造业和饮料制造业。2007 年,中部地区农产品加工业专业化指数大于 1 的行业主要有农副食品加工业,食品制造业,饮料制造业,烟草制品业,木材加工及木、竹、藤、棕、草制品业,造纸及纸制品业,分别为 1.4406、1.2484、1.8834、4.4212、1.0458 和 1.0767,而纺织服装、鞋、帽制造业,皮革、毛皮、羽毛(绒)及其制品业,家具制造业,印刷业和记录媒介的复制,橡胶制品业专业化指数虽有增长,但仍低于 1,纺织业的专业化指数则由 2000 年的 0.7767 下降到 2007 年的 0.3989。

　　农副食品加工业,食品制造业,饮料制造业,烟草制品业,木材加工及木、竹、藤、棕、草制品业,造纸及纸制品业等专业化指数的提高,表明这些产业具有较高的产业集中度和规模经济。就农副食品加工业而言,2007 年企业总数、工业增加值和工业总产值分别占农产品加工业总体的 30.91%、

32.8%和34.56%，与上年相比，农副食品制造业的总体规模、企业数量等都有较大幅度的上升（见图7-1）。

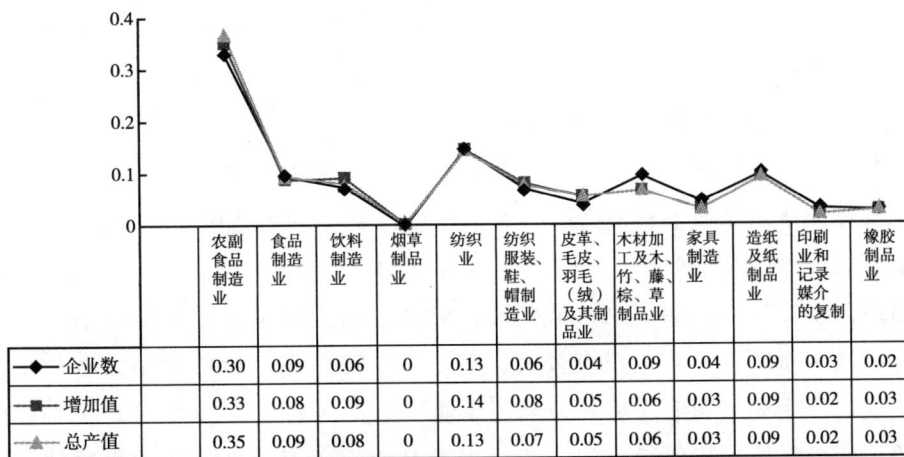

	农副食品制造业	食品制造业	饮料制造业	烟草制品业	纺织业	纺织服装、鞋、帽制造业	皮革、毛皮、羽毛（绒）及其制品业	木材加工及木、竹、藤、棕、草制品业	家具制造业	造纸及纸制品业	印刷业和记录媒介的复制	橡胶制品业
企业数	0.30	0.09	0.06	0	0.13	0.06	0.04	0.09	0.04	0.09	0.03	0.02
增加值	0.33	0.08	0.09	0	0.14	0.08	0.05	0.06	0.03	0.09	0.02	0.03
总产值	0.35	0.09	0.08	0	0.13	0.07	0.05	0.06	0.03	0.09	0.02	0.03

图7-1 中部地区农产品加工业指标值占总规模的比重

分区域而言，农产品加工业的专业化指数表现出不同的变化趋势。就东部地区而言，2007年，除纺织业和木材加工及木、竹、藤、棕、草制品业外，其他行业的专业化指数都比2000年有所提高。东部地区农副食品加工业、食品制造业、饮料制造业、烟草制品业的专业化指数都小于1，产业集中度水平较低，这主要是由于随着东部地区经济的发展，产业结构调整的步伐加快，附加值高、技术含量高的高新技术产业发展速度加快，传统的劳动密集型产业向中西部地区转移，这也说明了为什么2007年中部地区的这些产业的专业化指数较高的原因。虽然东部地区纺织业的专业化指数较2000年有所下降，但指数依然大于1，且高于中部地区（0.3989）、西部地区（0.0951）和东北地区（0.0876）。东部地区形成了规模经济，但受市场需求的影响，中西部地区的纺织业技术不强，处于粗放型的发展阶段。

区域内产业的专业化指数的结果表明，原材料密集型、原材料及资本密集型农产品加工业的地区专业化指数较高，且主要集中于经济欠发达、农业比重较大的中西部地区。这是因为农产品加工业对自然条件的依赖程度较高，资源分布状况决定了其产业发展特征，使得在农业资源较丰富的区域，出现了农产品加工产业集聚程度较高的情况。而劳动密集型和技术密集型农产品加工业的地区专业化指数较高的区域主要集中于东部地区。这是由于东部地区对外开放程度较高，同时这些行业主要属于可以脱离原材料产地进行生产并具有国际比较优势的行业，大量的出口使得这些行业在沿海地区沉淀下来形成了产业集聚[①]，导致了较高的地区专业化指数。

分省而言，各产业在各个省的集聚程度并不相同（见表 7 - 4）。2007 年各省都在烟草制品业上有最高的产业集中度，其中安徽省的专业化指数最高，其他依次为河南、湖北、湖南、江西和山西，专业化指数分别为 9.0831、7.0329、4.1279、2.6396、2.2486 和 1.0381，这主要是由于我国的烟草行业实行区域垄断经营，企业规模较大，产业集中程度高。2007 年山西省的纺织业，皮革、毛皮、羽毛（绒）及其制品业，家具制造业较 2000 年产业专业化指数有所下降外，其他行业的专业化指数都有所上升，但专业化指数都小于1，农产品加工业的集聚程度较差。安徽省农副食品加工业、食品制造业、饮料制造业、纺织业、造纸及纸制品业的专业化指数较 2000 年有所下降，其他行业的专业化指数都有所上升，但都小于1，安徽省农产品加工业的集聚经济发展较慢。江西省的农副食品加工业、纺织业的专业化指数较 2000 年有所下降，其他行业都呈上升态势。其中，纺织服装、鞋、帽制造业有较高的指数值，且高于中部地区的其他省份。河南省的农副食品加工业，纺织业，纺织服装、鞋、帽制造业的专业化指数较 2000 年有所下降，饮料制造业和造纸及纸制品业有较高的专业化指数。湖北省的农副食品加工业和纺织业专业化指数较 2000 年有所下降，其他行业都呈上升态势。其中，农副食品加工业、饮料制造业和橡胶制品业有较高的产业集聚度。湖南省的纺织业和造纸及纸制品业专业化指数较 2000 年有所下降，其他行业都呈上升态势。其中，农副食品加工业，食品制造业，饮料制造业，木材加工及木、竹、藤、棕、草制品业和造纸及纸制品业的专业化指数较高。

---

① 苏李、臧日宏、田国英：《中国农产品加工业集聚与绩效评价》，载《软科学》2011 年第 3 期，第 84～87 页。

表7-4 2000年、2007年中部地区各省农产品加工业区位商指数

产业	2000年						2007年					
	山西	安徽	江西	河南	湖北	湖南	山西	安徽	江西	河南	湖北	湖南
农副食品加工业	0.3947	1.3223	1.5978	1.8683	1.4460	1.1653	0.4074	0.6565	0.9879	0.9035	1.0138	1.9221
食品制造业	0.1691	0.2970	0.2380	0.7219	0.2972	0.2571	0.5464	0.2485	0.7102	0.9669	0.8114	1.1912
饮料制造业	0.3366	1.0824	0.4624	0.5586	0.5885	0.3906	0.7754	0.5635	0.6747	1.3917	1.7414	1.2076
烟草制品业	0.1165	0.7005	0.6436	0.4681	0.7265	1.9018	1.0381	9.0831	2.2486	7.0329	4.1279	2.6396
纺织业	0.5789	1.6795	1.0263	1.3137	1.8369	0.7565	0.0408	0.1575	0.1352	0.2618	0.5759	0.4457
纺织服装、鞋、帽制造业	0.0178	0.0975	0.1076	0.1014	0.4404	0.1180	0.0200	0.1009	1.3144	0.0845	0.5269	0.3642
皮革、毛皮、羽毛(绒)及其制品业	0.0093	0.1368	0.0506	0.3553	0.0964	0.2084	0.0047	0.4332	0.2782	0.7996	0.1539	0.8970
木材加工及木、竹、藤、棕、草制品业	0.0089	0.2785	0.5031	0.1877	0.1815	0.5278	0.0096	0.9964	0.7731	0.5705	0.7912	2.4198
家具制造业	0.0204	0.0707	0.1153	0.1171	0.2580	0.2273	0.0074	0.3389	0.3391	0.6704	0.3326	0.8926
造纸及纸制品业	0.0989	0.4110	0.3313	0.9570	0.5509	1.0467	0.1997	0.3401	0.5601	1.1912	0.6746	1.0030
印刷业和记录媒介的复制	0.0237	0.0556	0.1043	0.0938	0.0987	0.0984	0.0375	0.3554	0.4317	0.4191	0.8691	0.7973
橡胶制品业	0.0141	0.0198	0.0680	0.0816	0.0531	0.0819	0.1007	0.6767	0.5849	0.3667	1.0563	0.1867

从全国来看，2007 年我国农产品加工业按产业专业化指数得分划分前 6 位的省份中，有的产业包含中部地区的省份（见表 7 - 5）。烟草制品业在全国的产值比重最高，达到 65.95%，安徽省、河南省、湖南省的产业专业化指数排在全国前 6 位之内，其他依次是饮料制造业、农副食品加工业、造纸及纸制品业等，占全国的比重分别为 28.09%、21.49% 和 16.60% 等，其中，中部地区的湖北省、湖南省和河南省相比全国而言，具有较高的专业化指数。就其他产业而言，中部地区各省的发展程度不一，与全国水平相比，食品制造业，家具制造业，印刷业和记录媒介的复制，皮革、毛皮、羽毛（绒）及其制品业和纺织服装、鞋、帽制造业产业专业化指数较小，尚未显示出较高的规模经济。综合而言，中部地区的产业集聚主要是在烟草制造业、饮料制造业、农副食品加工业、造纸及纸制品业等产业，具有较明显的规模优势。

表 7 - 5 2007 年全国农产品加工业前 6 位集聚地区

产业	占中部地区农产品加工业比重（%）	前 6 位集聚区及在全国的比重	属于中部省份
烟草制品业	65.95	安徽（17.81%）、河南（35.48%）、陕西（4.31%）、湖南（5.51%）、重庆（2.04%）、山东（22.15%）	安徽、河南、湖南
饮料制造业	28.09	四川（8.52%）、福建（9.01%）、西藏（0.02%）、吉林（3.55%）、湖北（4.13%）、辽宁（7.96%）	湖北
农副食品加工业	21.49	山东（38%）、四川（5.36%）、湖南（4.02%）、辽宁（7.74%）、宁夏（0.40%）、吉林（2.21%）	湖南
食品制造业	18.62	内蒙古（5.56%）、宁夏（0.82%）、福建（7.23%）、山东（24.41%）、辽宁（7.49%）、陕西（2.11%）	—
造纸及纸制品业	16.06	浙江（17.5%）、福建（6.06%）、山东（21.66%）、河南（6.01%）、西藏（0.01%）、广东（14.49%）	河南
木材加工及木、竹、藤、棕、草制品业	15.60	湖南（5.06%）、福建（6.14%）、山东（21.97%）、广西（1.92%）、浙江（13.66%）、吉林（2.23%）	湖南
家具制造业	12.74	山东（24.89%）、浙江（15.74%）、辽宁（7.64%）、福建（4.86%）、四川（4.28%）、上海（8.62%）	—

续表

产业	占中部地区农产品加工业比重（%）	前6位集聚区及在全国的比重	属于中部省份
印刷业和记录媒介的复制	11.34	上海（10.08%）、浙江（16.30%）、山东（21.93%）、重庆（1.75%）、广东（14.53）、贵州（0.64%）	—
皮革、毛皮、羽毛（绒）及其制品业	10.96	浙江（30.64%）、宁夏（0.84%）、福建（8.42%）、重庆（1.27%）、河北（4.82%）、广东（14.53%）	—
橡胶制品业	9.36	山东（40.79%）、河北（5.35%）、浙江（10.29%）、上海（6.08%）、天津（2.65%）、湖北（2.50%）	湖北
纺织业	5.95	浙江（27.53%）、江苏（34.62%）、福建（4.50%）、山东（16.52%）、湖北（1.36%）、新疆（0.43%）	湖北
纺织服装、鞋、帽制造业	5.26	福建（22.51%）、浙江（14.58%）、江苏（21.48%）、江西（2.01%）、广东（12.61%）、山东（11.27%）	—

（二）基于克鲁格曼指数的分析

运用克鲁格曼指数计算公式，对 2007 年和 2010 年全国各区域农产品加工业克鲁格曼专业化指数进行计算，计算结果见表 7-6 和表 7-7。

表 7-6　2007 年各地区农产品加工业专业化指数及排名

地　区	综合排名	克鲁格曼指数	地　区	综合排名	克鲁格曼指数	地　区	综合排名	克鲁格曼指数
浙　江	1	0.788271	四　川	12	0.235728	新　疆	23	0.140188
江　苏	2	0.720249	内蒙古	13	0.229536	北　京	24	0.137988
福　建	3	0.574867	重　庆	14	0.209988	云　南	25	0.120273
广　东	4	0.536454	宁　夏	15	0.208278	贵　州	26	0.095110
上　海	5	0.475287	天　津	16	0.206304	西　藏	27	0.092552
山　东	6	0.445689	湖　南	17	0.204092	陕　西	28	0.075523
湖　北	7	0.414850	广　西	18	0.200157	黑龙江	29	0.054882
河　南	8	0.414498	海　南	19	0.189252	山　西	30	0.050014
河　北	9	0.357115	吉　林	20	0.163658	青　海	31	0.032128
辽　宁	10	0.310391	安　徽	21	0.158849			
江　西	11	0.283566	甘　肃	22	0.142965			

表 7-7 2010 年各地区农产品加工业专业化指数及排名

地　区	综合排名	克鲁格曼指数	地　区	综合排名	克鲁格曼指数	地　区	综合排名	克鲁格曼指数
江　苏	1	0.721513	宁　夏	12	0.309504	安　徽	23	0.156589
山　东	2	0.647749	广　西	13	0.279978	云　南	24	0.150314
河　南	3	0.641765	吉　林	14	0.255545	北　京	25	0.118519
福　建	4	0.621045	天　津	15	0.238778	黑龙江	26	0.117569
湖　北	5	0.557324	内蒙古	16	0.236389	陕　西	27	0.097977
浙　江	6	0.531177	湖　南	17	0.231405	山　西	28	0.086859
广　东	7	0.402685	海　南	18	0.216061	青　海	29	0.011041
河　北	8	0.394996	江　西	19	0.193635	贵　州	30	—
四　川	9	0.352121	重　庆	20	0.190285	西　藏	31	—
上　海	10	0.340650	新　疆	21	0.186800			
辽　宁	11	0.329912	甘　肃	22	0.157442			

说明：由于 2010 年贵州和西藏农产品加工业就业人数统计数据不全，致使计算结果出现较大偏差，在此可忽略。

表 7-8 2007 年和 2010 年各区域专业化指数

2007 年							
东部地区	0.4431476	中部地区	0.254312	西部地区	0.1485355	东北地区	0.17631
浙　江	0.788271	湖　北	0.414850	四　川	0.235728	辽　宁	0.310391
江　苏	0.720249	河　南	0.414498	内蒙古	0.229536	吉　林	0.163658
福　建	0.574867	江　西	0.283566	重　庆	0.209988	黑龙江	0.054882
广　东	0.536454	湖　南	0.204092	宁　夏	0.208278		
上　海	0.475287	安　徽	0.158849	广　西	0.200157		
山　东	0.445689	山　西	0.050014	甘　肃	0.142965		
河　北	0.357115			新　疆	0.140188		
天　津	0.206304			云　南	0.120273		
海　南	0.189252			贵　州	0.095110		
北　京	0.137988			西　藏	0.092552		
				陕　西	0.075523		
				青　海	0.032128		

续表

2010 年							
东部地区	0.4233173	中部地区	0.311263	西部地区	0.1643209	东北地区	0.234342
江　苏	0.721513	河　南	0.641765	四　川	0.352121	辽　宁	0.329912
山　东	0.647749	湖　北	0.557324	宁　夏	0.309504	吉　林	0.255545
福　建	0.621045	湖　南	0.231405	广　西	0.279978	黑龙江	0.117569
浙　江	0.531177	江　西	0.193635	内蒙古	0.236389		
广　东	0.402685	安　徽	0.156589	重　庆	0.190285		
河　北	0.394996	山　西	0.086859	新　疆	0.186800		
上　海	0.340650			甘　肃	0.157442		
天　津	0.238778			云　南	0.150314		
海　南	0.216061			陕　西	0.097977		
北　京	0.118519			青　海	0.011041		
				贵　州	0		
				西　藏	0		

根据分析的需要，按照克鲁格曼专业化指数的高低，将各地区分为 6 类：完全专业化地区（$SKG = 2$）、高专业化地区（$0.8 < SKG < 2$）、中等专业化地区（$0.6 < SKG \leqslant 0.8$）、低专业化地区（$0.4 < SKG \leqslant 0.6$）、多样化地区（$0 < SKG \leqslant 0.4$）、完全多样化地区（$SKG = 0$）[①]。

表 7 - 9　2007 年、2010 年各地区农产品加工业专业化地区分类

克鲁格曼指数	专业化程度	2007 年	2010 年
$SKG = 2$	完全专业化地区	—	—
$0.8 < SKG < 2$	高专业化地区	—	—
$0.6 < SKG \leqslant 0.8$	中等专业化地区	浙江、江苏	江苏、山东、河南、福建
$0.4 < SKG \leqslant 0.6$	低专业化地区	福建、广东、上海、山东、湖北、河南	湖北、浙江、广东
$0 < SKG \leqslant 0.4$	多样化地区	河北、辽宁、江西、四川、内蒙古、重庆、宁夏、天津、湖南、广西、海南、吉林、安徽、甘肃、新疆、北京、云南、贵州、西藏、陕西、黑龙江、山西、青海	河北、四川、上海、辽宁、宁夏、广西、吉林、天津、内蒙古、湖南、海南、江西、重庆、新疆、甘肃、安徽、云南、北京、黑龙江、陕西、山西、青海
$SKG = 0$	完全多样化地区	—	—

---

① 魏后凯：《中国产业集聚与集群发展战略》，北京，经济管理出版社，2008，第 106 页。

如表7-6至表7-9所示，2007年东部地区的浙江、江苏2省克鲁格曼指数较高，分别达到了0.788271和0.720249，是中等专业化地区，聚集了较多农产品加工业；东部地区的福建、广东、上海、山东和中部地区的湖北、河南处于低专业化地区，而其他省（自治区、直辖市）则处于多样化地区。就中部地区而言，农产品加工业克鲁格曼指数都较低，仅湖北和河南为低专业化地区，且指数较为接近，江西、安徽、湖南、山西均为多样化地区，彼此间指数相差较大。同时，安徽、湖南、山西专业化指数均低于全国平均水平。河南和湖北较高的专业化指数，可能是因为该地区农产品加工业结构相对于别的地区来说实现了较大的差异，或是该区域很少有农产品加工业分布，或地区保护主义较严重。农产品加工业多为劳动和资源密集型，对带动地方就业增长和经济增长具有重要的贡献，农产品加工业受地方保护的色彩较浓，比如烟草制品业、食品制造业等，使其地区专业化水平较高。而安徽、湖南、山西专业化指数较低，可能是源于这些地区的一体化程度较低，且存在农产品加工业产业结构雷同现象。

2010年，东部地区的江苏、山东和福建，以及中部地区的河南地区专业化指数较高，分别为0.721513、0.647749、0.621045、0.641765，为中等专业化地区；东部地区的浙江、广东，以及中部地区的湖北处于低专业化地区，且地区专业化指数较为接近；其他省（自治区、直辖市）如河北、四川、上海、辽宁、宁夏、广西、吉林、天津、内蒙古、湖南、海南、江西、重庆、新疆、甘肃、安徽、云南、北京、黑龙江、陕西、山西、青海等地区处于多样化地区。就中部地区而言，2010年河南、湖北、湖南、山西的专业化指数较2007年都有较大幅度的提高，分别为0.641765、0.557324、0.231405和0.086859，河南省进入中等专业化地区。河南和湖北在全国的位次由2007年的第八、第七位上升到2010年的第三、第五位，但江西和安徽的专业化指数有所降低。

分地区而言，与2007年相比，2010年中部地区、西部地区和东北地区的专业化指数都有所提高，而东部地区的专业化指数有所下降，见图7-2。2006年国家实施促进中部地区崛起战略以来，国家相继出台了大量鼓励农产品加工业的相关政策，特别是国家出台的促进中西部地区承接产业转移的相关意见，国际和东部沿海地区的大量产业向中西部地区转移。另外，中部地区农业资源优势的发挥，促进了特色农产品加工业的发展，中部地区农产品加工业的结构日益呈现差异化格局。因此，中部地区的农产品加工业的集聚程度的提高是必然趋势。

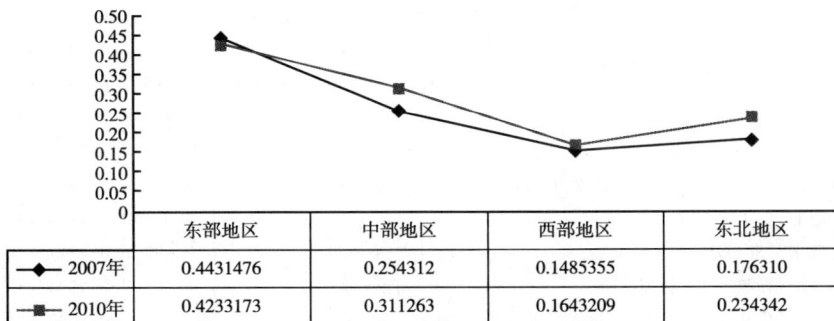

	东部地区	中部地区	西部地区	东北地区
◆ 2007年	0.4431476	0.254312	0.1485355	0.176310
■ 2010年	0.4233173	0.311263	0.1643209	0.234342

图 7 - 2　2007 年和 2010 年各地区专业化指数

但中部地区农产品加工业的地区专业化程度依然较低，这可能主要源于以下两个原因。一是农产品加工业多为民营经济，受资金、技术等方面的制约，农产品加工企业规模普遍较小，规模效益和外部性尚未充分发挥，对地区农产品加工业的集聚推动作用不明显。特别是受国际金融危机的影响，外需受阻，内需不足，农产品加工业集聚升级进程缓慢。二是中部地区重工业占有较大比重，受计划经济体制的影响，中部地区各省仍是我国重要的能源原材料基地和装备制造业基地，而包括农产品加工业在内的轻工业所占比重较小，农产品加工产业结构转型升级的步伐缓慢，各省农产品加工业产业结构的差异性依然较小。

二　中部地区农产品加工业地理集中情况分析

（一）基于集中度的分析

一些学者按照前述公式，按照就业数份额或产值份额等前三位或四位的地区，计算了制造业集中度指数，其中有关农产品加工业的地理集中度见表7 - 10。

表 7 – 10   2000 ~ 2010 年农产品加工业集中度计算结果

	2000 年 CR4①	2001 年 CR4②	2002 年 CR4③	2003 年 CR4④	2003 年 CR3⑤	2004 年 CR4⑥
农副食品加工业（C13）	0.476	0.495	0.496	0.465	0.4197	0.4519
食品制造业（C14）	0.429	0.439	0.422	0.406	0.3475	0.3888
饮料制造业（C15）	0.406	0.412	0.412	0.422	0.3325	0.3484
烟草制品业（C16）	0.420	0.402	0.385	0.374	0.3812	0.4198
纺织业（C17）	0.675	0.678	0.698	0.695	0.6002	0.6103
纺织服装、鞋、帽制造业（C18）	—	—	—	—	0.6177	0.6397
皮革、毛皮、羽毛（绒）及其制品业（C19）	—	—	—	—	0.5909	0.7751
木材加工及木、竹、藤、棕、草制品业（C20）	—	—	—	—	0.4026	0.3884
家具制造业（C21）	—	—	—	—	0.5196	0.5639
造纸及纸制品业（C22）	0.554	0.567	0.588	0.602	0.4817	0.4610
印刷和记录媒介的复制（C23）	—	—	—	—	0.4594	0.4557
橡胶制品业（C29）	—	—	—	—	0.5043	0.5149

注：①②③④数据来源于刘海波（2009）采用行业产值计算的指标值；⑤数值来源于魏后凯（2008）按行业产值计算的前 3 位产业集中率；⑥数值来源于臧新（2011）采用行业拥有的行业就业人数在省级地理位置分布的指标计算所得。

魏后凯（2008）按 CR3 分类的地理集中度对 2003 年的农产品加工业进行了分类，其中，饮料制造业、食品制造业为分散类型（CR3 < 35%），烟草制品业，木材加工及木、竹、藤、棕、草制品业，农副食品加工业属于中间型（35% ≤ CR3 < 45%），印刷业和记录媒介的复制，造纸及纸制品业，橡胶制品业，家具制造业，皮革、毛皮、羽毛（绒）及其制品业，纺织业，纺织服装、鞋、帽制造业属于集中型（45% ≤ CR3），表现出了明显的地理集中现象，见表 7 – 10 中⑤数据。1985 ~ 2003 年，除了烟草制品业向中部地区安徽集中外，其他农产品加工业都不同程度地向东部地区集中。2003 年，按产值前 3 位的农产品加工业排序可以发现，中部地区只有河南省的食品制造业和烟草制品业排在全国的第三位，这表明中部地区的农产品加工业产业差异较大，并未明显地集中于中部地区①。

从刘海波（2009）依据行业 CR4 指数计算的集聚情况来看（见表 7 – 10

① 参见魏后凯《中国产业集聚与集群发展战略》，北京，经济管理出版社，2008，第 54 ~ 56 页。

中①②③④数据），1999～2003 年，农产品加工业的集聚水平总体上呈现上升的趋势，但表现出三种明显的情况：农副食品加工业、饮料制造业、纺织业、造纸业呈现递增的态势；烟草制品业呈现先递增后递减态势；食品制造业呈现不稳定的态势。以 1999 年为基期计算 2003 年的地理集中度的增长率可见，造纸业、农副食品加工业和纺织业等劳动和资本密集型产业集聚速度不断加快，而食品制造业和烟草制品业等以资源为依托的农产品加工业集聚速度较慢。1999～2003 年,农产品加工业主要集中于东部沿海地区的山东、江苏、广东、浙江等省，而中部地区农产品加工业排进前四名的并不多，主要有农副食品加工业、食品制造业和烟草制品业。就农副食品加工业和食品制造业而言，中部地区仅河南在列；就烟草制品业而言，中部地区的湖北、河南、湖南在列，但 2002 年和 2003 年湖北省消失①。

臧新（2011）以就业份额排名前四的地区计算了产业集聚度（见表 7－10 中⑥的数据），与 2003 年的集聚程度（数据④）相比，除烟草制品业集聚程度有所提高外，农副食品加工业、食品制造业、饮料制造业、造纸及纸制品业的集聚程度都有所降低。以上数据还表明，2004 年，农产品加工业主要集中于东部沿海地区的山东、江苏、福建、上海、广东、浙江等省，而中部地区农产品加工业排进前四名的并不多，主要有农副食品加工业、食品制造业、烟草制品业、饮料制造业和木材加工及木、竹、藤、棕、草制品业。中部地区这五个行业中，除烟草制品业有湖北和河南在列外，其他行业只有河南在列②。

以上研究都表明，1999～2004 年，我国农产品加工业主要集聚在东部地区，中部地区集聚度较高的主要是农副食品加工业、食品制造业和烟草制品业，而主要集聚地是河南、湖北、湖南和安徽等省。

为进一步研究近年来中部地区农产品加工业的集聚状况，依据前文的计算公式，采用农产品加工业拥有的就业人数在省级地理位置分布的指标，计算 2007 年和 2010 年农产品加工业中就业数份额排名前六位地区的集中状况，结果见表 7－11。

---

① 参见刘海波《我国产业集聚水平及其对区域差异的影响研究》，北京，经济科学出版社，2009，第 140～146 页。

② 参见臧新《产业集聚的行业特性研究——基于中国行业的实证分析》，北京，经济科学出版社，2011，第 48～49 页。

表 7 – 11 2007 年、2010 年农产品加工业集中度计算结果及主要地区

	2007 年			2010 年		
	CR6	排名	主要地区	CR6	排名	主要地区
农副食品加工业	0.6183	11	山东、辽宁、湖南、福建、江西、江苏	0.5953	9	山东、辽宁、江苏、湖南、河南、四川
食品制造业	0.7404	6	内蒙古、山东、湖南、福建、广东、河北	0.5368	10	山东、河南、河北、福建、四川、广东
饮料制造业	0.9001	1	湖北、河南、湖南、山东、福建、安徽	0.5062	12	山东、四川、河南、福建、浙江、江苏
烟草制品业	0.5175	12	云南、湖南、河南、贵州、山东、安徽	0.5313	11	云南、河南、湖南、山东、贵州、湖北
纺织业	0.8257	3	江苏、浙江、山东、广东、福建、上海	0.8107	3	江苏、浙江、山东、广东、湖北、福建
纺织服装、鞋、帽制造业	0.8394	2	广东、福建、江苏、浙江、山东、上海	0.8439	2	广东、福建、江苏、浙江、山东、上海
皮革、毛皮、羽毛（绒）及其制品业	0.8055	4	浙江、广东、江苏、福建、湖南、山东	0.8466	1	浙江、广东、福建、江苏、山东、河北
木材加工及木、竹、藤、棕、草制品业	0.6307	10	山东、江苏、福建、浙江、广东、广西	0.6660	8	江苏、山东、福建、广东、湖南、浙江
家具制造业	0.7266	70	广东、浙江、山东、河南、上海、福建	0.6980	6	广东、浙江、山东、福建、上海、江苏
造纸及纸制品业	0.6570	9	山东、广东、浙江、江苏、福建、河北	0.6810	7	山东、浙江、广东、江苏、福建、河南
印刷业和记录媒介的复制	0.7570	5	广东、浙江、山东、江苏、上海、福建	0.7450	5	广东、浙江、江苏、上海、山东、福建
橡胶制品业	0.7220	8	山东、浙江、广东、江苏、上海、河北	0.7585	4	山东、江苏、广东、浙江、河北、上海
均值	0.7284			0.6849		

从整体来看，2010 年，烟草制品业，纺织服装、鞋、帽制造业，皮革、毛皮、羽毛（绒）及其制品业，木材加工及木、竹、藤、棕、草制品业，造纸及纸制品业，橡胶制品业的 CR6 值比 2007 年都有所提高，处于产业不断集聚的过程中，而其他行业的 CR6 值较 2007 年都有所下降。但总体而言，我国农产品加工业的集聚趋势仍较为明显。

分行业而言，2010 年我国纺织业，纺织服装、鞋、帽制造业，皮革、毛皮、羽毛（绒）及其制品业的集聚程度最高，其集聚度在 0.8 以上，其次为印刷业和记录媒介的复制和橡胶制品业，其集聚度为 0.7~0.8，而木材加工及木、竹、藤、棕、草制品业，家具制造业，造纸及纸制品业的集聚度为 0.6~0.7，农副食品加工业、食品制造业、饮料制造业、烟草制品业的集聚度相对较低，介于 0.5 和 0.6 之间，在 0.6849 的均值之下。从集聚水平较高的行业可以看出，资源型产业、劳动密集型产业的集聚较为突出。

就农产品加工业地理集中的空间分布而言，表现出明显的区域分布不均衡。由表 7–12 可知，纺织服装、鞋、帽制造业，皮革、毛皮、羽毛（绒）及其制品业，家具制造业，印刷业和记录媒介的复制，橡胶制品业等主要集聚于东部地区，中部地区的河南省在农副食品加工业、食品制造业、饮料制造业、造纸及纸制品业具有较高的集聚度，湖南省在农副食品加工业，烟草制品业，木材加工及木、竹、藤、棕、草制品业具有较高的集聚度，湖北省在烟草制品业、纺织业具有较高的集聚度。西部地区的四川省在农副食品加工业、食品制造业、饮料制造业具有较高的集聚度，云南、贵州在烟草制品业具有较高的集聚度。就中部地区而言，由于其具有丰富的农业资源和历史上已经形成的较好的工业基础，加之在我国促进东部沿海地区产业向中西部地区转移的相关政策的推动下，农副食品加工业、食品制造业、饮料制造业、烟草制品业、纺织业在中部地区集聚的趋势明显。

表 7–12　2010 年农产品加工业 CR6 区域划分

	东部地区	中部地区	西部地区	东北地区
农副食品加工业	山东、江苏	湖南、河南	四川	辽宁
食品制造业	山东、河北、福建、广东	河南	四川	
饮料制造业	山东、福建、浙江、江苏	河南	四川	
烟草制品业	山东	河南、湖南、湖北	云南、贵州	
纺织业	江苏、浙江、山东、广东、福建	湖北		
纺织服装、鞋、帽制造业	广东、福建、江苏、浙江、山东、上海			
皮革、毛皮、羽毛（绒）及其制品业	浙江、广东、福建、江苏、山东、河北			

续表

	东部地区	中部地区	西部地区	东北地区
木材加工及木、竹、藤、棕、草制品业	江苏、山东、福建、广东、浙江	湖南		
家具制造业	广东、浙江、山东、福建、上海、江苏			
造纸及纸制品业	山东、浙江、广东、江苏、福建	河南		
印刷业和记录媒介的复制	广东、浙江、江苏、上海、山东、福建			
橡胶制品业	山东、江苏、广东、浙江、河北、上海			

（二）基于区位基尼系数的分析

本书采用区位基尼系数分别计算了农产品加工业 12 个行业的空间集中指数，见表 7 - 13。2007 年以来，我国农产品加工业的地理集中度都比较高，这与我国区域经济发展新格局的形成、区域一体化进程的加快、各地区产业结构的优化升级有着密切的关系。

表 7 - 13　1980 年、2001 年、2007 年、2010 年农产品加工业区位基尼系数

	1980 年	2001 年	2007 年	2010 年
农副食品加工业	—	0.486	0.5985	0.5845
食品制造业	0.391	0.444	0.5949	0.5474
饮料制造业	0.409	0.443	0.5797	0.5129
烟草制品业	0.445	0.486	0.8750	0.8466
纺织业	0.484	0.614	0.7900	0.7722
纺织服装、鞋、帽制造业	0.423	0.719	0.7948	0.7801
皮革、毛皮、羽毛(绒)及其制品业	0.435	0.765	0.7638	0.7904
木材加工及木、竹、藤、棕、草制品业	0.463	0.526	0.6913	0.6677
家具制造业	0.355	0.582	0.6893	0.6937
造纸及纸制品业	0.381	0.516	0.6942	0.6559
印刷业和记录媒介的复制	0.334	0.474	0.7601	0.7598
橡胶制品业	0.410	0.556	0.6972	0.7238
全国平均水平	0.4118	0.5509	0.7107	0.6946

注：1980 年和 2001 年数据是范剑勇按从业人员计算的我国制造业空间基尼系数（范剑勇，2008）；2007 年和 2010 年数据是笔者按从业人数计算的我国农产品加工业空间基尼系数。

通过区位基尼系数可知，我国农产品加工业地理集中呈现以下特征。

首先，农产品加工业的空间集聚程度在 1980～2010 年都有较大幅度的提高。农产品加工业的区位基尼系数平均水平由 1980 年的 0.4118 上升到 2007 年的 0.7107。但与 2007 年相比，2010 年除皮革、毛皮、羽毛（绒）及其制品业，家具制造业，橡胶制品业区位基尼系数略有提高外，其他农产品加工行业的区位基尼系数都有所下降，这与按 CR6 计算的结果是一致的。全国的平均区位基尼系数由 2007 年的 0.7107 降到 2010 年的 0.6946。这主要是由于 2008 年下半年以来，国际金融危机对我国实体经济产生了严重影响，特别是东南沿海地区的外向型制造业受到了极大的冲击。为应对国际金融危机的冲击，国家出台了 4 万亿元投资计划、十大产业振兴规划等一系列措施，各地区加快了产业结构战略性调整的步伐。东部地区加快了产业转型升级的步伐，中部地区承接产业转移的进程不断加快，特别是一些劳动密集型的农产品加工业区域发展格局发生了明显的变化。

改革开放以来，在市场力量和政府相关政策的推动下，国内市场一体化发展和国际市场的逐步开放，我国农产品加工业经历了较为显著的空间重组变化过程，其地理集中的程度明显提升。1980～2007 年，农产品加工业的区位基尼系数都表现出了相对稳定的正向增长态势。分时间跨度而言，1980～2001 年，纺织业，纺织服装、鞋、帽制造业，皮革、毛皮、羽毛（绒）及其制品业，家具制造业，橡胶制品业的区位基尼系数增长幅度较大，都高出了全国 0.5509 的平均水平，其中，最高的为皮革、毛皮、羽毛（绒）及其制品业，达到 0.765，区位基尼系数在 0.6 和 0.8 之间的产业有 3 个。2007 年烟草制品业，纺织业，纺织服装、鞋、帽制造业，皮革、毛皮、羽毛（绒）及其制品业，印刷业和记录媒介的复制的区位基尼系数都高于全国 0.7107 的平均水平，区位基尼系数在 0.6 和 0.8 之间的产业有 9 个，其中高于 0.8 的有 1 个。2010 年烟草制品业，纺织业，纺织服装、鞋、帽制造业，皮革、毛皮、羽毛（绒）及其制品业，印刷业和记录媒介的复制，橡胶制品业的区位基尼系数高出全国 0.6946 的平均水平，区位基尼系数在 0.6 和 0.8 之间的产业有 9 个，其中高于 0.8 的有 1 个，见图 7-3。

其次，2007 年和 2010 年全部农产品加工业中，烟草制品业的区位基尼系

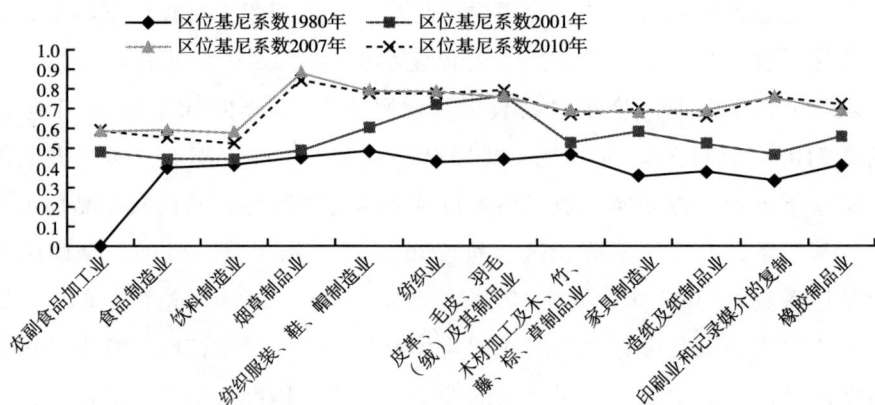

图 7 – 3　我国主要年份农产品加工业区位基尼系数

数最高，分别为 0.8750 和 0.8466，但这与 CR6 计算的结果不相一致，2007 年和 2010 年烟草制品业的 CR6 值为 0.5175 和 0.5313，分别排农产品加工业第 12 位和第 11 位。以上这种情况的出现，主要是因为产业集中度考虑的是行业的垄断程度和企业的规模，而产业集聚度更多考虑产业地理位置的集聚程度。因此，有可能出现高集中度的行业却具有低产业集聚度。2007 年以来，我国烟草制品业在全部农产品加工业中的地理集中度最高，2007 年和 2010 年区位基尼系数分别达到 0.875 和 0.847。我国是世界最大的烟草生产国和卷烟消费市场，烟叶、卷烟产量和消费量均占世界的 1/3（冯献华、罗婉容，2006），但长期以来，我国烟草制品业的综合实力较弱，发展秩序混乱。1983 年我国正式确立了烟草专卖制度，使烟草行业从分散走向集中，从自由发展变成国家垄断经营。对烟草专卖品的生产经营，我国建立了全国统一的垄断经营组织，设有中国烟草总公司及其直属的中国烟叶生产购销公司、中国卷烟销售公司、中国烟草机械公司、中国烟草物资公司、中国烟草进出口总公司等 6 家专业性公司，各地区以行政区划为单位，设立了 31 个省级烟草公司，200 多个地区级烟草分公司。烟草制品业成为各地区重要的利税大户，为保护地方利益，各地区都实行了地方政府保护制度。因此，烟草制品业成为我国农产品加工业中地理集中度最高的行业。其中，东部地区的山东、广东、江苏，中部地区的河南、湖北、湖南、安徽，西部地区的云南、四川等省成为我国重要的烟草制品业大省。

再次，纺织业，纺织服装、鞋、帽制造业，皮革、毛皮、羽毛（绒）及其制品业是除烟草制品业外区位基尼系数最高的行业，2001～2010年，区位基尼系数都在0.6和0.8之间，是我国农产品加工业中集聚程度最高的行业。2007年纺织业占比前6位的省份是江苏、浙江、山东、广东、福建、上海，2010年为江苏、浙江、山东、广东、湖北、福建，东部地区的上海退出了前六强，而中部地区的湖北进入前六强。这主要是由于上海已经进入创新驱动的经济增长阶段，产业结构转型升级步伐加快，纺织业作为劳动密集型产业面临劳动力成本上升等因素的影响，逐渐向拥有廉价劳动力的中西部地区转移。纺织品相当大的份额被用来出口，因此从运输成本角度考虑，纺织产业转移的承接地应具有优越的区位交通优势。而湖北省具有良好的工业基础，且具有"九省通衢"的独特区位交通优势，因此，纺织业向中部地区的湖北省集聚是必然的趋势。而纺织服装、鞋、帽制造业的主要集聚地区为广东、福建、江苏、浙江、山东、上海，没有发生变化。皮革、毛皮、羽毛（绒）及其制品业2007年占据前6位的地区是浙江、广东、江苏、福建、湖南、山东，2010年时，湖南省退出，河北省进入前6位。

最后，木材加工及木、竹、藤、棕、草制品业，家具制造业，造纸及纸制品业，橡胶制品业的区位基尼系数介于0.6和0.7之间。中部地区的湖南和河南在木材加工及木、竹、藤、棕、草制品业和造纸及纸制品业具有较高的集聚度。这主要是由于这类产业对资源具有较高的依赖性，东部地区受资源和劳动力成本的约束，开始向中部地区转移这些产业。

三 中部地区农产品加工业集聚特点

改革开放以来，东部地区对外一体化水平较高，使得国外直接投资不断涌入、国际制造业向东部地区转移持续进行、进出口贸易快速增长，东部地区成为我国重要的制造业中心。但近年来，随着我国科学发展观的落实、经济发展方式加快转变以及区域协调发展总体战略的实施等，东部沿海地区作为我国制造业中心、中西部地区作为低效率的农业与采掘业外围区域的产业布局正在发生明显的变化。本节分析表明，虽然东部沿海地区的农产品加工业集聚程度较高，但其进一步集聚的趋势已变得缓慢起来，中西部地区随着承接国际和东部沿海地区的产业转移力度逐渐加强，这些地区呈现出较为明显的农产品加工业集聚增强态势，地区专业化程度不断提高。

中部地区农产品加工企业依托优势农产品、优势区域和大城市郊区，逐渐加快企业发展的调整和扩张步伐，积极承接国际和东部沿海地区产业转移，主动向优势区域集聚发展，呈现出形式多样的集聚形式。一是资源优势农产品加工业集聚区。具有比较优势的农产品资源，可以吸引相关加工企业向资源地集聚，形成产业集群。该类型产业集群的形成动力，是集聚地内存在丰富的农产品加工原料、充足的劳动力和其他优势资源，如乡土能人、专业市场、地方品牌、传统工艺、优惠政策、区域文化等。中部地区各省积极发挥农业资源优势和区位优势，以优势农产品区域为基础，按照发展现代农业的要求，合理布局，积极吸引各种生产要素围绕农产品优势产业带集聚发展，推动农产品加工业形成区域梯次发展格局，如长江流域优质油菜子加工、中南柑橘加工、长江流域水产品加工等产业集聚区。二是园区农产品加工业集聚区。由于大城市郊区具备科技和人力资源丰富、中高端消费人群多、市场拓展空间大等特征，发展科技含量高、开放程度较高的特色农产品加工业具有比较优势。因此，在大城市郊区地方政府的引导和扶持下，建立了工业园区。各地区围绕园区规划，进一步提高园区的产业集聚度，提高投资密度和集约化程度，促进产业链的延伸，重点扶持、鼓励龙头企业的发展壮大，使园区真正成为产业集聚的平台。如河南、安徽等省的优质小麦加工，河南、湖南的肉类加工，湖南、湖北的水稻加工，江西、河南、湖南等省的食用植物油加工，安徽、江西、湖南等省的茶叶加工等产业集聚园区，逐渐形成了具有鲜明特色的产业体系。三是龙头企业带动型。农产品加工业一头连着基地，一头连着市场，需要许多企业与机构的支撑。企业与基地、农户的利益联结机制在中部地区已经形成，一些龙头企业把基地和农户作为"第一生产车间"，通过"公司（企业）＋农户"、"契约＋服务"、"服务＋农户"、科工贸一体化等经营模式，与广大农民结成了利益共同体，把一家一户分散经营与大市场衔接起来，延长了农业产业链。龙头连基地、基地带农户，形成了各具特色的农产品加工业集聚形式。如在汾酒、金泽、粟海、大象等大型农产品加工龙头企业辐射带动下，山西农产品加工业不断向优势产业和区域集聚，逐渐形成了特色鲜明的八大主导产业，即粮食、畜禽、乳品、果品、蔬菜、薯类、油脂、中药材加工业。

中部地区农产品加工业集聚度的提升，是多种因素共同作用的结果，也反映了促进中部地区崛起战略实施以来，中部地区发展活力竞相迸发，保持增长较快的良好态势。已有研究表明，影响产业集聚的因素较多，主要有自然资源禀赋、规模经济、多样化经济、需求外部性、人力资本、对外开放等因素，不同的理论模型对这些因素强调的重点不同。比较优势理论和要素禀赋理论阐述了要素禀赋的差异对产业集聚和分布的影响；新贸易理论和新经济地理学派强调了产业的规模经济、产业前后向联系、经济主体间的经济距离等产业集聚的影响；耗散结构等理论分析了涨落、协同和开放性对复杂系统自组织的重要性等（臧新，2010）。近年来，有关集聚经济微观基础的研究都是以马歇尔提出的三个原因为基础，在理论上不断丰富和发展，分析从基础设施、中间投入品和劳动力共享，到创新扩散、知识溢出，以及资产组合、风险规避、沉没资本的再融资等因素对区位的影响，并分析产业集聚与集聚经济形成的过程。关于产业集聚的原因，有学者认为投入共享、知识溢出、劳动力市场共享、本地市场效应、消费、寻租等是促使产业集聚的主要原因，共享机制、组合机制和学习机制是引起产业集聚的三类因素，也有学者认为不可分性、市场摩擦、知识溢出是经济活动中最基本、最普遍的现象，也是集聚经济得以形成的最基本原因（魏后凯，2008）。我国农产品加工业发展的实践表明，在空间布局上，农产品加工业发展较好的大多数区域通常具备以下三个要素之一，即优势农产品产区、大城市郊区和交通枢纽地区，部分区域同时拥有两个要素甚至三者皆有（卢风君、张敏、李世峰，2008）。就影响农产品加工业的以上三个因素的不同组合而言，可将农产品加工业的空间布局分为以下七种类型，见表7－14。

表 7 - 14　农产品加工业的空间布局差异分析

	优势农产品产区	大城市郊区	交通枢纽地区	优势农产品产区且大城市郊区	优势农产品产区且交通枢纽地区	大城市郊区且交通枢纽地区	兼具优势农产品产区与大城市郊区和交通枢纽地区的区域
主导因素	原料依赖	市场依托	流通促进	原料+市场	原料+流通	市场+流通	原料+市场+流通

　　资料来源：卢凤君、张敏、李世峰：《区域农产品加工业发展的成功之路：集聚与升级》，北京，中国农业出版社，2008。

　　中部地区农产品加工业表现出明显的地区专业化，农产品加工业分布呈现明显的区域化差异，特别是河南省、湖北省、湖南省农产品加工业发展态势喜人。其主要影响因素在于，中部地区在相关政策的引导和支持下，其资源禀赋优势、区位比较优势得到了充分发挥。首先，中部地区资源禀赋比较优势突出。中部地区是我国重要的粮食生产基地，农业资源优势明显，是我国重要的优势农产品产区。同时，中部地区拥有充足的劳动力，科技和人力资源丰富，市场空间不断拓展。其次，中部地区是我国重要的综合交通枢纽。近年来，在国家相关政策的支持下，中部地区建立了四通八达的交通运输网络，拥有现代化的基础设施，特别是交通、通信设施，拥有覆盖全国的原料、生产、市场等网络，形成了完善的商贸流通网络。随着中部地区对外开放和区域市场一体化程度的提高，对国际和东部沿海地区产业转移承接进程的加快，中部地区的农产品加工业将以市场为基础，依托农业区位优势、依托农业龙头企业、依托涉农服务、依托农业科技，加快农产品加工业向优势农产品产区、大城市郊区和交通枢纽地区集聚，形成完善的现代农产品加工业产业体系。

第三节　中部地区农产品加工业集聚升级路径

　　中部地区是我国重要的农产品集聚区，在全国农产品加工业中占有重要地位。促进中部地区农产品加工业的集聚，应准确把握农产品加工业自身发展规律，在充分发挥中部地区自身资源和产业优势的基础上，进一步扩大农产品加工业的产业开放度，加快农产品加工业集聚地区的分工与协调，加快农产品加工业工业园区建设，加强政府对农产品加工业集聚的引导和催化作用。

一 中部地区农产品加工业产业集聚升级的原则

（一）坚持承接产业转移与自主创新相结合

企业集群型模式是目前中部地区承接产业转移的主要模式。东部与中部之间的产业分工已从以前的垂直分工，发展到水平分工，再进一步由产业内分工发展到现在的产品价值链分工。东部地区的产业转移已经从单个企业的零散迁移，发展为集群式整体性转移。以纺织服装业为例，近年来浙江、广东等地的纺织服装产业集群开始收缩，并呈现整体向中西部转移的趋势，一些服装企业及相关配套的企业结伴到中西部投资建厂，形成了一些新兴的服装业集群。中部地区要积极通过吸纳发达地区的资金、先进适用技术和设备、管理方法和经营理念，逐步形成适合自身的农产品加工业发展新思路和新机制，特别是通过产业承接，提高农产品加工企业自主创新能力，建设中部创新型区域，实现增长方式从要素驱动型向创新驱动型转变，使得科技创新成为中部经济和社会发展的内在动力和普遍行为，最终依靠制度创新和科技创新实现经济和社会的持续协调发展。

（二）坚持区域产业优势与融入全球价值链分工相结合

推进中部地区农产品加工业集聚，要与中部地区的资源优势和产业基础相结合，从中部地区各省自身的实际出发，充分发挥自身独特的比较优势，增强吸引力和竞争力，避免区域内产业同构和无序竞争。同时，要着眼于长期发展的战略眼光，积极参与全球的价值链分工，促进形成一批大中小企业相互配套、关联度大、带动力强、辐射面广、集约化程度高的优势产业集群，将中部地区的农产品加工业融入世界产业链，紧跟世界产业发展的步伐，不断优化升级，促进中部地区经济的跨越式发展。

（三）坚持产业升级和布局优化相结合

中部地区应依托现有产业基础，着眼产业发展的新趋势，充分发挥产业政策的导向作用，鼓励农产品加工业企业积极采用新技术、新设备、新工艺，对现有产业进行改造、配套和完善，通过在集聚中创新、在原有基础上提升，实现中部地区农产品加工业结构的优化升级。同时，要以区域发展势差为基础，加快形成合理的产业分工与协作。在产业布局上要坚持集聚发展，突出重点，培育一批能够带动区域成长的新增长极，形成合理的农产品加工业布局。

（四）坚持市场导向与政府推动相结合

推动中部地区产业集聚，要注重发挥市场配置资源的作用，突出企业的主体作用，调动各方面的积极性。中部地区各省政府要积极制定促进农产品加工业集聚升级的有效政策，营造良好的营商环境，完善信息服务网络的建设。只有将政府推动与市场导向相结合，才能充分调动各方面的积极性，形成企业主动、政府推动、各方联动的农产品加工业集聚升级的新格局。

二 中部地区农产品加工业集聚升级的路径

（一）扩大农产品加工业的产业开放度

行业和地区的开放性不仅仅包含着对外贸易和 FDI 比重这样狭义的含义，更重要的是意味着市场规模的扩大、技术溢出的增加和制度环境的改善，并进而吸引更多的企业和人才（臧新，2011）。中部地区应进一步扩大区域开放度，加快推进中部地区农产品加工业参与国际分工和贸易，从全球技术进步和市场竞争中获取创新的源泉，从外来参与和投资者中获得技术升级和产业转换的灵感和想法，从全球市场的需求中获得大规模的生产和分工的经济性[1]。目前，中部地区农产品加工业在国际分工产业链中依然处于低端环节，中部地区廉价的劳动力、丰富的农业资源，为产业的对外开放奠定了坚实的基础。

一是要加快区域经济贸易一体化建设。"长三角"、"珠三角"为中部地区农产品加工业的开放提供了重要的示范。当前，应紧紧抓住建设长江中游城市群的契机，加快推进中部地区以城市群为基础的区域经济贸易一体化，加快中部地区与东部地区经济贸易的一体化，特别是推动中部地区产值占有较大比重的农副食品加工业、食品制造业、纺织业等，积极引进先进技术、管理经验和智力资源，进一步推进中部地区农产品加工业积极利用知识、技术的外溢效

---

[1] 李君华：《产业集聚与布局理论——以中国制造业为例》，北京，经济科学出版社，2010，第175 页。

应，充分发挥市场对产业发展的引导和调节作用。二是要积极吸引外商投资。引导外资投向纺织业、食品制造业等资本密集型产业。拓展利用外资方式，规范和引导外国投资者以多种方式参与国有企业改组、改造以及向上市公司战略投资，支持外资企业增资扩股和利润再投资。规范招商引资行为，实行相对统一的土地、税收政策，营造公平、开放的投资环境。三是加快农产品加工业企业"走出去"步伐。鼓励各类有条件的农产品加工企业开展境外投资和合作，加大对企业境外重点开发项目的支持力度。鼓励国内商业银行进一步扩展海外网点和业务，为农产品企业境外并购融资。为农产品加工企业境外投资和合作建立便捷高效的境内支撑体系和境外服务体系。

（二）加快农产品加工业集聚地区的分工与协调

产业集聚的形成来源于地区产业与产业、产业与要素间的相互作用，产业集聚的过程是要素流动的向心力和离心力相互角逐的自组织过程。落后地区的产业集聚之所不能形成，很大程度上是因为主观推崇的产业缺乏相关支撑和地区要素的协同性支持（臧新，2011）。因此，加快中部地区农产品加工业的集聚，一方面要强化集群内企业间的合作与竞争，以及群体协同效应，增强农产品加工企业获得多方面的竞争优势，如生产成本优势、基于质量基础的产品差别化优势、区域营销优势和市场竞争优势；另一方面要强化产业与产业间的合作与互补，推动不同产业之间的整合，加快物流、信息流、技术流等生产要素的快速流动，进而带动不同地区的农产品加工业集群发生相互作用，实现不同区域农产品加工业集群之间的联动，获得最大的外部经济效益和规模经济效益。

（三）加快农产品加工业工业园区建设

产业集聚是大量相互关联的企业在地理上的集中，这种"集中"需要在特定的区域形态内完成。而工业园区作为以产业链耦合为基础的经济组织，具有布局集中、功能互补、设施配套、规模合理、分工协作的特点，能充分体现产业集聚的内在要求，是产业集聚、集群化发展的重要载体和平台（向世聪，2006）。一是要加快实施产业集群战略，发挥城市的聚集效应和产业的规模经济效应。特别是要充分发挥河南、湖南、湖北在农副食品加工业和食品制造业等产业的基础优势，壮大已有产业园区，积极探索推动农产品加工业结构调整与产业升级的新模式、集约与节约利用土地资源的新举措、推动节能减排与实现可持续发展的新方式、引导农村劳动力转移与促进城乡统筹发展的新路径。加快中部地区构建现代化产业体系，推动全国形成产业联动发展格局。二是要积极发展工业园区，充分发挥中部地区各省工业园区承接产业转移、加速产业集聚、培育产业集群的载体作用。要进一步完善园区基础设施，发挥基础设施的先导效应，按照"设施条件最好、行政效率最高、社会服务最优、交易成本最低"的要求，加强规划、合理布局、明确定位、完善设施、创新体制，提高园区对农产品加工业项目的吸纳和承载能力，更好地发挥产业的聚集效应。

（四）加强政府对农产品加工业集聚的引导和催化作用

我国制造业集聚中政府和政策的因素具有首位解释力。这是因为产业集群的兴起有赖于一个有利于人才和企业集聚的市场环境和社会环境，它包括良好的基础设施、优秀的生产要素、健全的市场体系、良好的竞争环境、丰富的社会资本、高效的制度体系、培养高素质人才的教育体系、产学研联合的网络关系和富有活力、勇于创新的地方文化等，而这些都需要政府来完成（靳辉，2006）。发展农产品加工业是有效解决农村剩余劳动力转移、推进农村工业化和城镇化的重要载体和支撑，理应得到当地政府的重视和支持，特别是中部地区各省。一是要积极编制农产品加工业发展规划和实施方案。中部地区各省应立足自身资源禀赋、区位特点、产业基础、市场结构、优势产业发展态势以及自然资源和环境保护方面的实际情况，科学、合理地编制省级农产品加工业发展规划和实施方案。制定符合区域实际、操作性强的引导政策、激励政策和保障政策，形成紧密配合、专业分工与协作完善的网络体系，健全产业集群的服务体系，大力培育和规范各种咨询和中介服务机构，努力从区位、资源、产业等方面推动具有鲜明地方特色的农产品加工业的集聚。二是进一步完善公共服务供给，产业集聚的形成与地方政府公共产品的有效供给密不可分。政府应积极加快产业集聚中需要的基本环境包括现代化的基础设施、便利的交通通信、配套的生产服务等设施的建设。三是逐渐消除地方保护主义。有学者认为中国国内市场的一体化程度正在随着时间的推移而下降（Ylwyn Young，2000；Poncet，2002；Batiss and Poncet，2003），这是因为地方政府为巩固税基和分享企业利润，对那些企业利润和税收大的行业进行地方保护，如烟草制品业。

地方保护加剧了市场的分割，各省之间的行政边界将对省际贸易流量产生阻碍作用，不利于产业的市场选择和有效产业集聚的形成。因此，在强化政府对农产品加工业集聚形成的引导和催化作用的同时，要进一步消除地方保护，发挥市场对资源配置的基础性作用，着力壮大和形成符合市场规律的农产品加工业产业集群，实现农产品加工业的可持续发展。

第八章
中部地区农产品
加工业发展战略及政策建议

随着中部地区经济发展方式转变的加快，以及经济社会的又好又快发展，中部地区加快农产品加工业发展既面临难得的发展机遇，也面对着新的挑战。因此，新时期，加快中部地区农产品加工业发展，应进一步明确中部地区农产品加工业发展的功能定位和发展方向，通过政府、企业和行业协会的协同配合，全面推进中部地区农产品加工业的跨越式发展。

第一节　中部地区农产品加工业发展面临新情况

深刻认识并准确把握中部地区农产品加工业发展所面临的新形势，进一步厘清中部地区农产品加工业发展的阶段性新特征，对于继续抓住和用好中部发展的重要战略机遇期、促进中部地区农产品加工业发展具有十分重要的意义。

一　中部地区农产品加工业发展面临新情况

（一）农产品加工业发展面临国际新情况

从国际看，科学技术的日新月异，使高新技术产业化进程加快，农产品加工业发展迅速，呈现出企业发展规模化、全球化，加工技术逐步高新化，在能源领域发展超常化，发展方式逐步实现可持续化，质量控制推行标准化等明显的趋势性特征。

1. 农产品加工企业全球化趋势明显[①]

经济全球化是世界经济发展的必然趋势，任何国家都不能置于其外，其重要内容与表现形式是贸易全球化、金融全球化、投资全球化和生产全球化。随着经济全球化进程的加快，贸易自由化和贸易全球化、金融全球化、生产全球化加速推进，跨国公司可以在全球范围内进行资源配置，实现发展所需要素资源的自由流动和快速获得、实现金融资本在全球范围内的快速流动和投资，提高整体的经济效益。跨国公司是经济全球化的有力推动者，是世界经济增长的"引擎"，在全球范围内从事生产经营活动形成企业全球化[②]。农产品加工跨国企业的全球重组十分活跃，通过独资、合资、并购等方式扩大规模，企业发展逐步实现全球化，其产品价值链也在全球范围内布局，将产品的生产活动配置到全球各地，产品的成品、半成品和各种零部件沿着价值链在企业内部自由流通。

2. 农产品加工技术逐步实现高新化

目前，世界各发达国家都高度重视农产品加工技术创新，特别是将产后农产品贮藏加工产业放在农业的首位，从战略高度重视对农产品加工及其深度利用技术的开发，并呈现出技术与设备越来越高新化的发展趋势[③]。农产品加工企业积极采用新技术、新工艺、新材料，如瞬间高温杀菌技术、微胶囊技术、微生物发酵技术、膜分离技术、微波技术、真空冷冻干燥技术、无菌贮存与包装技术、超高压技术、超微粉碎技术、超临界流体萃取技术、膨化与挤压技术、基因工程技术等得到广泛应用，并向安全、绿色、休闲方向发展，技术装备水平和加工转化精深程度大幅度提高，并向新型、高效、节能、环保方向发展，加工技术逐步实现高新化。

3. 农产品加工低碳化发展方兴未艾

随着全球对能源和气候安全问题的关注日益增强，一场能源和气候革命热

①　张天佐：《加强系统谋划强化配合协作　努力推动各项重点工作取得新进展》，见《中国乡镇企业及农产品加工业年鉴 2011》，北京，中国农业出版社，2011。

②　张英：《经济全球化、企业全球化与新自由主义》，载《石家庄经济学院学报》2011 年第 8 期，第 27～32 页。

③　陈久昀：《发达国家农产品加工业技术创新研究》，载《中国科技信息》2011 年第 2 期，第 98～99 页。

潮正在全球兴起，一些国家开发生物能源热情高涨，促进了农产品加工业在能源领域发展的超常化。各国为提高经济效益，实现低碳减排，大力推进资源的高效精深加工和副产物有效开发，发展方式逐步实现可持续化。低碳经济发展的理念已成为各国的共识，新能源和节能环保等"绿色经济"发展日益成为主流，全球产业结构开始新一轮的调整升级。

一方面国际金融危机催生新的技术和新的产业。为应对国际金融危机，美国、欧盟国家、日本等发达国家积极加大在新能源和节能环保等领域的研发投入力度，将新能源产业的发展作为重要领域。一些新兴经济体也大力发展新能源和节能环保等绿色产业，并运用低碳技术改造提升传统产业。新能源开发和产业化将带动相关产业的发展，形成规模庞大的产业集群，而节能环保和低碳技术的推广应用也会带动传统产业的转型升级。因此，新能源和节能环保等绿色产业的发展，将进一步引领全球农产品加工业产业结构新的调整、重组、转型和升级，成为下一轮产业革命的重点。

另一方面产业分工不断深化、产业转移步伐进一步加快。首先，产业分工向产品内分工方向发展，形成全球生产网络。在产品内分工不断深化的过程中，国际产业分工将进一步细化，一国可能仅负责一道生产工序；产业转移链条将向两端延伸，从传统生产环节转移转变为生产、流通、服务等多环节转移；产品生命周期急剧缩短，一开始就转移最先进的技术和生产方式。其次，农产品加工产业转移趋势加快，发达国家不仅将农产品加工业加工组装环节转移到发展中国家，而且将配套生产、物流、营销、研发外移，甚至有些农产品生产线刚研发出来就转移至发展中国家生产，发达国家则主要控制核心技术和品牌。

4. 农产品质量控制逐步实现标准化

为提高农产品质量安全水平，发达国家都建立了较为完整的产品标准体系和全程质量控制体系，如美国建立了政府、协会、企业间相互作用、相互协调、相互督促的农产品 HACCP（即危害分析及关键控制点的首字母缩写，是基于食品加工过程对消费者确保安全的预防管理体系）质量控制体系。发达国家通过农产品加工企业普遍实行严格的标准化管理，建立了"从田头到餐桌"的全过程质量安全控制，并向标准化方向发展。

(二) 农产品加工业发展面临国内新情况

近年来特别是国际金融危机爆发以来，我国适时调整和完善宏观经济政策，增强调控的针对性、灵活性和前瞻性，有力地促进了经济增长由政策刺激步入自主增长的轨道，促进了发展方式转变和经济结构调整，保持了经济社会发展的良好态势。"十二五"时期是我国工业化、信息化、城镇化、市场化、国际化深入发展的时期，我国将加快推进经济发展方式转变和经济结构调整，着力扩大国内需求，加大国民收入分配的调整力度，加快推进行业振兴规划，鼓励发展新兴产业，放宽中小企业、民营经济的市场准入限制，全面推进乡镇企业改革与创新和农业对外开放的步伐。这些都为中部地区农产品加工业的发展提供了难得的机遇。

1. 我国工业化、城镇化深入发展

国际经验表明，工业化、城镇化快速发展的阶段，往往是食品消费结构加快变化和加工食品需求迅速上升的阶段。"十二五"时期是我国工业化和城镇化快速发展的时期，我国城乡居民对加工食品的消费需求将处于高速增长时期，同时也是消费结构的快速升级期，这将为中部地区农产品加工业的发展提供强大动力。

一方面工业化进程进一步加快。适应市场需求的变化、顺应科技进步的新趋势，我国将积极建立健全结构优化、技术先进、清洁安全、附加值高、吸纳就业能力强的现代产业体系。目前，我国各区域的工业化程度差异较大，区域间的工业化水平由东向西呈递减趋势，区域发展不平衡性明显[1]。"十二五"期间我国的工业化进程将进一步加快，各区域间的工业化发展差异将进一步缩小。同时，工业化和信息化将进一步深度融合，加快经济社会各领域信息化进程。另一方面城镇化率将大幅提高。按照统筹规划、合理布局、完善功能、以大带小的原则，遵循城市发展客观规律，我国将逐步推进以大城市为依托，以中小城市为重点，形成辐射作用大的城市群，促进大中小城市和小城镇协调发展。小城镇公共服务和居住功能进一步增强，大中小城市交通、通信、供电、

---

① 中国社会科学院工业经济研究所：《中国工业化进程报告——1995～2005年中国省域工业化水平评价与研究》，北京，社会科学文献出版社，2007。

供排水等基础设施一体化建设和网络化进一步发展，城市群内各城市功能定位和产业布局更加清晰和完善。1978 年我国城镇化率为 18%，2009 年已经上升为 46.6%，约 3.5 亿农村人口转为城镇人口，未来可能保持以每年 0.7 ~ 0.9 个百分点的速度增长，预计到 2015 年，我国城镇化率将达到 50% 左右。城镇化及其带来的人口规模扩大，将有效促进加工食品消费需求的增加。

2. 我国市场需求空间不断扩大

目前，我国人均 GDP 突破 4000 美元，进入中等收入国家的行列，消费需求趋于多样化、多元化。随着消费水平的提高，城乡居民直接消费的粮食和其他主食逐渐降低，而肉、水果、蔬菜等副食品的消费迅速提高，食物消费已开始从满足数量转向追求食物的品质和营养。在基本需求得到满足之后，居民越来越追求消费的方便性和安全性，城乡居民更加注重营养平衡，传统口粮消费需求趋于稳定，对动物蛋白质、脂肪的摄入量将快速增加，肉蛋奶等农产品的需求将显著增长，对粗粮杂粮、有机产品、特色产品、品牌产品等的需求越来越多，农产品消费潜力越来越大①。随着生活质量的提高，居民的消费时间观念也在变化，尤其是城镇居民，不愿把时间耗费在自制食品上，对加工食品的需求上升。此外，居民消费的选择性增强，对食品的需求已呈现出多样化与多层次的趋势，营养保健食品、儿童与老年食品、休闲食品与节日食品的需求呈现增长势头，采用高新技术研制和深精加工的新型食品不断涌现。预计到 2015 年，全国人口将超过 14 亿人，而且随着工业化、城镇化进程的加快，城镇人口将超过农村人口。城乡居民生活水平的稳步提高，为农产品加工业发展提供了更广阔的市场空间。

3. 农产品加工业原料基地建设全面推进

进入新世纪以来，农业持续发展，粮食连年增产。我国粮食等主要农产品供给进入总量基本平衡、丰年有余的新阶段。"十二五"时期，我国在保障国家粮食安全的基础上，加快推进农业结构的战略性调整，积极发展高产、优质、高效、生态、安全农业。着力加快东北平原、黄淮海平原、长江流域、汾

---

① 黄连贵：《实施农业产业化壮大农产品加工业》，载《农产品加工·创新版》2012 年第 2 期，第 17 ~ 19 页。

渭平原、河套灌区、华南和甘肃、新疆等的农产品生产基地建设，鼓励和支持优势产区集中发展粮食、棉花、油料、糖料等大宗农产品。加快发展设施农业，推进蔬菜、水果、茶叶、花卉等园艺作物标准化生产。提升畜牧业发展水平，提高畜牧业产值比重。促进水产健康养殖，发展远洋捕捞。积极发展林业产业。推进农业产业化经营，扶持壮大农产品加工业和流通业，促进农业生产经营专业化、标准化、规模化、集约化。预计到2015年，我国粮食综合生产能力将达到5.4亿吨以上，肉、蛋、奶、水产品总产量将分别达到8500万吨、2900万吨、5000万吨和6350万吨。农业生产规模化、标准化、组织化程度不断提高，优质专用农产品比例将进一步提高，为农产品加工业的发展奠定雄厚的原料基础。

4. 农业科技和社会服务体系支撑更加有力

以生物技术、信息技术、纳米技术等为主导的全球科技革命迅速发展，并向农业领域不断渗透，加快了农业科技的发展速度，生物组培技术、干细胞技术、转基因技术、数字农业技术等正在孕育新的革命性突破。科学技术的迅猛发展，促进了新兴产业蓬勃发展。生物经济、低碳经济、循环经济等新型经济不断发展，生物制造、生物能源、生物医药等新兴产业不断涌现，新技术、新材料、新设备、新工艺不断取得新突破，这些都为农产品加工业的发展提供了强有力的科技支撑。同时，我国逐步加快了农业社会化服务体系建设的步伐。"十二五"时期，我国将进一步加强农业公共服务能力建设，加快健全乡镇或区域性农业技术推广、动植物疫病防控、农产品质量监管等公共服务机构。培育多元化的农业社会化服务组织，支持农民专业合作组织、供销合作社、农民经纪人、龙头企业等提供多种形式的生产经营服务。积极发展农产品流通服务，加快建设流通成本低、运行效率高的农产品营销网络，为促进农产品加工业的发展提供有效的支撑。

5. 中部地区乡镇企业改革与创新全面推进

中部地区乡镇企业发展迅速，农产品加工业是乡镇企业的重要组成部分。近年来，随着乡镇企业改制步伐的加快，产品创新、技术创新、机制创新等将成为乡镇企业发展的强大动力，农产品加工业也将成为乡镇企业发展的新的增长点。中部地区农业的资源优势、乡镇企业的规模优势必将结合成为中部地区农产加工业的竞争优势，成为振兴一方经济、带动一方产业发展的龙头。随着中部地区乡镇企业的改革和创新步伐的加快，中部地区农产品加工业发展将迎来巨大的生产技术空间①。

6. 中部地区农业对外开放的步伐不断加快

促进中部地区崛起战略实施以来，中部地区农业对外开放的水平稳步提高，逐步形成了全方位、多层次、宽领域的开放格局。中部地区农业对外开放程度的提升，有效增加了农产品加工业发展所需的资金、技术、市场和服务支撑，为中部地区农产品加工业的进一步发展奠定了坚实的基础。主要体现在如下几个方面。

第一，农产品出口贸易实现跨越式增长，农产品出口品种、出口市场和出口渠道呈现出多元化格局，农产品出口对中部地区农村经济牵动作用越来越大，已成为新时期推动贸易增加、企业增利、农业增效、农民增收的重要途径。第二，农业利用外资的质量和水平不断提高。近年来，中部地区加快与国际组织的合作力度，逐渐与 WFP、FAO 等国际组织进行了合作，并获得了世界银行、亚洲开发银行、国际农业发展基金等国际组织的贷款项目。农业利用外资的增加，有效缓解了中部地区农业和农村经济发展资金短缺问题，推动了以农产品加工为重点的农村工业化的进程，带动了先进技术、设备、经营理念和管理模式的引进，有效提高了项目区农业综合能力，促进了农业增效、农民增收②，提升了中部地区农业整体素质和国际竞争力。第三，对外开放体系逐步健全。中部地区进一步加大了对涉及农业、金融、财税、保险、进出口、检验检疫等的政策扶持力度，各类惠农工程全面启动，百万农民上网工程、金农网资讯平台、农机 110 服务热线开展网络招商、网络营销、网络展示会等服务体系逐步健全。第四，各区域分工与合作进一步深化和增强。区域农业产业分工进一步深化，比较优势得到充分发挥，各区域的农业产业结构进一步调整，优势特色产业体系逐步建立。同时，区域合作的广度和深度不断扩展，合作领域和形式日益丰富，以京津冀、"长三角"、"珠三角"三大城市圈为代表的区域

---

① 张秀生、王军民、陈志福：《农业发展与中部地区崛起》，北京，中国地质大学出版社，2009。
② 刘少鲁：《抓住当前机遇加快辽宁农业对外开放步伐》，载《农业经济》2010 年第 11 期，第 9～11 页。

合作进展迅速，传统的制度性障碍得到破解，区域一体化步伐加快。以泛"珠三角"为代表的东中西合作大力推进，以大中城市为核心的都市圈合作不断加强，与周边国家的次区域合作全方位展开。

二　中部地区农产品加工业发展面临新问题

（一）资源环境压力较大

中部地区是国家的能源和原材料基地，高耗能产业规模大、比重高，在工业经济发展和能源消耗中地位突出。高耗能产业的发展使得生态环境受到严重破坏和污染，中部地区生态保护和环境治理任务较重，节能减排、促进人与自然和谐发展任重道远，发展资源节约型、环境友好型生产势在必行。"十二五"时期是中部地区加快转变经济发展方式的关键时期，大力发展循环经济，建设资源节约型和环境友好型社会，促进人口、资源、环境与经济协调发展是中部地区该时期的重要任务。农产品加工企业尤其是众多中小企业的发展，面临着环境容量减少、资源约束等方面的压力。

（二）"三农"问题较为突出

中部地区是我国"三农"问题最为突出和集中的区域，农业稳定发展和农民持续增收难度很大，统筹城乡发展任务繁重。一是促进农民持续较快增收难度增大。农业生产进入高成本阶段，金融危机后农民外出务工增速放缓，城乡居民收入差距扩大的趋势尚未遏制，缩小城乡差距任务艰巨。二是在工业化、城镇化快速发展中存在着耕地占多补少、占优补劣和非农化、非粮化现象；随着农村劳动力大量转移，农村劳动力已进入总量过剩与结构性短缺并存阶段，农产品加工业发展人力缺乏问题凸显；农村资金外流、金融服务供给不足问题依然突出，加快建立城乡要素平等交换和合理补偿机制的要求更加迫切。三是农业发展的基础尚不稳固。农业基础设施薄弱、物质装备水平不高、科技自主创新能力不强、公共服务和社会化服务滞后、组织化程度较低等问题突出，在资源短缺与环境约束加剧、农产品需求刚性增长、国内外传导联动和相互影响日益加深的背景下，保障农产品供求总量平衡、结构平衡、质量安全和生态安全的压力增大。较突出的"三农"问题，使得中部地区农产品加工业面临原材料、融资、用地、用工等要素的制约，缺资金、缺技术、缺人才、缺市场的矛盾将进一步加剧，企业生产成本上升的压力较大。

（三）产业承接能力不强

促进中部崛起战略以及国家促进中西部地区产业转移指导意见实施以来，中部地区承接东部沿海地区农产品加工业转移的步伐逐步加快。但是，由于中部地区整体经济实力较弱，农产品加工业配套能力较差，大规模的农产品加工业转移并未发生。一是中部地区已经具备一定的产业基础，但经济整体实力仍然较弱，缺乏竞争力较强的农产品加工业集群，也缺乏龙头企业带动力强、配套企业相互衔接、关联企业紧密对接的完整产业链。许多转移企业在当地找不到合适的配套部门，当地的农产品质量常常达不到转移企业的要求，这些都部分抵消了中部地区在土地、资源、劳动力等方面的优势。二是农产品加工业承接平台功能薄弱。中部地区城市群发展处于起步阶段，经济总量偏小，功能不够完善，经济外向度不高，品牌形象比较单薄，农产品加工业集聚能力有待提高。大多数工业园区缺乏比较权威的发展战略规划，发展方向不明。除少数特色农产品加工业园区外，多数工业园区在引进项目时带有很大的盲目性，产业雷同现象突出，难以形成特色产业集群。人力资源储备明显不足，用工矛盾较突出，尤其是具有专业技能的熟练工人、高级技工以及专业管理人才不足的矛盾更加突出。三是区域间产业同构化现象明显。中部地区多数省都将纺织服装、食品饮料、森工造纸等作为重点产业。产业同构化加剧了省际的无序竞争，形成新的重复建设，降低了经济效益，阻碍了合理的地域分工和区域市场一体化发展，也阻碍了中部地区农产品加工业集群化发展和产业链的延伸，以及中部地区产业结构的优化升级。

（四）国际贸易不确定性增多

2011 年以来，世界经济延续复苏态势，但复苏步伐明显放缓。国际金融危机的深层次矛盾尚未有效解决，一些固有矛盾又有新发展，不确定不稳定因素增多，世界经济复苏进程既不平衡，又很脆弱，经济下行风险有所抬头。受美欧等经济复苏乏力、主权债务危机不断恶化等因素影响，主要经济体失业率居高不下，多种社会矛盾集中显现，全球货物贸易大幅放缓，经贸问题政治化更加明显，贸易保护主义呈加剧之势。后金融危机时期，围绕市场、资源、人才、技术、品牌、标准的国际竞争将更加激烈，受汇率波动和贸易保护主义抬头等因素的影响，我国肉类、乳制品等农产品加工业出口受到严重影响，使得未来一段时期中部地区加工农产品的出口面临挑战。

（五）质量安全要求提高

当前，食品安全已成为继人口、资源、环境之后的第四大社会关注问题。农产品是食品的重要组成部分，也是主要的食品原料，所以食品安全很大程度上体现在农产品质量安全问题上（钟真、谭玥琳，2012）。近年来，发生的一系列食品安全事件，再次引起了世界各国对食品质量安全的高度关注，美国、日本、欧盟等都出台了相应的法律法规，我国也正在积极建设食品质量安全追溯体系，出台食品质量安全法，进一步加强食品质量安全的管理。随着全球食品安全和质量意识的不断提高，食品安全和质量已成为农产品加工业数量增加与质量提升的两大重要制约因素。这对中部地区农产品加工业发展提出了新的要求。

第二节　中部地区农产品加工业功能定位及发展方向

一　中部地区农产品加工业发展功能定位

农产品加工业是衡量一个国家农业现代化程度的重要标志，是提升农业整体素质和效益的关键环节。实践证明，发展农产品加工业有利于优化农业和农村经济结构，推动产业结构升级，引领农业向着标准化、规模化、产业化发展，加快现代农业建设步伐，有利于农产品深度开发，丰富农产品内容，满足消费者多样化需求，开拓农产品市场，扩大内需；有利于拓展农产品产业链，扩大农民就业，增加农民收入，提高农村购买力；有利于增强农业综合素质，增强农业适应市场变化的能力，提高农产品的竞争力；有利于发挥农业资源优势，培育主导产业，构筑新农村建设的产业基础。

农产品加工业的发展水平与一个国家的经济和工业发展水平密切相关。目前，农产品加工业已经成为国民经济发展中总量大、发展快、对解决"三农"问题作用大的支柱产业之一。加快中部地区农产品加工业的发展，对促进新农村建设、推动区域协调发展、应对国际金融危机等具有重要的带动作用和举足轻重的战略地位。

中部地区农产品加工业发展应着力实现如下战略定位。一是带动中部地区农村经济发展的支柱产业。带动农村进步、农业增效、农民增收。二是加快经济发展方式转变的先导产业。以推进科技进步、增强自主创新为手段，以资源节约和环境友好为目标，着力构建现代产业体系，率先探索转变经济发展方式的模式。三是承接国际和东部地区产业转移的基础产业。着力发展轻纺产业，积极探索中西部地区承接产业转移新途径和新模式。四是促进区域协调发展的重点产业。增强农产品加工业发展的动力和活力，积极提高农产品加工业的经济效益和竞争力，努力将其建设成为带动中部地区经济发展的龙头产业。

二 中部地区农产品加工业发展方向

中部地区农产品加工业的发展应以科学发展观为指导，以科技创新为支撑，切实转变经济增长方式，加快体制机制创新，逐步实现从总量带动向结构调整、从产业分散向产业集聚、从成本优势向创新优势、从国有为主向多种所有制共同发展转变，逐步实现由初级加工向精深加工的转变、由数量增长向质量和效益提高转变。

（一）从总量带动转向结构调整

产业结构是国民经济结构的核心与基础，产业结构的选择实际上反映了一个国家或地区从本国或本地区实际情况出发对经济发展路径和发展模式的基本选择。罗斯托认为，现代经济增长本质上是一个部门的过程，部门分析是解释现代经济增长原因的关键。这是因为，新技术的吸收本来就是一个产业的过程，技术创新总是出现在某一特定产业的企业中，同时，对创新技术的引进和再创新，也是出现在特定产业中。中部地区农产品加工业的发展，应着力由总量带动向结构调整转变，通过结构提升和升级，来实现中部地区农产品加工业的可持续发展。

（二）从产业分散转向产业集聚

国内大量的理论和实证研究表明，产业集群具有一系列传统产业无法比拟的优点，如降低交易成本、激发技术创新、推动核心竞争力形成、提高劳动生产率、降低投资门槛等,是市场经济条件下工业化发展到一定阶段后的必然产物,是一种高效、先进的产业组织形式,是产业竞争力的来源。中部地区农产品加工业要依据比较优势的原则,优化产业资源配置,提高要素使用的集约化程度,延长产业链,创建产业价值链网络增值体系,走产业集聚升级之路。

(三) 从成本优势转向创新优势

技术创新是推动产业发展的重要力量。中部地区农产品加工业的发展应着力由要素驱动阶段向投资驱动阶段发展,并促进部分产业开始由投资驱动向创新驱动为主的阶段转变。目前,要积极改变依靠成本优势、原材料、运输、土地、劳动力、资金等生产要素的低价格来降低企业的生产成本的发展模式,加快传统产业部门的改造,提升产业结构和产业能级。积极推进农产品加工领域的科技进步和技术创新,提高产业附加值,向产业结构高端化方向发展,实现由"资源"优势向"创新"优势转变的跨越式发展。

(四) 从国有为主转向多种所有制共同发展

产业竞争力的微观主体是企业,只有企业具有较强的竞争力,产业才可能相应地具有竞争力。一般来讲,不同所有制的企业在竞争力方面具有明显的差异。国有企业受制于产权不清、法人治理结构不健全、组织与管理不对称等因素的束缚,缺乏增强市场竞争和自主创新的动力,效益不佳的现象普遍存在。同时,国有企业对资源的占有和控制能力较强,相应地存在挤出效应,非公有制经济在资源的获取和使用方面存在一系列困难,这也导致非公有制企业竞争力的下降[①]。因此,中部地区应积极地对国有经济布局进行"有退有进"的调整,坚持有所为、有所不为的原则,加快将国有经济向关系国民经济命脉的关键领域集中,其他行业和领域的国有企业要通过资产重组和结构调整优胜劣汰。同时,积极鼓励混合经济、民营经济的进一步发展壮大,鼓励、支持和引导非公有经济进入农产品加工业领域,特别是要积极引导外商合理投资。

---

① 周亚:《产业竞争力:理论创新与上海实践》,上海,上海社会科学院出版社,2007,第55~57页。

第三节　中部地区农产品加工业发展的政策建议

政府、企业和行业协会是推动我国农产品加工业发展的重要力量。在市场经济条件下，加快推进中部地区农产品加工业的发展，应充分发挥市场机制对资源的配置作用，积极强化企业在产业发展中的主体作用，着力发挥政府和行业协会的服务功能，有效实现职能分工与合作、互动与融合，全面促进中部地区农产品加工业的可持续发展。

一　政府层面的政策建议

（一）转变政府职能，完善农产品加工指导体系

由经济建设型政府向公共服务型政府转变，就是要探索现代市场经济条件下政府改革的新路。政府的公共服务首先是有利于经济建设。在市场经济条件下，经济建设是企业的事、社会的事。建设公共服务型政府，不仅在于实现政府经济管理职能的转变，更重要的在于要实现政府治理方式的转变；不仅在于政府应当为经济发展提供良好的市场环境，更重要的在于政府要为经济和社会的协调发展提供基本而有保障的公共产品和有效的公共服务；不仅涉及政府机构的调整，更在于实现"政府再造"和推进政府的"自身革命"。在农产品加工业发展的管理体制上，要积极完善自上而下的指导农产品加工业发展的专门部门，加强各部门间的合作，形成综合管理能力，在体制上为中部地区农产品加工业的发展创造良好的条件。

（二）健全质量安全体系，防范产业风险

目前，我国农产品过程和质量标准与行业管理需要错位、脱节，在国家标准上表现得最为突出。因此中部地区应积极加强农产品质量安全体系建设，努力规范农产品市场发展，确保和提高农产品质量，引导农产品加工业向正确的方向发展。

1. 完善产品质量标准体系

一是要制定专门性、系统性的农产品质量法。积极完善农产品质量安全管理方面的条例和法规，并将无公害农产品、绿色食品、有机食品认证纳入其

中，从法的角度规定农产品生产者、经营者的质量安全责任，对农产品质量安全实行市场准入制度，对不安全的农产品依法进行查处和销毁。二是要完善农产品质量标准体系。要根据加入 WTO 后的新情况，建立标准基础性研究机构，加强标准的研究工作，要及时跟踪并参加有关国际标准组织的活动和有关国际标准的制修订工作。

2. 推行标准化生产和加工

加快推进中部地区农业标准国际化战略，加强对国际标准的跟踪、研究和转化，推动与国际标准接轨。扩大中部地区农产品标准化示范县专项资金规模，扶持龙头企业、农民专业合作组织、科技示范户和种养大户率先实行标准化生产，并示范带动标准化生产和管理技术进村入户，大力发展无公害优质农产品、绿色食品，因地制宜地发展有机农产品，积极发展名牌产品，加强认证监管，健全淘汰机制，推行地理标志制度。

3. 加强农产品质量安全的检验检测

加大中部地区农产品质量安全检验检测体系建设力度，加快实施无公害农产品行动计划，建立农产品质量安全风险评估机制。大力推广清洁生产和废弃物资源化利用技术，发展循环农业，强化农业面源污染治理，切实保护农产品产地生态环境。加强优势农产品质量安全例行监测和监督抽查工作，建立从田间到市场全过程控制、运转高效、反应迅速的农产品质量安全管理体制，积极开展农资打假专项治理，不断提高优势农产品的质量安全水平。完善农产品制成品质量安全检验检测手段，加强对农产品加工质量安全的监督、检测和检查，积极引导农产品加工企业开展 ISO9000（质量认证）、ISO14000（质量认证）、HACCP（危害分析及关键点控制）、TQM（全面质量管理）、CAS（农业标准）以及 GMP（良好生产规范）认证工作，大力开展绿色食品和有机食品认证，积极对接国际标准。

4. 健全监测预警体系

按照"边建设、边运行、边出成果"的原则，进一步完善农产品加工业经济运行分析平台，健全农产品加工业监测分析与预警数据管理系统，按期分析经济运行情况，编制《农产品加工业发展报告》；针对重点监测品种，按季度开展专题监测分析与预警；加强监测点运行管理，启动地区监测数据报送的试运行。同时，扩大国际标准跟踪的影响力，开展相关标准的专题跟踪和热点问题的研究分析。

（三）加强社会化服务，完善社会化服务体系

中部地区要以产业指导、科技提升、资金融通、信用担保、信息服务等为突破口，加快农产品加工业的社会服务体系建设。一是要促进农产品加工业的行业管理和服务逐步规范化。鼓励各类服务机构，围绕农产品加工业的需要，发挥在行业状况调查、产业规划制定、行业诚信体系建设、项目评估、技术咨询、人才培训、质量检测等方面的作用。鼓励同类型的农产品加工企业组建专业协会，加强行业自律，协调解决行业内部矛盾，支持行业协会组织出口企业积极应对国外歧视性反倾销等限制性措施，促进行业健康发展。二是抓好农产品加工业职工的教育培训，为企业培养一批农产品加工急需的专业技术人才。三是要从大农业、大食品、大加工的战略高度出发，深化农产品加工业管理体制的改革，使之更加适应社会主义市场经济。四是建立和完善农产品加工技术推广体系。深化农业技术推广体制改革，不断充实中部地区优势区域基层技术推广力量，完善技术推广运行机制，确保公益性推广机构履行职能所需经费，积极扶持社会化技术服务组织。启动实施基层农技推广服务体系建设工程，重点建设和完善县及县以下公益性农技推广机构，使之具备必要的办公场所、仪器设备和试验示范基地，增强生产指导、技术服务和科技服务等服务功能。五是强化政府服务意识，加快制定和落实各项配套政策措施，健全政策法规体系，充分发挥组织优势，强化领导责任制。

（四）调整产业结构，促进产业集聚

产业结构调整是发展方式转变的重要内容。中部地区要紧紧抓住我国经济发展方式转变的大好时机，加快农产品加工业产业结构的调整和优化，积极面向国内外市场需求，紧紧依靠科技管理创新和人力资源开发利用，加快改造提升传统产业，培育壮大现代产业体系。尤其是以节能增效和生态环保为抓手，强化技术改造，淘汰落后产能，加快发展绿色经济、循环经济和节能环保产业，推广应用低碳技术，实现产业升级和结构优化。同时要积极促进农产品加工业集群化，提升产业集群的创新能力。中部地区是我国重要的粮食生产基地，具有较完整的产业体系、较丰富的产品种类和较完善的产业配套组织，为

促进农产品加工业的产业集聚奠定了坚实的基础。当前，中部地区应积极整合农产品加工业的园区布局，深化各园区间的分工，促进园区从综合型向特色型转变，努力形成一套具有自主知识产权的创新产品和高新技术支柱产业集群，推进产业结构的升级。同时，要积极扩大集群的规模效应，增强集群的竞争优势，实现中部地区农产品加工业的跨越式发展。

（五）拓宽融资渠道，加大资金投入力度

发展农产品加工业，关键的便是增加对农产品加工业的资金投入。因此，要采取各种措施，拓宽融资渠道，加大对农产品加工业资金投入力度，积极扶持优质、高产、高效农产品的加工和转化。

1. 增加国家财政投入

增加对农产品加工企业收购农产品的直接财政补贴。要对农产品加工企业实行优惠的财政补贴计划，将其纳入农业发展的产业规划中，加快农产品的市场转化能力。增加对农产品加工企业的基建和技改补贴。提高农产品加工业基本建设投资占整个基本建设投资的比重，增加对农产品加工骨干企业的技改投入。各级财政支农资金和农业综合开发有偿资金等，要重点支持农产品加工企业的基地建设。科研开发、技术服务、质量标准和信息网络体系建设；科技、农业、乡镇企业等行政主管部门的科技开发资金、教育培训资金，应有一定比例用于农产品加工业发展。加大对出口农产品加工企业的财政补贴，培育和鼓励企业实施走出去战略，参与世界市场开发。外经贸部门要加大对农产品加工制品出口的支持和协调服务。

2. 拓宽金融融资渠道

增强商业银行的支农功能，将支持农产品加工企业发展作为信贷工作的重要内容，及时满足农产品加工企业合理的资金需求。对农产品加工企业向农户收购农产品和完成国内外订单生产所需流动资金，有关银行应积极予以支持。对农产品加工企业申请贷款，应视项目用途与实际需要，适当放宽担保抵押条件，合理确定贷款期限。应把中小型农产品加工企业列为中小企业信用担保体系的优先扶持对象。采取各种途径，从社会上募集农产品加工业发展所需要的资金。鼓励有条件的地方建立担保基金、担保公司，为优势区域龙头企业融资提供服务；鼓励有条件的龙头企业上市或向社会发行企业债券，募集发展资金；鼓励各类市场主体参与优势区域农业基础设施建设，逐步建立起多元化、多渠道的投融资机制，打造各类生产要素集聚平台，形成中部地区各行业共同推进优势产业带发展的格局。发展农业和农产品保险，要优先将优势农产品纳入农业政策性保险范畴，不断发挥农业保险在稳定优势农产品生产方面的重要作用。鼓励农产品加工业的龙头企业上市。鼓励和便利那些符合股票上市条件、市场开拓能力强的大型农产品加工骨干企业，公开发行股票并上市。

3. 实行税收优惠政策

对农产品加工企业实施更多的税收减免政策。其中最重要的便是减免农产品加工企业的企业所得税和产品增值税。实施退税政策，对中部地区农产品出口实行与法定退税率一致的退税政策，出口退税率尚未达到法定征税率的农产品，应优先考虑适当提高出口退税率。企业研究开发新产品、新技术、新工艺所发生的各项费用，在缴纳企业所得税前应扣除。农产品加工企业引进技术和进口农产品设备，符合国家有关税收政策规定的，免征关税和进口环节增值税。对重点农产品加工骨干企业从事种植业、养殖业和农产品初加工所得，要落实免征 3～5 年企业所得税的政策。

4. 积极引进外资

拓宽农产品加工企业的融资渠道，就要积极引进和利用外资。要加大对国外先进技术、工艺、设备和管理方法的引进，采取各种优惠政策，鼓励国际资本采取直接投资、合资等方式，推动国内农产品加工业的进一步发展。全球化时代，资本的自由流动为农产品加工业获取外资提供了可能。大力引进外资，可以增加对农产品加工业的资金投入，加快政府职能转变，进一步加快农产品加工业的发展。

（六）构建科技进步的长效机制，健全农业科技服务体系

科学技术是指人类掌握、认识和应用客观自然规律的实际能力，将科学技术运用于农产品加工业生产实践中，有利于推动和促进生产力高速发展，对中部地区农产品加工企业的现代化进程有着长效的推动作用。中部地区农业发展正处于从传统农业向现代农业转变的关键时期，资源和环境制约日益凸显，而作为我国的重要粮食生产基地，中部地区突破资源环境制约，提高粮食综合生产能力，促进粮食稳定增产，保障粮食安全的任务十分艰巨。调整农业结构，

延长农业产业链，发展农产品精深加工，引导农民参与产业链中后端和价值链高端收益分配，提高农业综合生产能力等，迫切需要农业科技创新给予推动支持。此外，中部地区农村社会事业发展相对滞后是制约农民生活质量提高的重要因素。发展农村社会事业，改善农民生活环境，提高农民生活质量，同样迫切需要科技发挥支撑和引领作用。

科学技术创新是提高农产品加工业经济效益和竞争力的有效手段，国家应积极制定具体政策加强农产品加工科技服务体系建设，建立健全乡镇或区域性农产品加工技术推广公共服务机构，并逐步建立村级服务站点。一是要加大农产品加工新技术的推广力度，创新推广方式。农产品加工科技推广机构和人员应探索通过农民专业合作社推广先进实用技术的利益连接方式，构建科技人员到户、技术要领到人的科技推广机制，进一步提高农业科技成果转化率。同时，切实搞好农产品加工技术人员和科技实用人才的培训，以开设农产品加工技术培训班、送技术上门等多种形式，让他们掌握先进的农产品加工知识，更好地进行生产实践。二是要加快推进信息化建设，提高农产品市场流通和农业信息服务能力。鼓励各级政府部门积极为优质农产品销售搭建宣传和运作平台，支持中部地区发展连锁经营、电子商务等新型流通业态，建立省、市、县、乡农业系统信息网站，加大对中部地区特色农产品的宣传推介力度。

（七）立足区域优势，加强区域合作

随着经济全球化和区域一体化进程的加快，积极开展区域合作是促进区域经济发展的重要途径。中部地区应从区域农产品加工业发展的实际出发，不断拓展区域合作的深度和广度，抓住全球产业结构调整的契机，加强分工与合作，促进中部地区农产品加工业一体化发展，实现市场相同、体制相融、资源共享、人才互通、产业互补，全面推进中部地区农产品加工业不断升级和快速发展。一是要积极培育区域产业价值链。随着全球经济一体化趋势的加强，地区间的产业分工由部门间分工逐步向同一部门的产品间分工，进而向同一产品的产业链分工转变。中部地区各省以及中部地区与东部地区应优势互补，分工合作，积极培育区域产业价值链，形成区域内企业间的价值链分工网。这不仅有利于实现区域内资源优化配置，也有助于各专业化地区做大做强，提高产业的区际、国内、国际竞争力，融入全球价值链。二是要积极承接东部地区和国际产业转移。积极承接高技术农产品加工业的转移，进一步提高技术创新能力和研发水平，有效实现与东部地区技术对接、产业对接、市场对接，形成优势互补，资源共享的发展格局。

（八）扩大开放，融入全球化的市场体系

进一步扩大开放，积极开发对外贸易，融入全球市场化体系，参与全球价值链分工。一是进一步完善鼓励出口的各项政策。积极扩大农产品加工业开放的领域，积极开发对外贸易，完善企业参与国际竞争的各项政策。充分利用好中央财政对企业因欠退税发生的银行贷款进行贴息的政策，缓解企业资金紧张的矛盾，充分发挥出口信用保险扶持发展资金的作用，促进出口增长等，同时要积极完善有利于出口的其他各项政策，以激发企业出口的积极性①。二是加大对私营企业开拓国际市场的支持力度，鼓励企业实施走出去战略。充分利用国内外两种资源、两个市场，鼓励农产品加工企业的国际经贸合作和跨国经营，在全球范围内优化布局生产环节，拓展产业发展空间，通过建立自己的全球生产体系来构筑国际竞争优势。

二 企业层面的政策建议

（一）加快企业自身体制建设，建立现代企业制度

目前，我国很多农产品加工企业是中小企业，很多是由作坊式加工点升级而来，内部缺乏高效的管理体制，外部缺乏有效的市场开发机制。这对于农产品加工业的长远发展产生很多不利的影响。完善法律法规，确实保护私营企业主的合法权益。建立经理人人才库，完善经理人监管措施。加快企业资产的全面清理核算，提高资本的利用效率。加强农产品加工企业管理人员培训，提高管理技能，从而使农产品加工企业成为自觉推行现代管理的主体。此外，政府部门还应支持农产品加工企业在发挥自身优势的基础上，通过收购、兼并、联合、控股等方式，实现跨地区、跨行业、跨所有制的联结和重组，促进存量资产的优化组合，促使一批上规模的企业集团尽快成长起来，发挥现代管理的引领作用。

---

① 周彩虹：《新型国际分工与长三角制造业》，北京，科学出版社，2009，第224页。

（二）加快科技进步，增强企业发展科技支撑力

当前，中部地区应加快高新技术和适用技术的推广应用，依靠科技振兴农产品加工业，提高产品的科技含量和附加值，增强农产品的竞争力。一是积极采取有效的措施加大对农产品加工业的科技投入，通过建立科研风险保障机制，推动农产品加工领域的科技进步，加快农产品加工企业自主科技创新的步伐，尤其是优势重点领域的自主科技创新。要优先在优势区域建设产业技术研发中心、功能研究室、综合试验站，加快建立现代农产品加工业产业技术体系。二是建立健全科研队伍体系，加强与科研院所、大专院校的联系与合作，完善产学研紧密结合的技术研发体系建设，争取在重大关键共性技术的攻关、引进、集成和示范推广等方面取得实质性进展。进一步整合资源、集中力量，充分发挥科技优势，以技术参股、技术转让等形式吸引科技人才和消化吸收科技成果，加大品牌产业和龙头企业技术改造步伐，提高产品品位。加强新技术新产品的研究和开发，建立以企业为主体，产学研相结合的技术创新体系。积极推广和运用现代生物技术、信息技术、工程技术、管理技术，提高农产品生产和加工的科技含量。三是积极引进国外先进的农产品生产加工技术，针对产业技术体系构建过程中的瓶颈问题和关键环节，加大国外先进技术、工艺、设备和管理水平的引进，采取各种优惠政策，鼓励国际资本采取直接投资、合资等方式，推动国内农产品加工业的进一步发展。四是加强农业推广服务体系的改革创新，切实抓好品种、技术、知识创新工程的实施，提高精确农业和农产品精深加工水平。五是支持科技成果转化和推广先进适用的农产品加工技术。科学技术从实验室到生产车间，需要一个转移和推广的过程。加快农产品加工业的发展，就要加快科学技术的生产力转化。同时，要积极推广已经成熟的农产品加工技术，增加科学技术的社会贡献量。

（三）提高农产品深加工度，增加农产品的附加值

中部地区应把大力发展农产品加工业作为推进农业产业化与工业化的连接点，提高农产品加工度，增加农产品的附加值。一是要加快以农副产品为主的工业原料基地建设，着力发展农副产品的深加工及综合利用，培育壮大一批农产品加工龙头企业，用工业化带动农业产业化和农村现代化。重点扶持发展科技含量高、精深加工能力强的农产品加工项目，不断提高农产品加工档次，延长农产品加工链，着力提高农产品的附加值和加工效益，打造中部地区及全国农产品著名品牌。二是启动农产品产地初加工惠民工程，采取国家扶持、农民建设、农业部门技术指导和服务的方式，支持农民和专业合作组织建设产地储藏、保鲜、烘干等初加工设施装备，尽快提高我国农产品产地初加工水平。三是要依靠现代科技进步，积极引进、开发现代农产品深加工技术和工艺，开展农产品精深加工创新技术研究。瞄准国际农产品加工业高新技术发展前沿，以生产绿色食品为基础，以现代食品加工业高新技术开发为核心，深入开展农业资源可持续利用、农产品精深加工工艺和技术、无公害及绿色食品生产技术体系和功能食品开发的创新研究。

（四）创建名牌产品，提高企业核心竞争力

良好的富有声誉的企业品牌，具有多重作用。其中，对于企业而言，有助于产品的销售和占领市场。品牌知名度形成后，企业可利用品牌优势扩大市场，促成消费者对于品牌的忠诚。同时，良好的品牌是产品增值的可靠保障。对于农产品加工企业来说，创建品牌产品，是农产品加工业核心竞争力的根本保障。因此，中部地区应支持农产品加工企业加快技术装备改造升级，培育壮大一批领军企业，树立民族品牌，保障产业安全，提升农产品加工业的发展水平和竞争力。一是树立企业的市场意识。农产品加工业必须以市场为导向，生产适销对路的产品。没有现实市场和潜在市场的农产品加工业，是无论如何也发展不起来的。要对一个产品的市场现状、市场潜力有准确的把握。对一个新产品的市场可行性和市场开拓前景要有准确的把握。二是形成品牌导向的企业生产文化。先进的企业文化是企业持续发展的精神支柱和动力源泉，是企业核心竞争力的重要组成部分和形成要素，建设先进的企业文化，既是增强企业凝聚力、向心力的需要，也是提高企业管理水平、打造企业品牌、扩大市场影响、树立企业良好形象、培育企业核心竞争力的重要途径。因此，形成以品牌为导向的企业文化意义重大。要增强企业内部品牌意识，采取各种形式开展面向品牌形成的企业生产和经营活动。加强对员工的培训，增强品牌意识和质量安全生产意识。在企业内部建立专门负责品牌培育、建设和宣传的部门，应对和处理公共关系问题。三是严把产品质量关。质量是企业的生命。在生产加工过程中，通过保障农产品质量来真正占领市场，创造市场品牌。要把企业的质量生产同企业的名牌战略实施结合起来，从而使农产品加工业处于较高的发展起点上。

推进标准化生产，确保生产质量。加强企业内部的产品质量检验检测，及时发现质量问题。四是加大企业和产品宣传力度。良好的品牌是以质量为根本、以知名度为美誉的。要重视企业产品的广告宣传。企业要积极承担社会责任，实现企业追求与社会价值的统一，并以此为契机，加快品牌的推广。

（五）培育壮大龙头企业，增强对行业发展的带动作用

龙头企业已成为构建现代农业产业体系、保障农产品有效供给的重要力量，是带动提升中部地区农产品加工业竞争力的重要支撑。2010 年农业部公布了第二批全国农产品加工业示范企业，其中中部地区的各类示范企业数只有60 家，占全国总数的 18.69％，不到全国的 1/5。因此，应积极鼓励和支持中部地区具有较强实力和辐射力的龙头企业不断发展壮大，提升市场占有率和产业竞争力。一是按照"扶优、扶大、扶强"的原则，培育壮大一批起点高、规模大、带动力强的龙头企业，鼓励支持龙头企业采取兼并、重组、参股、收购、上市等资本运作方式，整合资源要素，组建大型企业集团，打造一批集团化、整体竞争力强的行业领军龙头企业。二是支持龙头企业大力发展精深加工，延长产业链条，构建集生产、加工、销售于一体的完整产业链条，提高产业整体竞争力和抗风险能力。三是大力推进龙头企业与农民专业合作社的联合与合作，鼓励龙头企业创办或领办农民专业合作社。四是引导龙头企业向产业化示范基地集中，加强企业联合与合作，集成集约要素资源利用，强化示范基地技术创新、质量检测、物流信息、品牌推介等公共服务平台建设，促进产业集群发展。围绕优势主导产业，发展包装、储藏、运输等服务业，形成产加销有机结合，第一产业、第二产业和第三产业协调发展的格局，壮大区域经济发展实力。五是引导龙头企业加大科研投入，加强与科研院所、技术推广部门等的合作，积极引进、开发和推广新产品、新技术、新工艺和新设备，逐步发展成为具备较强创新能力、拥有自主知识产权的现代企业。认真落实农业产业化人才培养计划，强化企业人才队伍建设，大力培养职业经理人和中层经营管理人才，鼓励采用多种方式引进高层次技术人才，为企业发展提供智力支持[①]。

---

① 黄连贵：《实施农业产业化壮大农产品加工业》，载《农产品加工·创新版》2012 年第 2 期，第 17 ~ 19 页。

（六）积极引进国际先进技术，增强技术溢出效应

中部地区大型农产品加工业应积极改变被动参与国际分工的局面，创造条件，积极实施"走出去、引进来"战略，支持科研机构和企业对外技术合作与交流，积极引进国外的先进技术。一是加快提高中部地区农产品加工企业的技术吸纳与创新能力。技术溢出的增加是与当地企业的吸纳能力、产业配套能力密切相关的。如果当地企业的技术能力与管理水平达不到跨国公司的最低要求，就很难形成彼此间的配套合作关系。因此，中部地区农产品加工业企业要积极强化在跨国公司主导的国际分工某个环节上不可替代的位置，增强对生产技术和管理技术的吸纳能力，加快技术的扩散。二是促进中部地区农产品加工业积极融入跨国公司主导的全球产业链。跨国公司是先进技术和国际市场的实际控制者，只有进入跨国公司主导的全球生产体系，才能把自己的比较优势转化为现实的优势，并在与国外企业进行合资、合作或形成产业配套的过程中，通过跨国公司的技术溢出，不断获取新知识、新技术，推动产业不断升级，逐步从价值链的低端环节向高端环节跨越。

三　行业协会层面的政策建议

（一）加快农产品加工业不同领域和环节的行业协会发展

随着市场经济体制的不断完善，在政府和企业之间起桥梁和纽带作用的行业组织，对推动农产品加工业发展有着不可替代的作用。政府要大力支持农产品加工业行业协会的发展，鼓励建立各种农产品加工行业协会。如果说良好的运行机制是农产品加工业行业协会发展的内在动力的话，那么有效的政府支持则是不可缺少的外部条件。首先，要建立健全有关法律、法规，为农产品加工业行业协会的健康发展创造前提条件。加快社团法、行业协会法等法律的制定，确立农产品加工业行业协会的法律地位。其次，政府实施优惠的经济政策，对农产品加工业行业协会的发展给予财政、金融等经济援助和其他政策支持。建立农产品供产联盟，确保农产品等原材料的供应，为农产品加工企业提供稳定的原材料来源；建立农产品加工企业的科技推广协会，加快科技成果的生产力转化；建立农产品销售协会等，进一步拓宽市场范围。

（二）积极发挥农产品加工业行业协会的服务功能

要以原国家经贸委《关于加快培育和发展工商领域协会的若干意见》提

出的三大类十七项职能为依据，加快落实行业协会的职能，引导行业协会充分发挥市场经济新形势下的作用，积极完善农产品加工业行业协会的服务功能。政府通过制定法规和政策从宏观的角度对行业进行规划、协调和指导。行业协会负责行业内部的组织、协调、服务和监督，为同行业企业服务，在政府和企业间发挥桥梁和纽带作用，把国家的宏观调控目标、政策传达给企业，把企业的意见和要求转达给政府。因此，中部地区农产品加工业的行业协会要从维护市场秩序、规范企业为出发点，加强自身建设，建立行业自律机制，完善服务功能。一方面，要加强行业协会同政府的沟通交流，推动相关政策措施的制定和实施。积极发挥协会的统领和把握全局的作用，制定相关行业标准，促进和引导整个行业的健康发展。实现和加强行业自律，规范企业生产经营。另一方面，要发挥各行业协会在提供社会化服务、开展行业自律、防止无序竞争、协助解决国际贸易争端等方面的作用，加强协会对会员的各项服务，提供信息咨询、法律服务、产品咨询、科技推广等服务工作，加强对企业管理和专业技术人员的培训服务，沟通内外联系，加强国际国内合作与交流，举办展览会、博览会，为会员企业提供产品宣传窗口、拓宽销售渠道等。

（三）探索多种形式利益联结新机制

建立生产经营新机制，积极鼓励农产品加工企业通过定向投入、定向服务、定向收购等方式，发展产业化经营，与农民建立稳定的合同关系和利益联结机制，形成真正的利益共同体。积极引导、进一步完善"龙头企业＋农民专业合作经济组织＋农户"、"龙头企业＋农村经纪人＋农户"和"龙头企业＋基地＋农户"等各种企业与农户利益联结模式。在此基础上，探索农民合作组织兴办农产品加工企业、农民土地经营权入股或转移、"公司＋中介组织＋农民"形式的股份制合作组织等新型模式和机制，以加强企业和农户间的利益联系，建立利益共享、风险共担、长期稳定的利益联结机制，使农户最大限度地分享农产品加工、流通等环节的利益，建立农民增收的长效机制。鼓励龙头企业参与农业结构调整和农产品标准化生产基地建设，支持以龙头企业为依托，建立大型农产品生产、加工和销售基地，逐步形成专业化、标准化和规模化的农业产业带；鼓励和引导龙头企业按行业进行联合，形成具有较强竞争力的企业集群。

主要参考文献

安虎森：《新区域经济学》，大连，东北财经大学出版社，2010。

白重恩、杜颖娟、陶志刚、仝月婷：《地方保护主义及产业地区集中度的决定因素和变动趋势》，载《经济研究》2004年第4期。

蔡昉、王德文：《WTO框架下中国工业竞争力研究》，北京，中国社会科学出版社，2008。

柴斌锋：《中国玉米成本及经济效益研究》，北京，中国农业出版社，2009。

陈红儿、陈刚：《区域产业竞争力评价模型与案例分析》，载《中国软科学》2002年第1期。

陈华宁：《欧盟、日本农产品质量安全立法及启示》，载《世界农业》2007年第9期。

陈会英、吕敏、周衍平：《中国农产品加工业发展问题与对策研究》，载《生产力研究》2003年第4期。

陈会英、周衍平、刘肖梅：《中国农产品加工产业组织创新与政策选择》，载《经济地理》2004年第3期。

陈卫平、赵彦云：《中国区域农业竞争力评价与分析》，载《管理世界》2005年第3期。

陈秀山、孙久文：《中国区域经济问题研究》，北京，商务印书馆，2005。

陈昭玖：《发达国家农产品行业协会的比较分析及启示》，载《价格月刊》

2007 年第 4 期。

成昕：《国内外农产品质量安全管理体系发展概述》，载《世界农业》2006 年第 7 期。

程广斌：《新疆农产品加工业产业组织研究》，石河子，石河子大学博士学位论文，2008。

崔星梅：《发达国家农业标准化发展对我国的启示》，载《大众标准化》2007 年第 5 期。

戴景瑞、胡跃高：《农业结构调整与区域布局》，北京，中国农业出版社，2008。

丁力：《关于农业产业化经营中科技问题的调查与思考》，载《财经问题研究》2002 年第 3 期。

丁力：《农产品加工业与农业产业化》，载《农业产业化》2008 年第 7 期。

丁力：《培育有竞争力的农业产业体系——关于美国农业的观察与思考》，载《中国农村经济》2001 年第 8 期。

杜彦坤：《对我国农产品加工业技术创新及产业化发展的思考》，载《调研世界》2000 年第 3 期。

杜彦坤：《农产品加工业发展与政策性金融支持研究》，载《经济研究参考》2002 年第 32 期。

杜彦坤：《政策性金融支持农产品加工业发展的政策选择》，载《农业经济问题》2002 年第 5 期。

杜彦坤：《政府发展农产品加工业的政策目标预期与职能界定》，载《中国软科学》2001 年第 11 期。

段慧兰：《提升湖南农产品加工业竞争力研究》，长沙，湖南农业大学硕士学位论文，2007。

多纳德·海、德里克·莫瑞斯：《产业经济学与组织》，北京，经济科学出版社，2001。

樊纲、王小鲁：《中国各地区市场化相对进程报告》，载《经济研究》2003 年第 3 期。

樊红平、牟少飞、叶志华：《美国农产品质量安全认证体系及对中国的启示》，载《世界农业》2007 年第 9 期。

范恒山、刘苏社、张建清：《中部地区承接产业转移有关重大问题研究》，武汉，武汉大学出版社，2010。

范恒山：《积极应对国际金融危机挑战保持中部地区经济平稳较快发展》，载《宏观经济管理》2009 年第 6 期。

范剑勇：《产业集聚与中国地区差距研究》，上海，格致出版社、上海三联书店、上海人民出版社，2008。

范跃进、杜传忠：《现代产业组织问题研究》，山东，石油大学出版社，1998。

方甲：《产业组织理论与政策研究》，北京，中国人民大学出版社，1993。

冯飞：《中国制造业的发展与国际竞争力（上）》，载《改革》2005 年第 7 期。

冯忠泽、陈思、张梦飞：《发达国家农产品质量安全市场准入的主要措施及启示》，载《世界农业》2007 年第 12 期。

高承江：《农产品加工业是增加农民收入的重要途径》，载《山东省农业管理干部学院学报》2004 年第 4 期。

高进田：《区位的经济学分析》，上海，上海人民出版社，2007。

高培元、杨楠、韩嵘：《新疆农业产业化问题研究》，载《新疆财经》2005 年第 1 期。

龚新蜀：《中国西部经济增长中的结构问题研究》，北京，经济科学出版社，2006。

归秀娥：《发展西部农产品加工业的意义与对策》，载《农产品加工》2005 年第 5 期。

郭克莎：《结构优化与经济发展》，广州，广东经济出版社，2001。

国家经贸委研究室：《关于加快我国农产品加工转化的调查及建议》，载《中国经贸导刊》2001 年第 4 期。

哈罗德·德姆塞茨：《企业经济学》，北京，中国社会科学出版社，1999。

郝朝晖、张文斌：《对培育和发展新疆农业产业化龙头企业的思考》，载《农场经济管理》2004 年第 4 期。

郝寿义：《区域经济学原理》，上海，上海人民出版社，2007。

何艳：《FDI 对我国农产品加工业的出口溢出效应分析——基于面板数据的实证研究》，载《农业经济问题》2008 年第 2 期。

侯景新、尹卫红：《区域经济分析方法》，北京，商务印书馆，2004。

胡晓鹏：《中国食品加工业的竞争力与发展出路》，北京，中国经济出版社，2005。

简新华：《产业经济学》，武汉，武汉大学出版社，2001。

姜会明：《吉林省农产品加工业发展研究》，长春，吉林农业大学博士学位论文，2005。

姜洁：《农产品加工业发展与我国农业现代化建设》，载《农业现代化研究》1996 年第 5 期。

蒋满元：《政府在竞争中进行制度创新的优势与途径》，载《湖南行政学院学报》2007 年第 5 期。

蒋昭侠等：《产业组织问题研究》，北京，中国经济出版社，2007。

金发忠：《国外农产品认证发展及其启示》，载《农业质量标准》2006 年第 2 期。

金煜、陈钊、陆铭：《中国的地区工业集聚：经济地理、新经济地理与经济政策》，载《经济研究》2006 年第 4 期。

李崇光、陈诗波：《湖北省农产品加工业生产效率及其影响因素分析》，载《科技进步与对策》2009 年第 10 期。

李春林：《区域产业竞争力——理论与实证》，北京，冶金工业出版社，2005。

李辉文：《现代比较优势理论的动态性质——兼评"比较优势陷阱"》，载《经济评论》2004 年第 1 期。

李建华：《资源型城市可持续发展研究》，北京，社会科学文献出版社，2007。

李君华：《产业集聚与布局理论——以中国制造业为例》，北京，经济科学出版社，2010。

李廉水、杜占元：《中国制造业发展研究报告（2008）》，北京，科学出版社，2008。

李敏：《世界农产品品牌发展的历史、现状及趋势研究》，载《北方经贸》2007 年第 8 期。

李姝睿等：《加快农业产业结构调整大力发展农产品加工业》，载《农产品加工》2005 年第 3 期。

李淑华：《我国制造业结构升级面临问题及对策建议》，载《中国经贸导刊》2007 年第 2 期。

李延云等：《日本的农产品加工业》，载《世界农业》2005 年第 9 期。

李永实：《比较优势理论与农业区域专业化发展——以福建省为例》，载《经济地理》2007 年第 4 期。

李悦：《产业经济学》，北京，中国人民大学出版社，2004。

刘秉镰、杜传忠：《区域产业经济概论》，北京，经济科学出版社，2010。

刘彩云、马殿平、张润清：《农产品加工业竞争力分析》，载《中国统计》2007 年第 9 期。

刘彩云、王玉荣：《河北省农产品加工业市场结构分析》，载《经济论坛》2008 年第 13 期。

刘海波：《我国产业集聚水平及其对区域差异的影响研究》，北京，经济科学出版社，2009。

刘静、刘丹、杜晓力：《农产品加工业国际竞争力内部直接决定因素指标评价》，载《技术经济》2005 年第 3 期。

刘李峰、武拉平、任卫娜、杨欣：《北京市农产品加工业的产业竞争力分析》，载《农产品加工·学刊》2006 年第 2 期。

刘敏芳、刘燕萍、杨公明：《浅论农业产业化与发展农产品加工业》，载《西北农林科技大学学报（社会科学版）》2002 年第 6 期。

刘长全：《中国产业集聚与生产率——理论框架及影响分析》，北京，经济管理出版社，2010。

卢凤君、张敏、李世峰：《区域农产品加工业发展的成功之路：集聚与升级》，北京，中国农业出版社，2008。

陆立军、周国红：《"浙江制造"新优势》，杭州，浙江人民出版社，2006。

罗斌：《日本、韩国农产品质量安全管理模式及现状》，载《广东农业科学》2006 年第 1 期。

罗辑、张其春：《区域产业竞争力研究：理论与实践》，北京，科学出版社，2008。

罗勇、曹丽莉：《中国制造业集聚程度变动趋势实证研究》，载《经济研究》2005 年第 8 期。

吕立才、黄祖辉：《外商直接投资中国农产品加工业影响的实证研究——增长、国内投资和就业》，载《中国农村经济》2006 年第 5 期。

吕立才、熊启泉：《外商直接投资对浙江农产品加工业影响研究》，载《亚太经济》2008 年第 4 期。

马涛、韩立宏等：《发展农产品加工业，推进中国农村工业化》，载《中国食物与营养》2006 年第 5 期。

马成武、姜会明：《吉林省农产品加工业竞争力分析》，载《农业科技通讯》2005 年第 5 期。

马惠兰：《区域农产品比较优势理论分析》，载《农业现代化研究》2004 年第 4 期。

马涛、韩立宏、赵海渡、张冶：《发展农产品加工业，推进中国农村工业化》，载《中国食物与营养》2006 年第 5 期。

马银戌：《中国地区工业竞争力统计分析》，载《数量经济技术经济研究》2002 年第 8 期。

米红、张文璋：《实用现代统计分析方法与 SPSS 应用》，北京，当代中国出版社，2000。

聂华林、王成勇：《区域经济学通论》，北京，中国社会科学出版社，2006。

聂亚珍：《湖北省农产品加工业的竞争力分析》，载《农业经济》2007 年第 2 期。

农业部：《农产品加工业"十一五"发展规划》，2007 年 1 月 19 日。

农业部软科学委员会课题组：《中国农产品加工业的发展与政策选择》，载《中国农村经济》1999 年第 12 期。

盘明英：《我国农产品加工业的发展与探索》，载《江汉论坛》2006 年第 11 期。

彭中文、李勇辉：《制造业企业国际化经营与其经济效益研究》，载《世界经济研究》2004 年第 6 期。

千庆兰、陈颖彪：《中国地区制造业竞争力评价的理论基础及模型构建》，载《热带地理》2007 年第 1 期。

千庆兰：《中国地区制造业竞争力新论》，北京，科学出版社，2006。

秦富等：《国外农业支持政策》，北京，中国农业出版社，2003。

丘海雄：《珠江三角洲产业集群发展模式与竞争力研究》，北京，经济科学出版社，2008。

任卫娜、武拉平：《北京市农产品加工业出口竞争力的分析——基于波特的"钻石模型"》，载《北京农业职业学院学报》2008 年第 4 期。

沈国明、孙江永：《外商直接投资对中国纺织业国内资本形成影响的经验分析》，载《世界经济研究》2008 年第 10 期。

苏东水：《产业经济学》，北京，高等教育出版社，2007。

孙久文：《区域经济学》，北京，首都经济贸易大学出版社，2008。

孙林岩：《全球视角下的中国制造业发展》，北京，清华大学出版社，2008。

孙洛平：《产业集聚的交易费用理论》，北京，中国社会科学出版社，2006。

谭克、路瑶：《长江三角洲与珠江三角洲产业竞争力比较研究》，载《当代财经》2003 年第 5 期。

谭力文、马海燕、刘林青：《服装产业国际竞争力——基于全球价值链的深层透视》，载《中国工业经济》2008 年第 12 期。

田则林：《发展农产品加工业推进农业产业化》，载《中国农村经济》1996 年第 10 期。

佟玲、李成华：《我国农产品加工业的现状及发展趋势》，载《农机化研究》2005 年第 5 期。

万宝瑞：《农产品加工业的发展与政策》，北京，中国农业出版社，1999。

王凤霞、江雪梅：《外农产品加工业发展的经验与启示》，载《哈尔滨商业大学学报（社会科学版）》2002 年第 1 期。

王福君：《装备制造业内部结构升级的测度指标体系研究——兼评辽宁装备制造业内部结构升级程度》，载《财经问题研究》2008 年第 10 期。

王君美：《市场导向下的产业结构调整》，载《经济问题探索》2009 年第 8 期。

王世军：《比较优势理论的学术渊源和述评》，载《杭州电子科技大学学报（社会科学版）》2006 年第 9 期。

王守经、王文亮、邓鹏、张奇志：《山东省农产品加工业的发展趋势分析》，载《农产品加工·学刊》2008 年第 6 期。

王文亮、杜方岭、王志芬、王守经：《我国农产品加工业战略地位探讨》，载《农产品加工·学刊》2008 年第 7 期。

王永德：《中国农产品国际竞争力研究——基于中美比较视角》，北京，中国农业出版社，2009。

王志明：《我国纺织业国际竞争力分析与提升》，载《财贸经济》2009 年第 10 期。

魏后凯、吴利学：《中国地区工业竞争力评价》，载《中国工业经济》2002 年第 11 期。

魏后凯：《现代区域经济学》，北京，经济管理出版社，2006。

魏后凯：《中国产业集聚与集群发展战略》，北京，经济管理出版社，2008。

魏启文、崔野韩、杨明升：《国内外农产品质量安全标准的比较研究》，载《标准化研究》2006 年第 1 期。

魏益民、万桂林、丁凡：《农产品加工业发展现状与趋势分析》，载《农产品加工》2009 年第 3 期。

魏益民：《国外农产品加工与食品产业发展趋势》，载《中国食物与营养》2004 年第 4 期。

邬文兵：《构建我国农产品加工业新格局》，载《农产品加工》2006 年第 2 期。

邬义钧、邱钧:《产业经济学》,北京,中国统计出版社,2001。

吴继英、赵喜仓:《偏离—份额分析法空间模型及其应用》,载《统计研究》2009 年第 4 期。

夏大慰:《产业经济学》,上海,复旦大学出版社,1994。

夏大慰:《中国经济过度竞争的原因及治理》,载《中国工业经济》2001 年第 11 期。

向国成、韩绍凤:《综合比较优势理论:比较优势理论的三大转变关——超边际经济学的比较优势理论》,载《财贸经济》2005 年第 6 期。

谢地:《产业组织经济学》,长春,吉林大学出版社,1998。

谢地:《产业组织优化与经济集约增长》,北京,中国经济出版社,1999。

谢志华:《竞争的基础:制度选择》,北京,中国发展出版社,2003。

熊彼特:《经济发展理论》,北京,商务印书馆,1990。

熊彼特:《资本主义、社会主义和民主》,北京,商务印书馆,1997。

熊艳、刘忠琦:《基于 SCP 范式下的中国乳制品产业组织模式研究》,载《财经界(下旬刊)》2007 年第 6 期。

许一芳、王振惠:《优化福建主要特色农产品加工业区域布局的设想》,载《台湾农业探索》2005 年第 4 期。

薛昭胜:《期权理论对订单农业的指导与应用》,载《中国农村经济》2001 年第 2 期。

亚当·斯密:《国民财富的性质和原因的研究》,北京,商务印书馆,1972。

闫应福:《产业经济学》,北京,中国财政经济出版社,2003。

杨公朴、夏大慰:《产业经济学教程》,上海,上海财经大学出版社,1998。

杨洪焦、孙林岩、吴安波:《中国制造业聚集度的变动趋势及其影响因素研究》,载《中国工业经济》2008 年第 4 期。

杨焕玲:《发达国家发展农产品加工业的税收经验与借鉴》,载《世界农业》2009 年第 3 期。

杨蕙馨:《企业的进入退出与产业组织政策》,上海,上海三联书店,

2000。

杨兴龙：《玉米加工业的效率和竞争力研究》，北京，中国农业出版社，2009。

杨云彦：《区域经济学》，北京，中国财政经济出版社，2003。

杨治：《产业经济学导论》，北京，中国人民大学出版社，1985。

姚惠源：《国外农产品加工的发展态势与技术前瞻》，载《农产食品科技》2006年第1期。

银路：《经济效益的实现过程与计算方法》，载《数量经济技术经济研究》1989年第11期。

尹成杰：《农业产业化经营是提高农业竞争力的重要途径》，载《农业经济问题》2001年第2期。

尹晓雁：《农产品加工业是现代农业发展的关键》，载《农产品加工》2006年第5期。

于立、王询：《当代西方产业组织学》，大连，东北财经大学出版社，1996。

于琳：《新疆特色农业产业化可持续发展的机制》，载《农业经济》2006年第3期。

于天颖、王永成、郭东升：《我国农产品加工业的现状及发展思路》，载《农业经济》2005年第5期。

于新匣：《我国农产品加工产业政策选择与产业组织创新》，载《中国物价》2007年第12期。

余晓明、任学军、黄玲娣：《加快发展新疆特色农产品加工业的对策研究》，载《新疆财经》2007年第2期。

臧新：《产业集聚的行业特性研究——基于中国行业的实证分析》，北京，经济科学出版社，2011。

臧旭恒、林平：《现代产业经济学前沿问题研究》，北京，经济科学出版社，2006。

曾国安：《政府经济学》，武汉，湖北人民出版社，2002。

曾建民：《发达国家发展农业标准化的措施》，载2003年11月28日《农民日报》第 7 版。

张德权：《我国西部地区农产品加工业的现状、发展趋势及对策》，载《中国西部农产品加工及产业化发展战略研讨会论文集》，2001。

张汉林：《农产品贸易争端案例》，北京，经济日报出版社，2002。

张红丽、邓康处、雷海章：《新疆区域特色农业产业化的现状及对策》，载《新疆农垦经济》2002 年第 3 期。

张华：《对农产品加工业的结构调整与健康发展的几点思考》，载《农业经济》2004 年第 3 期。

张焕裕、李丹、张广平等：《湖南农产品加工业发展的现状与对策》，载《湖南农业科学》2009 年第 7 期。

张可云：《区域经济政策》，北京，商务印书馆，2005。

张明林、吉宏：《我国农产品加工业特征、现状与对策》，载《乡镇经济》2006 年第 6 期。

张平、王树华：《产业结构理论与政策》，武汉，武汉大学出版社，2009。

张润清、李崇光：《江汉平原农产品加工业发展的经济分析》，载《统计与决策》2005 年第 6 期。

张润清、杨建锋、赵邦宏：《河北省农产品加工业发展研究》，北京，中国农业科学技术出版社，2008。

张润清：《江汉平原农产品加工业发展战略研究》，武汉，华中农业大学博士学位论文，2005。

张维迎：《恶性竞争的产权基础》，载《经济研究》1999 年第 6 期。

张兴：《外商直接投资对我国农产品加工业挤出效应的检验》，载《经济论坛》2009 年第 6 期。

张秀生、曾国安：《社会主义经济理论》，武汉，武汉大学出版社，2004。

张秀生、陈立兵：《村经济发展》，武汉，武汉大学出版社，2005。

张秀生、卫鹏鹏：《区域经济理论》，武汉，武汉大学出版社，2005。

张秀生、杨刚强：《积极发展农产品加工业促进中部地区农业发展》，载《宏观经济管理》2008 年第 11 期。

张秀生、杨刚强：《积极发展现代农业 促进中部地区崛起》，载《宏观经济管理》2009 年第 4 期。

张秀生、杨刚强：《健全财政支农政策 创新农村公共品供给制度》，载《财政研究》2009 年第 5 期。

张秀生：《农业经营方式创新与农民收入增长》，北京，中国农业出版社，2008。

张秀生：《区域经济学》，武汉，武汉大学出版社，2007。

张秀生：《中国经济改革与发展》，武汉，武汉大学出版社，2005。

张秀生：《中国农村经济改革与发展》，武汉，武汉大学出版社，2005。

赵强、孟越、王春晖：《产业集群竞争力的理论与评价方法研究》，北京，经济管理出版社，2009。

赵燃、骆乐、韩鹏：《中国农产品加工业技术效率、技术进步与生产率增长》，载《中国农村经济》2008 年第 4 期。

赵彦云：《中国产业竞争力研究》，北京，经济科学出版社，2009。

赵彦云：《国际竞争力统计模型及应用研究》，北京，中国标准出版社，2005。

赵艳滨：《黑龙江省农产品加工业国际竞争力研究》，哈尔滨，哈尔滨工业大学硕士学位论文，2007。

郑会军、马文杰：《基于主成分分析的农业区域竞争力评价》，载《经济评论》2009 年第 5 期。

中国社会科学院工业经济研究所：《2009 中国工业发展报告——新中国工业 60 年》，北京，经济管理出版社，2009。

中国乡镇企业及农产品加工业年鉴编辑部：《中国乡镇企业及农产品加工业年鉴 2008》，北京，中国农业出版社，2008。

中华人民共和国农业部农产品加工局：《2007 年中国农产品加工业发展报告》，北京，中国农业科学技术出版社，2007。

周彩红：《基于主成分的长三角制造业行业效益评价》，载《东南大学学报（哲学社会科学版）》2009 年第 3 期。

周彩虹：《新型国际分工与长三角制造业》，北京，科学出版社，2009。

周亚：《产业竞争力：理论创新与上海实践》，上海，上海社会科学院出版社，2007。

朱明：《农产品加工业集成技术与标准》，北京，中国农业科学技术出版社，2007。

朱维军：《农产品加工业与农业产业化》，载《农产品加工业·学刊》2009 年第 7 期。

祖伟、陆吉虎：《农产品加工业的现状与发展》，载《农业与技术》2002 年第 6 期。

Alan S. Blinder, 1973, "Wage Discrimination: Reduced Form and Structural Estimates", *The Journal of Human Resources*, 8 (4): 436 – 445.

Araujo, P. F. C. , 1983, "Agroindustry and Regional Development", *Centro Luiz Queirozv*, 75 (1): 5 – 15.

Aturupane, Chonia, Simeon Djankov, and Bernard Hoekman, 1999, "Horiaontal and Vertical Intra-industry Trade Between Eastern Europe and the European Union", *Weltwirtschaftliches Archiv*, 135: 62 – 81.

Bai C. , Du Y. , Tao Z. and Tong S. , 2004, "Local Protectionism and Regional Specializa tion-Evidence from China's Industries", *Journal of International Economics*, 63: 397 – 417.

Baptista Swann , 1999, "A Comparison of Clastering Dynamics in the US and UK Computer Industrie", *Journal of Evolutionary Economics*, (3).

Chen J. and Fleisher B. M. , 1996, "Regional Income Inequality and Economic Growth in China", *Journal of Comparative Economics*, (22).

Davis, Donald R. and David E. Weinstein, 2002, "Bones, Bombs, and Break Points: The Geography of Economic Activity", *American Economic Review*, 92 (5): 1269 – 1289.

Ellison G. and Glaeser E. L. , 1997, "Geographic Concentration in U. S. Manufacturing Industries: A Dartboard Approach", *Journal of Political Economy*, 105 (5).

Feenstra R. , 1998, "Integration of Trade and Disintegration of Production in Global Economy. " The Journal of Economic Perspectives, 12 (4): 31 – 50.

Feenstra R. and Hanson G. , 2001, *Global Production Sharing and Rising Inequality: A Survey of Trade and Wages*, NBER Working Paper.

Gaves R. , 1974, "Multinational Firms, Competition and Productivity in Host-country Markets", *Economical*, 41: 176 – 193.

Gerhard Schiefer, 2002, "Envionmental Control for Process Improvement and Process Eficiency in Supply Chain Management-the Case of the Meat Chain", *Int. J. Production Economics*, 78: 197 – 206.

Gianluca Selva, 2005, *Analysis of the Competitveness of the Pork Industry in Denmark*, Paper Prepared for Presentation at the 99 Seminar of the EAAE. The Future Europe in the Global Agri-Food System Copenhagen, Denmark, (8): 24 – 27.

Grossman G. M. , Maggi G. , 2000, "Diversity and trade", *American Economic Review*, 90 (5): 1255 – 1275.

Hall R. 1992, "The Strategic Analysis of Intangible Resources", *Strategics Management Journal*, 2.

Helpman E. 1981, "International Trade in the Presence of Product Differentiation, Economies of Scale, and Monopolistic Competition: A Chamberlain-Heckscher-Ohlim Approach", *Journal of a International Economics*, 11: 305 – 340.

HooverE. , 1936, "The Measurement of Industrial Localization", *The Review of Economics Statistics*, 18 (4): 162 – 171.

Ingrid Hunt, 2005, "Applying the Concepts of Extended Products and Extended Enterprises to Support the Activities of Dynamic Supply Networks in the Agri-food Industry", *Journal of Food Engineering*, 70: 393 – 402.

James E. Austin, 1981, *AgroindustrialPreet Analysis*, The Johns Hopkins University Press, London.

James G-Brown, 1994, *Agroindustrial Investment and Opertions*, The World Bank Washington, D. C.

Jeremiah Cotton, 1988. "On the Decomposition of Wage Differentials", *The Review of Economics and Statistics*, 7 (2): 236 – 243.

Keith Marsden, 1998, *Agro-industrial policy reviews*, Food and Agriculture Organization of the United Nations, Rome.

Kim Tschangho John and Knaap Gerrit, 2001, "The Spatial Dispersion of Economic Activities and Development Trends in China: 1952 – 1985", *The Annals of Regional Science*, 35: 39 – 37.

Kravis I. B. , 1970, "Trade as a Handmaiden of Growth : Similarities between the nineteenth and twentieth", *Economic Journal*, 320: 850 – 872.

Krugman P. , 1991, "Increasing Returns and Economic Geography", *Journal of Political Economy*, b, 99 (3).

Lauschner R. , 1980, "Agroindustry as a Factor Strengthening the Agricultural Sector", *Revista de Economic Rural*, (18): 217 – 233.

Lokman Zaibet, 2000, "Compliance to HACCP and Competitiveness of Oman FishProcessing", *International Food and Agribusiness Management*, (3): 311 – 321.

Maryann P. Feldman & David B. Audretsch, 1999, "Innovation in Cities: Science-based Diversity, Specialization and Localized Competition", *Europena Economic Review*, 43: 409 – 429.

Maurel F. and Sedillot, 1999, "A Measure of the Geographic Concentration in French Manufacturing Industries", *Regional Science and Urban Economics*, 29 (5): 575 – 604.

Michael Fritsch, 2002, *New Firm Formation by Industry Over Space and Time: A Multi-level Analusis*, Freiberg Working Paper.

Michael R. Reed and Mary A. Marchant, 1992, "The Global Competitiveness of The U. S. ", *Food-Processing Industry*, (4): 61 – 70.

Muhittin Oral, UnverCinar, HabibChabchoub, 1999, "Linking Industrial Competitiveness and Productivity at the Firm Level", *European Journal of Operational Research*, (2): 271 – 277.

Neumark D. , 1988, "Employers' Discriminatory Behavior and the Estimation of Wage Discrimination", *Journal of Human Resources*, (23): 279 – 295.

Pnenion D. Ca, 1984, *Pital Risk and Technological Innovation in Agorindustry*: *The American Model.* Association Pour la Promotion industrial agriculture, 241 – 249.

Raaj K. Sah, 2000, "Some Results for the Comparative Statistc of Steady-states of Higher-order Discrete Dynmic Systems", *Journal of Economic Dnyamies & Control*, (24) 6: 1481 – 1489.

RawskiT. G. , 2001, "What Is Happening to China's GDP Statistics", *China Economic Review*, 12 (4).

Rodrguez-Pose Andres and Javier Sanchez-Reaza, 2003, "Economic Polarization through Trade: Trade Liberalization and Regional Growth in Mexico", *Ltnct/wider Discussion Paper*, (60).

Roger J. S. and S, 1995, "Bhuyan Forward Integeration by Famer Cooperative Comparative Incentive and Impacts", *Journal of Cooperative*, 10: 33 – 48.

Rosenthal S. and W. Strange, 2003, "Geography, Industrial Organization And Agglomeration", *The Review of Economics and Statistics*, 85 (2): 377 ~ 393.

Rosenthal S. S. , Strange W. C. , 2001, "The Determinants of Agglomeration", *Journal of Urban Economics*, 50: 191 – 229.

Roy F. Weston, Matthias Ruth. , 1997, "A Dynamic, Hieraerchical Approach to Understanding and Managing Natural Economic Systems", *Ecological Economics*, (21): 1 – 17.

S. Orjan, L. Goran and K. Christian, 2003, *The Cluster Initiative Greenbook*, The 6th Global TCI Conference.

SchwartzLisa A. , 1994, *Price Transmission Theory and Applications to Agroindustry*, Ithaca, N. Y.

Stiglitz J. E. , 1987, "The Causes and Consequences of the Dependence of Quality on Price", *Journal of Economic Literatture*, 25: 1 – 48.

Vacant Gandhi, 2001, "Agroindustry for Rural and Small Farmer Development: Issues and Lessons from India", *International Food Agribusiness Management Review*, (2): 331 – 344.

Winhorst Hans-Wilhelm, 1989, *Industrialized and Agroindustry*, Vechtaer Druckerei and Verlag.

Yannis C. , Ioanna K. , 2004, "Internal Capabilites and External Knowledge Sources: Complements or Substitutes for Innovative Performance", *Technovation*, 1.

Young A. , 2000, "The Razor's Edge: Distortions and Incremental Reform in The People's Republic of China", *Quarterly Journal of Economics*, 115: 1091 – 1135.

Zhang Xiaobo and Kevin H. Zhang, 2003, "How does Globalization Affect Regional Inequality within a Developing Country? Evidence from China", *Journal of Development Studies*, 39 (4): 47 –67.

Zhou Shenghua, 2007, "Eco-efficiency Analysis of Paper Mills along the Huai River: An Extended DEA Approach", *Omega*, (35): 578 –587.

附录一
农产品加工业 12 个行业具体情况

一 农副食品加工业

农副食品，指直接以农、林、牧、渔业产品为原料进行的谷物磨制、饲料加工、植物油和制糖加工、屠宰及肉类加工、水产品加工，以及蔬菜、水果和坚果等食品的加工活动。

1. 谷物磨制。也称粮食加工，指将稻谷、谷子、小麦、高粱等谷物去壳、碾磨及精加工的生产活动。

2. 饲料加工。是指适用于农场、农户饲养牲畜、家禽的饲料生产加工活动，也包括宠物食品的生产。

3. 植物油加工。一是食用植物油加工：指用各种食用植物油料生产油脂，以及精制食用油的加工活动。二是非食用植物油加工：指用各种非食用植物油料生产油脂的活动。

4. 制糖。是指以甘蔗、甜菜为原料制作成品糖，以及以原糖或砂糖为原料精炼加工各种精制糖的生产活动。

5. 屠宰及肉类加工。一是畜禽屠宰：指对各种畜、禽进行宰杀，以及鲜肉冷冻等保鲜活动，但不包括商业冷藏。二是肉制品及副产品加工：指主要以各种畜、禽肉为原料加工成熟肉制品，以及畜、禽副产品的加工活动。

6. 水产品加工。一是水产品冷冻加工：指为了保鲜，将海水、淡水养殖或捕捞的鱼类、虾类、甲壳类、贝类、藻类等水生动物或植物进行冷冻加工的活动，但不包括商业冷藏。二是鱼糜制品及水产品干腌制加工：指鱼糜制品制造，以及水产品的干制、腌制等加工活动。三是水产饲料制造：指用鱼骨、虾、贝等水产品生产饲料的加工活动。四是鱼油提取及制品的制造：指从鱼或鱼肝中提取油脂，并生产制品的活动。五是其他水产品加工：指对水生动物或水生植物进行的其他加工活动。

7. 蔬菜、水果和坚果加工。指用脱水、干制、冷藏、冷冻、腌制等方法，对蔬菜、水果、坚果进行的加工活动。

8. 其他农副食品加工。一是淀粉及淀粉制品的制造：指用玉米、薯类、豆类及其他植物原料制作淀粉和淀粉制品的生产。还包括以淀粉为原料，经酶法或酸法转换得到的糖品生产。二是豆制品制造：指以大豆、小豆、绿豆、豌豆、蚕豆等豆类为主要原料，经加工制成食品的活动。三是蛋品加工：包括干蛋品、冰蛋品和再制蛋的加工活动。

二　食品制造业

1. 焙烤食品制造。一是糕点、面包制造：指用米粉、面粉、豆粉为主要原料，配以辅料，经成型、油炸、烤制而成成品的食品生产活动。二是饼干及其他焙烤食品制造：指以面粉（或糯米粉）、糖和油脂为主要原料，配以奶制品、蛋制品等辅料，经成型、焙烤制成各种饼干，以及用薯类、谷类、豆类等制作各种易于保存、食用方便、口感酥脆的焙烤食品的生产活动。

2. 糖果、巧克力及蜜饯制造。一是糖果、巧克力制造：指以砂糖、葡萄糖浆或饴糖为主要原料，加入油脂、乳品、胶体、果仁、香料、食用色素等辅料制成甜味块状食品——糖果的制造，以及以浆状、粉状或块状可可、可可脂、可可酱、砂糖、乳品等为主要原料加工制成巧克力及巧克力制品的生产活动。二是蜜饯制作：指以水果、坚果、果皮及植物的其他部分制作糖果蜜饯的活动。

3. 方便食品制造。指以米、面、杂粮等为主要原料加工制成的，只需简单烹制即可作为主食的，具有食用简便、携带方便、易于贮藏等特点的食品制造。一是米、面制品制造：指以大米、面粉为原料，经粗加工制成，未经烹制的各类米、面制品的生产。二是速冻食品制造：指以米、面、杂粮等为主要原料，以肉类、蔬菜等为辅料，经加工制成各类烹制或未烹制的主食品后，立即采用速冻工艺制成的，并可以在冻结条件下运输贮存及销售的各类主食品的生产。三是方便面及其他方便食品制造：指用米、面、杂粮等为主要原料加工制成的，可以直接食用或只需简单蒸煮即可作为主食的各种方便主食品的生产，以及其他未列明的方便食品制造。四是液体乳及乳制品制造：指以牛乳、羊乳为主要原料，经分级、净乳、杀菌、浓缩、干燥、发酵等加工制成的液体乳制品的生产。

4. 罐头制造。指将符合要求的原料经处理、分选、修整、烹调（或不经烹调）、装罐、密封、杀菌、冷却（或无菌包装）等生产工艺制成的，达到商业无菌要求，并可以在常温下贮存的罐头食品的制造。包括肉和禽类罐头制造、水产品罐头制造、蔬菜和水果罐头制造、其他罐头食品制造。

5. 调味品、发酵制品的制造。一是味精制造：指以淀粉或糖蜜为原料，经微生物发酵、提取、精制等工序制成的，谷氨酸钠含量在 80% 及以上的鲜味剂的生产。二是酱油、食醋及类似制品的制造：指以大豆和（或）脱脂大豆、小麦和（或）麦皮为原料，经微生物发酵制成的各种酱油和酱类制品，以及以单独或混合使用各种含有淀粉、糖的物料或酒精，经微生物发酵酿制的酸性调味品的生产。

6. 其他食品制造。一是营养、保健食品制造：指主要适宜伤残者、老年人的，含肉、鱼、水果、蔬菜、奶、麦乳精、钙等均质配料的营养、保健食品的生产。二是冷冻饮品及食用冰制造：指以砂糖、乳制品、豆制品、蛋制品、油脂、果料和食用添加剂等经混合配制、加热杀菌、均质、老化、冻结（凝冻）而成的冷食饮品的制造。三是盐加工：指以原盐为原料，经过化卤、蒸发、洗涤、粉碎、干燥、脱水、筛分等工序，或在其中添加碘酸钾及调味品等加工制成盐产品的生产活动。四是食品及饲料添加剂制造：指增加或改善食品特色的化学品，以及补充动物饲料的营养成分和促进生长、防治疫病的制剂的生产。

三 饮料制造业

1. 酒精制造。是指用玉米、小麦、薯类等淀粉质原料或用糖蜜等含糖质原料，经蒸煮、糖化、发酵及蒸馏等工艺制成的酒精产品的生产。

2. 酒的制造。一是白酒制造：指以高粱等粮谷为主要原料，以大曲、小曲或麦曲及酒母等为糖化发酵剂，经蒸煮、糖化、发酵、蒸馏、陈酿、勾兑而制成的，酒精度（体积分数）在18%~60%的蒸馏酒产品的生产。二是啤酒制造：指以麦芽（包括特种麦芽）为主要原料，加酒花经酵母发酵酿制而成，含二氧化碳、起泡、低酒精度（体积分数2.5%~7.5%）的发酵酒产品的生产，以及啤酒专用原料麦芽的生产。三是黄酒制造：指以稻米、黍米、黑米、小麦、玉米等为原料，加曲、酵母等糖化发酵剂发酵酿制而成的发酵酒产品的生产。四是葡萄酒制造：指以新鲜葡萄或葡萄汁为原料，经全部或部分发酵酿制而成，酒精度（体积分数）等于或大于7%的发酵酒产品的生产。

3. 软饮料制造。一是碳酸饮料制造：指在一定条件下充入二氧化碳气的饮用品制造，其成品中的二氧化碳气的含量（20℃时的体积倍数）不低于2.0倍。二是瓶（罐）装饮用水制造：指以地下矿泉水和符合生活饮用水卫生标准的水为水源加工制成的，密封于塑料瓶（罐）、玻璃瓶或其他容器中，不含任何添加剂，可直接饮用水的生产。三是果菜汁及果菜汁饮料制造：指以新鲜或冷藏水果和蔬菜为原料，经加工制得的果菜汁液制品生产，以及在果汁或浓缩果汁、蔬菜汁中加入水、糖液、酸味剂等，经调制而成的可直接饮用的饮品（果汁含量不低于10%）的生产。四是含乳饮料和植物蛋白饮料制造：指以鲜乳或乳制品为原料（经发酵或未经发酵），加入水、糖液等调制而成的可直接饮用的含乳饮料的生产，以及以蛋白质含量较高的植物的果实、种子或核果类、坚果类的果仁等为原料，在其加工制得的浆液中加入水、糖液等调制而成的可直接饮用的植物蛋白饮品的生产。五是固体饮料制造：指以糖、食品添加剂、果汁或植物油提物等为原料，加工制成粉末状、颗粒状或块状制品［其成品水分（质量分数）不高于5%］的生产。六是茶饮料及其他软饮料制造：指未列入上述各类的茶饮料、特殊用途饮料等其他软饮料的制造。七是精制茶加工：指对毛茶或半成品原料茶进行筛分、轧、风选、干燥、匀堆、拼配等精制加工茶叶的生产。

四　烟草制品业

1. 烟叶复烤。指在原烟（初烤）基础上进行第二次烟叶水分调整的活动。
2. 卷烟制造。指各种卷烟生产，但不包括生产烟用滤嘴棒的纤维丝束原料的制造。

五　纺织业

1. 棉、化纤纺织及印染精加工。一是棉、化纤纺织加工：指以棉及棉型化学纤维为主要原料进行的纺纱、织布，以及用于织布和缝纫的线的生产活动。二是棉、化纤印染精加工：指对非自产的棉和化学纤维纺织品进行漂白、染色、印花、轧光、起绒、缩水等工序的加工。

2. 毛纺织和染整精加工。一是毛条加工：指以毛及毛型化学纤维为原料进行梳条的加工活动。二是毛纺织：指以毛条及毛型化学纤维为原料进行的纺织生产活动。三是毛染整精加工：指对非自产的毛纺织品进行漂白、染色、印花等工序的染整精加工。四是麻纺织：指以苎麻、亚麻、大麻等为主要原料进行的纺、织生产活动。

3. 丝绢纺织及精加工。一是缫丝加工：指由蚕茧经过加工缫制成丝的活动。二是绢纺和丝织加工：指以丝及化纤丝为主要原料进行的丝织生产活动。三是丝印染精加工：指对非自产的丝织品进行漂白、染色、轧光、起绒、缩水或印染等工序的加工。

4. 纺织制成品制造。指以棉、化纤、毛以及各种麻和丝纺织制成品的生产活动。包括棉及化纤制品制造、毛制品制造、麻制品制造、丝制品制造、绳和索与缆的制造、纺织带和帘子布制造、无纺布制造。一是绳、索、缆的制造：指用天然纤维和化学纤维制造绳、索具、缆绳、合股线的生产活动。二是无防布制造：指以化学纤维为基本原料，经化学（或热熔）黏合而成的类似布的产品制造，因其不进行纺织，故又称为非织造布。三是其他纺织制成品制造：指废旧纤维纺织品、特种纺织品及其他未列明的纺织制成品的制造。

5. 针织品、编织品及其制品制造。指纯粹由手工织成或钩成，或由机器针织、钩针编织成形的制品制造。一是棉、化纤针织品及编织品制造：指以棉及棉型化学纤维为主要原料，纯粹由手工织成或钩成，或由机器针织、钩针编织织物的制作活动。二是毛针织品及编织品制造：指以毛及毛型化学纤维为主要原料，纯粹由手工织成或钩成，或由机器针织、钩针编织织物的制作活动。三是丝针织品及编织品制造：指以丝及化纤长丝为主要原料，纯粹由手工织成或钩成，或由机器针织、钩针编织织物的制作活动。

六　纺织服装、鞋、帽制造业

1. 纺织服装制造。指以纺织面料为主要原料，经裁剪后缝制各种男、女服装，以及儿童成衣的活动。包括非自产原料的服装制作，以及固定生产地点的服装制作。

2. 纺织面料鞋的制造。指用各种纺织面料、木材、棕草等原料缝制、模压或编制各种鞋的生产活动。

3. 制帽。指用各种纺织原料、皮革和毛皮原料，经剪裁、缝制或压制帽子的制作，以及针织或钩针编织成毛线帽的活动。

七　皮革、毛皮、羽毛（绒）及其制品业

1. 皮革鞣制加工。指动物生皮经脱毛、鞣制等物理和化学方法加工，再经涂饰和整理，制成具有不易腐烂、柔韧、透气等性能的皮革生产活动。

2. 皮革制品制造。一是女鞋制造：指全部或大部分用皮革、人造革、合成革为面料，以橡胶、塑料或合成材料等为外底，按缝绱、胶黏、模压、注塑等工艺方法制作各种皮鞋的生产活动。二是皮革服装制造：指全部或大部分用皮革、人造革、合成革为面料，制作各式服装的活动。三是皮箱、包（袋）制造：指全部或大部分用皮革、人造革、合成革为材料，或者以塑料、纺织物

为材料，制作各种用途的皮箱、皮包（袋）或其他材料的箱、包（袋）等的制作活动。四是皮手套及皮装饰制品制造：指全部或大部分用皮革、人造革、合成革为材料制成的皮手套、皮带等皮装饰制品的生产活动。五是其他皮革制品制造：指全部或大部分用皮革、人造革、合成革为材料，制成上述类别未列明的其他各种皮革制品的生产活动。

3. 毛皮鞣制及制品加工。一是毛皮鞣制加工：指带毛动物生皮经鞣制等化学和物理方法处理后，保持其绒毛形态及特点的毛皮（又称裘皮）的生产活动。二是毛皮服装加工：指用各种动物毛皮和人造毛皮为面料或里料，加工制作毛皮服装的生产活动。三是其他毛皮制品加工：指用各种动物毛皮和人造毛皮为材料，加工制作上述类别未列明的其他各种用途毛皮制品的生产。

4. 羽毛（绒）加工及制品制造。一是羽毛（绒）加工：指将鹅、鸭等禽类羽毛加工成标准毛的生产活动。二是羽毛（绒）制品加工：指用加工过的羽毛（绒）作为填充物制作各种用途的羽绒制品的生产活动。

八　木材加工及木、竹、藤、棕、草制品业

1. 锯材、木片加工。一是锯材加工：指以原木为原料，利用锯木机械或手工工具将原木纵向锯成具有一定断面尺寸的木材加工生产活动，用防腐剂和其他物质浸渍木料或对木料进行化学处理的加工活动，以及地板毛料的制造。二是木片加工：指利用森林采伐、造材、加工等剩余物和定向培育的木材，经削（刨）片机加工成一定规格的产品的生产。三是人造板制造：指用木材及其剩余物、棉秆、甘蔗渣和芦苇等植物纤维为原料，加工成符合国家标准的胶合板、纤维板、刨花板、细木工板和木丝板等产品的生产，以及人造板二次加工装饰板的制造。四是胶合板制造：指具有一定规格的原木经旋（刨）切单板，再经干燥、涂胶、组坯、热压而成的符合国家标准及供需双方协定标准的产品的生产。五是纤维板制造：指用木材碎料（包括木片）、棉秆、甘蔗渣、芦苇等植物纤维做原料，经削片、纤维分离、铺装成型、热压而成的产品生产。六是刨花板制造：指用木材碎料（包括木片）和其他植物纤维做原料，制成刨花，经干燥、施胶、铺装成型、热压而成的产品生产。七是其他人造板、材制造：

指人造板二次加工装饰板及其他上述类别未列明的人造板材的制造。

2. 木制品制造。指以木材为原料加工成建筑用木料和木材组件、木容器、软木制品及其他木制品的生产活动。一是建筑用木料及木材组件加工：指主要用于建筑施工工程的木质制品，如建筑施工用的大木工或其他支撑物，以及建筑木工的生产活动。二是木容器制造：指以木材为原料加工成各类容器的活动。三是软木制品及其他木制品制造：指天然软木除去表皮，经初加工后获得的结块软木及其制品，以及其他未列明的木质产品的生产活动。四是竹、藤、棕、草制品制造：指除木材以外，以竹、藤、棕、草等天然植物为原料生产制品的活动。但不包括家具的制造。

九 家具制造业

家具制造，指用木材、金属、塑料、竹、藤等材料制作的，具有坐卧、凭倚、贮藏、间隔等功能，可用于住宅、旅馆、办公室、学校、餐馆、医院、剧场、公园、船舰、飞机、机动车等任何场所的各种家具的制造。

1. 木质家具制造。指以天然木材和木质人造板为主要材料，配以其他辅料（如油漆、贴面材料、玻璃、五金配件等）制作各种家具的生产活动。

2. 竹、藤家具制造。指以竹材和藤材为主要材料，配以其他辅料制作各种家具的生产活动。

3. 金属家具制造。指支（框）架及主要部件以铸铁、钢材、钢板、合金等金属为主要材料，结合使用木、竹、塑等材料，配以人造革、尼龙布、泡沫塑料等其他辅料制作各种家具的生产活动。

4. 塑料家具制造。指用塑料管、板、异型材加工或用塑料、玻璃钢（即增强塑料）直接在模具中成型的家具的生产活动。

5. 其他家具制造。指主要由弹性材料（如弹簧、蛇簧、拉簧等）和软质材料（如棕丝、棉花、乳胶海绵、泡沫塑料等），辅以绷结材料（如绷绳、绷带、麻布等）和装饰面料及饰物（如棉、毛、化纤织物及物皮、羊皮、人造革等）制成的各种软家具；以玻璃为主要材料，辅以木材或金属材料制成的各种玻璃家具，以及其他上述类别未列明的原材料制作各种家具的活动。

十 造纸及纸品业

1. 纸浆制造。指用机械或化学方法加工纸浆的生产活动。

2. 造纸。指用纸浆或其他原料（如矿渣棉、云母、石棉等）悬浮在流体中的纤维，经过造纸机或其他设备成型，或手工操作而成的纸及纸板的制造活动。一是手工纸制造：指采用手工操作成型，制成纸的生产活动。二是加工纸制造：指对原纸及纸板进一步加工的生产活动。

3. 纸制品制造。指用纸及纸板为原料，进一步加工制成纸制品的生产活动。一是纸和纸板容器的制造：指由纸和纸板加工成各类容器的活动。二是其他纸制品制造：指符合出售规格或包装要求的纸制品，以及其他未列明的纸制品的制造。

十一 印刷和记录媒介的复制

1. 书、报、刊印刷。指各类书籍、报纸和期刊的印刷活动。

2. 媒介印制。指由各种纸及纸板制作的，用于书写和其他用途的本册生产。

3. 包装装潢及其他印刷。指根据一定的商品属性、形态，采用一定的包装材料，经过对商品包装的造型结构艺术和图案文字的设计与安排来装饰美化商品的印刷，以及其他印刷活动。

4. 装订及其他印刷服务活动。指专门企业从事的装订、压印媒介制造等与印刷有关的服务活动。

5. 记录媒介的复制。指将母带、母盘上的信息进行批量翻录的生产活动。

十二 橡胶制品业

橡胶制品业，指以天然及合成橡胶为原料生产各种橡胶制品的行业，包括利用废橡胶再生产橡胶制品。

1. 车辆、飞机及工程机械轮胎制造。指充气轮胎外胎、内胎和实心轮胎的制造。

2. 人力车胎制造。指自行车、手推车和其他非机动车内胎、外胎的制造。

3. 轮胎翻新加工。指将废轮胎翻新，以及轮胎零件的生产活动。

4. 橡胶板、管、带的制造。指用未硫化的、硫化的或硬质橡胶生产板状、片状、管状、带状、棒状和异型橡胶制品的活动，以及以橡胶为主要成分，用橡胶灌注、涂层、覆盖或层叠的纺织物、纱绳、钢丝（钢缆）等制作的传动带或输送带的生产活动。

5. 橡胶零件制造。指各种用途的橡胶异形制品、橡胶零配件制品的生产。

6. 再生橡胶制造。指用废橡胶生产再生橡胶的活动。

7. 橡胶靴鞋制造。指以橡胶作为鞋底、鞋帮的橡胶鞋及其橡胶鞋部件的生产活动。

附录二
2007 年中部六省农产品加工业主要经济效益指标

附表 1　2007 年安徽省规模以上农产品加工业企业主要经济效益指标

	工业增加率(%)	总资产贡献率(%)	资产负债率(%)	流动资产周转次数(次/年)	工业成本费用利润率(%)	全员劳动生产率(元/人)	产品销售率(%)	市场占有率(%)	产值利税率(%)	销售利税率(%)
农副食品加工业	26.83	11.02	57.54	4.13	3.74	158638	98.43	1.29	7.83	8.23
食品制造业	29.53	9.51	64.05	2.93	3.60	126493	95.93	0.49	4.63	4.73
饮料制造业	38.01	15.72	56.67	1.71	5.80	111254	97.33	1.12	5.76	5.91
烟草制品业	72.08	83.13	24.91	1.97	22.71	1029603	99.58	18.09	6.42	6.66
纺织业	29.39	6.33	57.31	2.73	1.36	50699	96.16	0.30	4.59	4.80
纺织服装、鞋、帽制造业	32.43	8.05	64.99	2.93	1.96	34294	97.40	0.21	4.57	4.80
皮革、毛皮、羽毛(绒)及其制品业	33.90	11.94	58.89	3.05	3.63	85145	97.10	0.85	4.50	4.65
木材加工及木、竹、藤、棕、草制品业	29.09	14.44	53.40	3.54	5.03	79059	96.90	1.97	5.79	6.03
家具制造业	30.89	10.06	49.01	2.35	6.16	78392	89.45	0.66	5.61	5.85
造纸及纸制品业	28.23	8.05	62.26	2.32	4.22	90897	98.07	2.15	4.73	4.96
印刷业和记录媒介的复制	33.66	12.22	47.65	2.22	9.12	107599	95.83	0.70	5.04	5.35
橡胶制品业	32.16	13.01	59.79	1.77	7.34	123933	95.66	1.30	4.31	4.62

资料来源:《安徽统计年鉴 2008》。

237

附表2 2007年河南省规模以上农产品加工业企业主要经济效益指标

	工业增加率(%)	总资产贡献率(%)	资产负债率(%)	流动资产周转次数(次/年)	成本费用利润率(%)	全员劳动生产率(元/人)	产品销售率(%)	市场占有率(%)	产值利税率(%)
农副食品加工业	23.57	40.2	44.2	6.2	11.3	166177	98.4	4.54	7.05
食品制造业	20.42	31.7	55.3	3.5	14.1	114580	96.8	4.81	8.12
饮料制造业	30.77	29.5	56.0	3.7	13.0	129330	97.4	6.98	9.31
烟草制品业	27.87	75.9	56.4	1.9	18.1	671467	99.7	36.92	41.87
纺织业	28.10	23.9	51.5	3.1	10.4	68649	98.5	1.32	7.36
纺织服装、鞋、帽制造业	30.69	25.6	46.3	2.9	12.2	73391	98.3	0.47	12.42
皮革、毛皮、羽毛(绒)及其制品业	24.63	54.0	43.9	3.9	21.2	173357	98.7	3.95	10.73
木材加工及木、竹、藤、棕、草制品业	32.76	47.9	36.7	6.0	14.6	98591	98.9	2.94	15.81
家具制造业	33.49	80.0	24.8	10.5	12.8	94809	98.6	3.42	12.90
造纸及纸制品业	27.46	35.3	45.2	5.2	15.3	148911	99.1	1.62	14.55
印刷业和记录媒介的复制	24.29	26.1	43.4	3.2	12.4	152948	98.1	2.15	11.17
橡胶制品业	28.83	35.4	54.4	5.5	11.2	146506	99.5	1.83	10.30

资料来源:《河南统计年鉴2008》。

附表3 2007年湖北省规模以上农产品加工业企业主要经济效益指标

	工业增加率(%)	总资产贡献率(%)	资产负债率(%)	流动资产周转率(次/年)	成本费用利润率(%)	全员劳动生产率(元/人)	产品销售率(%)	市场占有率(%)	产值利税率(%)
农副食品加工业	31.84	12.52	54.54	4.27	3.94	186596	97.33	2.46	4.96
食品制造业	33.95	12.93	54.75	3.45	4.56	107773	95.72	1.90	8.63
饮料制造业	39.30	19.76	57.97	2.03	12.23	201778	99.04	4.14	19.99
烟草制品业	72.48	90.28	54.73	1.75	32.67	1668528	100.06	—	—
纺织业	29.01	8.13	58.67	2.83	2.22	54065	96.28	1.37	5.33
纺织服装、鞋、帽制造业	34.11	10.70	60.83	2.80	3.37	56965	97.94	1.36	5.09

续附表

	工业增加率(%)	总资产贡献率(%)	资产负债率(%)	流动资产周转率(次/年)	成本费用利润率(%)	全员劳动生产率(元/人)	产品销售率(%)	市场占有率(%)	产值利税率(%)
皮革、毛皮、羽毛(绒)及其制品业	28.46	20.28	48.19	4.29	5.01	66401	95.74	0.35	7.13
木材加工及木、竹、藤、棕、草制品业	33.81	16.62	37.60	3.37	8.30	82468	99.05	1.62	9.87
家具制造业	37.74	22.74	54.74	3.67	12.33	89831	98.35	0.82	8.14
造纸及纸制品业	30.85	11.79	52.56	3.35	4.54	118498	97.56	0.38	10.09
印刷业和记录媒介的复制	33.72	9.23	60.64	2.17	6.11	92126	93.91	2.05	7.99
橡胶制品业	33.20	9.39	68.21	2.25	4.40	93143	95.35	2.46	6.14

资料来源:《湖北统计年鉴 2008》。

附表 4　2007 年江西省规模以上农产品加工业企业主要经济效益指标

	工业增加率(%)	总资产贡献率(%)	资产负债率(%)	流动资产周转率(次/年)	成本费用利润率(%)	全员劳动生产率(元/人)	产品销售率(%)	市场占有率(%)	产值利税率(%)
农副食品加工业	26.57	14.24	51.50	5.01	4.35	167847	99.10	1.51	5.53
食品制造业	31.64	10.25	42.58	3.58	4.46	119371	98.07	1.08	8.46
饮料制造业	36.12	18.57	54.09	2.34	7.55	144284	98.28	1.03	11.76
烟草制品业	61.59	82.00	45.44	1.93	21.70	841041	99.18	—	—
纺织业	30.36	13.72	56.37	4.92	3.71	70004	98.61	0.21	6.19
纺织服装、鞋、帽制造业	30.17	15.07	49.97	4.51	4.21	76111	98.56	2.19	8.85
皮革、毛皮、羽毛(绒)及其制品业	30.84	16.02	36.93	6.31	4.27	39038	99.27	0.44	7.52
木材加工及木、竹、藤、棕、草制品业	29.66	19.25	44.05	3.97	7.28	78232	99.89	1.21	8.79
家具制造业	30.54	17.91	41.21	4.62	6.20	65817	98.40	0.52	7.03
造纸及纸制品业	30.24	13.29	53.39	4.06	5.11	154281	98.79	0.66	8.67
印刷业和记录媒介的复制	33.57	15.01	34.20	3.76	10.08	158244	98.18	0.47	8.55
橡胶制品业	23.52	1.12	47.41	3.33	2.45	100945	96.66	0.85	8.54

资料来源:《江西统计年鉴 2008》。

附表5　2007年山西省规模以上农产品加工业企业主要经济效益指标

	工业增加率（%）	总资产贡献率（%）	资产负债率（%）	流动资产周转次数（次/年）	成本费用利润率（%）	全员劳动生产率（元/人）	产品销售率（%）	市场占有率（%）	产值利税率（%）
农副食品加工业	26.69	6.85	53.85	2.00	4.25	105124	95.65	0.74	7.83
食品制造业	32.22	8.57	49.94	2.65	4.79	94511	92.30	1.04	11.49
饮料制造业	40.88	22.41	65.61	1.62	15.75	143196	89.56	1.45	8.94
烟草制品业	68.72	80.01	18.56	3.35	5.50	848478	99.91	0.08	6.32
纺织业	19.06	2.19	72.18	1.58	−1.84	21174	93.52	0.04	11.30
纺织服装、鞋、帽制造业	28.22	10.68	48.84	1.97	7.22	30745	93.31	0.04	11.30
皮革、毛皮、羽毛（绒）及其制品业	27.26	0.96	75.03	0.78	—	10188	99.53	0.01	24.85
木材加工及木、竹、藤、棕、草制品业	24.69	9.82	49.17	0.96	16.23	85798	96.93	0.02	10.65
家具制造业	31.60	25.12	30.95	3.60	9.04	77910	94.38	0.01	11.35
造纸及纸制品业	31.35	8.28	65.72	2.04	5.19	55492	96.62	0.00	7.14
印刷业和记录媒介的复制	34.42	2.95	52.25	1.22	−1.11	44226	95.31	0.07	5.72
橡胶制品业	22.94	3.39	61.60	1.54	0.19	52042	100.60	0.19	10.74

资料来源：《山西统计年鉴2008》。

附表6　2007年湖南省规模以上农产品加工业企业主要经济效益指标

	工业增加率（%）	总资产贡献率（%）	总资产负债率（%）	流动资产周转次数（次/年）①	成本费用利润率（%）	全员劳动生产率（元/人）	产品销售率（%）	市场占有率（%）	产值利税率（%）
农副食品加工业	25.09	7.32	51.94	1.32	2.15	127624	97.93	2.46	6.60
食品制造业	34.53	14.77	53.06	2.31	3.57	72133	98.67	2.54	6.57
饮料制造业	43.15	9.11	57.13	1.92	8.56	89990	97.99	2.58	10.54
烟草制品业	84.17	98.85	9.66	3.90	62.51	45064	98.38	5.72	32.04
纺织业	37.51	2.98	65.27	1.01	−2.11	62635	99.64	0.92	4.69
纺织服装、鞋、帽制造业	34.89	21.49	76.33	1.27	1.57	52851	97.34	0.83	5.89

	工业增加值率（%）	总资产贡献率（%）	总资产负债率（%）	流动资产周转次数（次/年）①	成本费用利润率（%）	全员劳动生产率（元/人）	产品销售率（%）	市场占有率（%）	产值利税率（%）
皮革、毛皮、羽毛（绒）及其制品业	54.67	17.99	1.76	0.54	0.72	115722	99.80	1.93	4.82
木材加工及木、竹、藤、棕、草制品业	28.27	3.29	32.29	1.78	6.49	62213	98.22	5.21	6.03
家具制造业	—	—	—	2.45	—	68534	97.87	1.88	6.91
造纸及纸制品业	29.00	5.75	61.45	2.84	5.57	87093	99.19	6.10	7.85
印刷业和记录媒介的复制	42.41	31.81	34.96	1.09	21.14	118157	96.59	1.70	7.58
橡胶制品业	34.75	10.05	50.56	1.48	3.11	49269	97.99	0.40	4.92

注：①根据《湖南统计年鉴 2008》和《中国统计年鉴 2008》估算数据。

资料来源：《湖南统计年鉴 2008》。

图书在版编目（CIP）数据

中国中部地区农产品加工业发展战略研究/杨刚强著. —北京：社会
科学文献出版社，2012.11
ISBN 978 - 7 - 5097 - 3911 - 2

Ⅰ.①中…　Ⅱ.①杨…　Ⅲ.①农产品加工 - 加工工业 - 经济发展 -
研究 - 中国　Ⅳ.①F326.5

中国版本图书馆 CIP 数据核字（2012）第 253913 号

中国中部地区农产品加工业发展战略研究

著　　者／杨刚强

出 版 人／谢寿光
出 版 者／社会科学文献出版社
地　　址／北京市西城区北三环中路甲 29 号院 3 号楼华龙大厦
邮政编码／100029

责任部门／财经与管理图书事业部（010）59367226　　　责任编辑／陶　璇
电子信箱／caijingbu@ ssap. cn　　　　　　　　　　　　责任校对／王翠艳
项目统筹／恽　薇　陶　璇　　　　　　　　　　　　　　责任印制／岳　阳
经　　销／社会科学文献出版社市场营销中心（010）59367081　59367089
读者服务／读者服务中心（010）59367028

印　　装／北京鹏润伟业印刷有限公司
开　　本／787mm×1092mm　1/16　　　　　　　　　　印　张／16
版　　次／2012 年 11 月第 1 版　　　　　　　　　　　字　数／251 千字
印　　次／2012 年 11 月第 1 次印刷
书　　号／ISBN 978 - 7 - 5097 - 3911 - 2
定　　价／49.00 元

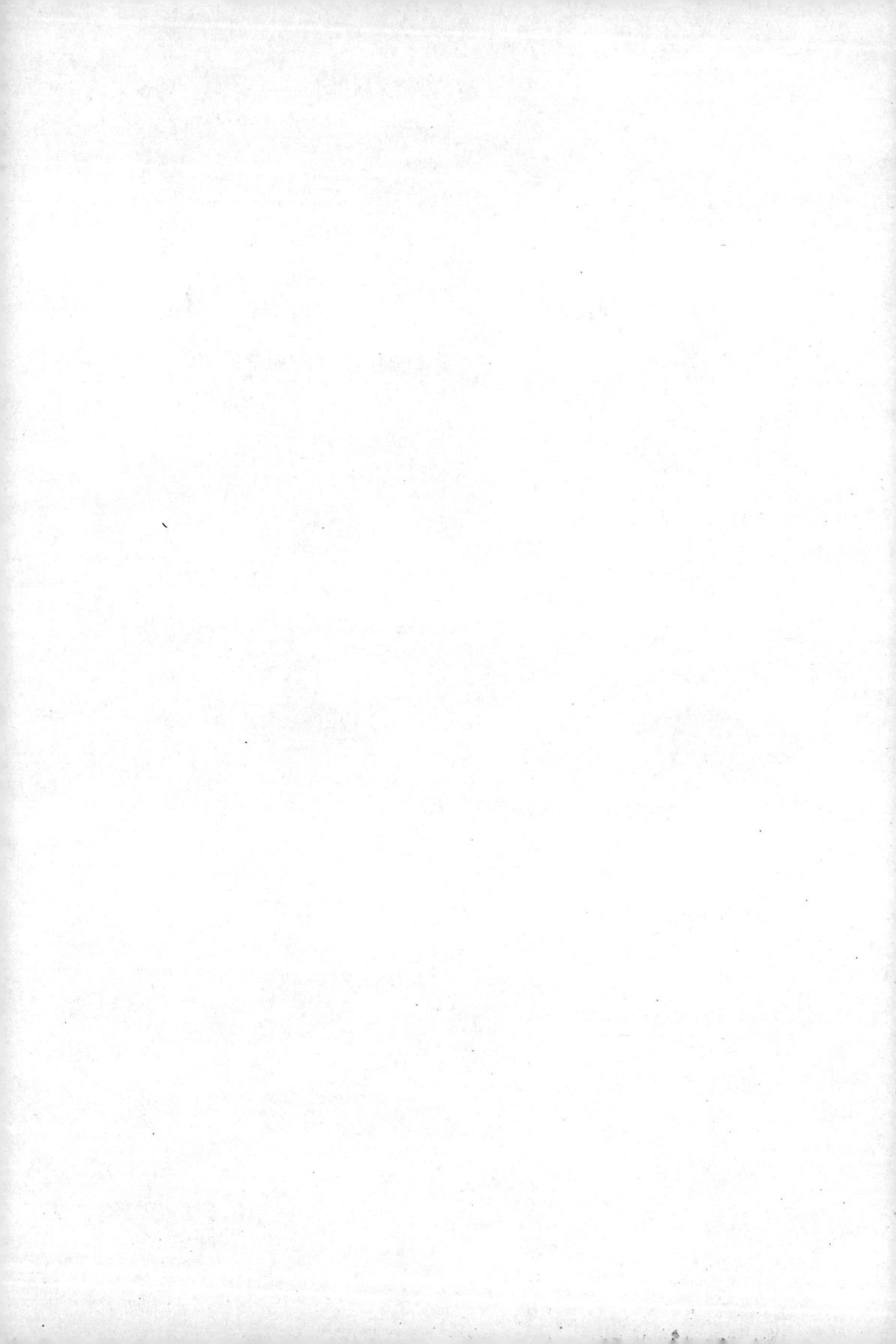